本专著成果在2020年教育部人文社会科学一般项目资助下完成（项目批准号：20YJAZH062）

光明社科文库
GUANGMING DAILY PRESS:
A SOCIAL SCIENCE SERIES

·历史与文化书系·

传统村落文化保护与人居环境"更新"

耦合机制与方法

李正军 ｜ 著

光明日报出版社

图书在版编目（CIP）数据

传统村落文化保护与人居环境"更新"：耦合机制
与方法 / 李正军著 . -- 北京：光明日报出版社，
2023.5

ISBN 978-7-5194-7269-6

Ⅰ.①传… Ⅱ.①李… Ⅲ.①村落—保护—研究—东
北地区②乡村—居住环境—研究—东北地区 Ⅳ.
①K923②X21

中国国家版本馆 CIP 数据核字（2023）第 096177 号

传统村落文化保护与人居环境"更新"：耦合机制与方法
CHUANTONG CUNLUO WENHUA BAOHU YU RENJU HUANJING
"GENGXIN"：OUHE JIZHI YU FANGFA

著　　者：李正军

责任编辑：史　宁　陈永娟　　　　责任校对：许　怡　李佳莹
封面设计：中联华文　　　　　　　责任印制：曹　净

出版发行：光明日报出版社
地　　址：北京市西城区永安路 106 号，100050
电　　话：010-63169890（咨询），010-63131930（邮购）
传　　真：010-63131930
网　　址：http://book.gmw.cn
E - mail：gmrbcbs@gmw.cn

法律顾问：北京市兰台律师事务所龚柳方律师

印　　刷：三河市华东印刷有限公司
装　　订：三河市华东印刷有限公司

本书如有破损、缺页、装订错误，请与本社联系调换，电话：010-63131930

开　　本：170mm×240mm
字　　数：314 千字　　　　　　　印　　张：17.5
版　　次：2024 年 6 月第 1 版　　印　　次：2024 年 6 月第 1 次印刷
书　　号：ISBN 978-7-5194-7269-6
定　　价：98.00 元

前　言

中华文明的源头在乡村，这个文明之源的根性代表是传统村落，它们正在城市化快速进展的当下发生着前所未有的改变，为此对传统村落的保护尤为迫切。如何保护？这是一个复杂的系统学课题，它关涉文化主体性赓续的文明本体问题，关涉区域复合生态持续优化与如何演替问题，关涉在地居民的切身利益与人居环境改善问题，关涉传统村落可持续发展问题。

自2012年以来，国家分5批将7412个有重要保护价值的村落列入了中国传统村落名录，基本涵盖全国31个省级行政区（不含港澳台）。有重要保护价值的村落已经基本纳入中国传统村落名录。然而中国传统村落名录调查落实的时间不长，传统村落分布的地域广泛，传统村落的综合现状与发展态势参差不齐，还有相当数量的传统村落的保护、价值挖掘、居民的生活状况需要完善。党的二十大报告中明确提出，全面推进乡村振兴，扎实推动乡村产业、人才、文化、生态、组织振兴，统筹乡村基础设施和公共服务布局，建设宜居宜业和美乡村。这要求传统村落面对全面振兴的新内涵和新任务，传统村落的可持续发展面对切实的产业、人才、文化、生态、组织的耦合，推动传统村落建设成为文化鲜明、设施完善、宜居宜业、和谐美丽的文化村落。

在此背景下，本书以东北满族传统村落为研究对象，探索传统村落文化保护与人居环境"更新"的耦合机制与方法，为东北满族传统村落的可持续生态化发展探寻方法学路径，为国内传统村落的保护与建设提供方法借鉴。

本书以系统理论统领，以复合生态系统理论、人居环境理论、有机更新理论为理论基础，运用耦合理论方法开展研究。

本书总体采用定性研究与定量研究方法相结合的论证方法。首先，通过文献研究明确研究主题，为研究主题梳理研究的理论与方法学基础，奠定具体研究的理论结构与方法学路径。其次，通过系统抽样，选取东北地区15个满族传统村落作为课题的研究样本，对15个研究样本进行系统的综合调查，运用相关分析与因子分析方法对综合调查数据进行整理分析，把脉东北满族传统村落文化保护与人居环境"更新"面对的问题与矛盾，并以传统村落经济社会发展的统计数据为研究依据，运用定量研究的方法对样本村落进行耦合协调度分析，进一步测量满族传统村落文化保护与人居环境"更新"耦合协调状况。结合国内外乡村文化保护与人居环境"更新"的典型案例的经验，梳理传统村落文化保护与人居环境"更新"的耦合机制与方法。以此尝试探索以下问题：①传统村落资源要素有机协同的内在耦合机制结构如何构成？②耦合机制的类型特征如何？③耦合机制的技术指标体系如何构建？④指标参数的变化与经济社会发展的关系如何？⑤耦合关系是否可挖掘、可创新、可推广？

　　课题的研究为解决传统村落保护与人居环境"更新"的矛盾挖掘成功的经验，从深度挖潜的视角发掘传统村落可持续发展的内生动力。通过大量研究样本的案例实证，客观地分析传统村落可持续发展与系统耦合的必然联系，揭示传统村落文化保护与人居环境"更新"的耦合关系、耦合度、耦合协调度影响传统村落持续振兴的内在逻辑与规律，深化传统村落保护与更新的理论。为解决传统村落文化保护与人居环境"更新"的设计实践提供方法、经验、路径的借鉴。

目 录
CONTENTS

第一章

绪　论

第一节　研究背景

一、传统村落的保护面临危机

传统村落作为传承中国几千年农耕文明及文化遗产的载体，是民族文化的根脉，是几千年民族文化的积淀，同时它是中华民族复兴的文化根基，所以传统村落需要且必须得到保护。但是由于城镇化的冲击，传统村落作为文化情感的寄托载体普遍面临发展的危机。承载着乡土建筑、民族风俗、非物质文化遗产等地域文化记忆的传统村落，其文化特征正在悄无声息地流逝。根据中南大学中国村落文化研究中心 2004—2014 年对长江黄河流域的传统村落近十年的田野跟踪考察，2004—2010 年，传统村落以每年 7.3% 的速度递减，2010—2014年，传统村落以每年 11.1% 的速度递减①。随着城镇化的快速发展，城镇化对传统村落的影响不断加强，传统村落的生活方式正在改变，对传统乡土文化的认同感愈加弱化，传统村落文化保护与人居环境"更新"的矛盾愈加凸显。这不仅仅是物质形态的问题，已经涉及文化主体性之存续的文明本体问题。解决传统村落文化保护与人居环境"更新"的矛盾是传统村落可持续发展面对的重要研究课题。

二、传统村落发展的同质化问题突出

目前传统村落文化保护与村落规划设计同质化现象突出，我国地域辽阔，不同地区的传统村落在空间形态上有着明显的差异，然而在发展实践中，常常以成功经验为蓝本照搬照抄，甚至对其模式化简单化，这样的负面案例很多。

---

① 胡彬彬，李向军，王晓波．中国传统村落保护调查报告（2017）［M］．北京：社会科学文献出版社，2017：11.

如何因地制宜整合资源，突出优势系统创新，彰显特色？本书提出耦合机制与方法，探索传统村落系统发展路径，实现持续振兴。

三、乡村振兴的政策持续推动

从 2004 年至今，中央连续 12 年的"一号文件"都以农村发展为主题。近年来，国家相继提出美丽乡村建设、特色小镇建设、乡村振兴战略等内容，为传统村落建设与发展提供政策保障。2017 年党的十九大提出实施"乡村振兴战略"，明确指出"农业农村优先发展"的总要求，并提出"产业兴旺、生态宜居、乡风文明、治理有效、生活富裕"的战略目标[①]。2020 年党的二十大报告继续推进乡村振兴战略，明确提出"全面推进乡村振兴……扎实推动乡村产业、人才、文化、生态、组织振兴……统筹乡村基础设施和公共服务布局，建设宜居宜业和美乡村"[②]。相关政策的制定围绕着"振兴、产业、生态、宜居、人才、文化、组织、和谐、美丽"等核心关键词，这要求传统村落的文化保护与村落人居环境"更新"围绕着"产业、生态、宜居、人才、文化、组织"等核心关键词开展研究，这是本课题的研究关键。

四、东北满族传统村落保护的困境

东北满族传统村落人居环境同质化严重，村落逐渐空心化。东北满族传统文化快速衰落，物质载体不断萎缩，人们对传统村落的保护意识淡薄，对文化价值认识不足。东北满族传统文化有待深入挖掘整理与活化，缺乏文化活性。东北传统村落人居环境"更新"与满族传统文化保护矛盾突出，缺乏政策性引导与系统规划。

第二节 研究对象的选择与研究问题的提出

一、研究对象

本书的研究对象分为两大部分。第一部分是相关优秀案例研究与耦合协调

---

① 习近平. 决胜全面建成小康社会 夺取新时代中国特色社会主义伟大胜利——在中国共产党第十九次全国代表大会上的报告 ［EB/OL］. 人民网，2017-10-18.
② 习近平. 高举中国特色社会主义伟大旗帜 为全面建设社会主义现代化国家而团结奋斗——在中国共产党第二十次全国代表大会上的报告 ［EB/OL］. 人民网，2022-10-16.

度测评；第二部分是东北满族传统村落综合调查分析与耦合协调度测评。第一部分相关优秀案例研究分为：国外优秀案例研究、国内优秀案例调研与耦合协调度测评。第二部分的东北满族传统村落综合调查分析与耦合协调度测评的研究分为：黑龙江满族传统村落的综合调查；吉林满族传统村落的综合调查；辽宁满族传统村落的综合调查；东北满族传统村落耦合协调度测评。

国外相关优秀案例研究，分别研究美国、日本、韩国的典型传统村落保护案例。美国典型案例：纽约的库柏斯敦、马萨诸塞州的斯特布里奇村、格林菲尔德村；日本典型案例：越后妻有村、世罗町村、熊本县城边村、白山村、黑松内町村、合掌村；韩国的典型案例：甘川文化村、Heyri 艺术村、礼谈村、河回村、长水郡。归纳国外特色传统村落保护的动因、耦合目的、耦合资源要素、共同参与者、耦合的结果等方面的共同性，为本课题的研究提供经验。

国内优秀案例调研与耦合协调度测评，分别调研台湾地区台南县（今台南市）"无米乐"社区人居环境"更新"案例；浙江省金华地区传统村落：新光村、鸽坞塔村、何宅村、中柔村、芝英一村典型案例；浙江省湖州地区传统村落：荻港村、郭吴村、义皋村、港胡村、上泗安村典型案例。并对浙江省金华地区传统村落典型案例与浙江省湖州地区传统村落典型案例分别进行耦合协调度测评，归纳其耦合目标、耦合要素、耦合结构、耦合结果等方面的共性规律，为东北满族传统村落文化保护与人居环境"更新"耦合发展提供经验借鉴。

东北满族传统村落综合调查分析与耦合协调度测评的研究对象分别是黑龙江省满族传统村落：齐齐哈尔市富裕县友谊乡三家子村、哈尔滨市南岗区红旗满族乡东升村、哈尔滨市双城区希勤乡希勤满族村、齐齐哈尔市昂昂溪区水师营镇衙门满族村、哈尔滨市双城区幸福街道办事处久援满族村；吉林省满族传统村落：通化市通化县东来乡鹿圈子村、白山市抚松县漫江镇锦江木屋村、临江市花山镇珍珠村松岭屯、吉林市龙潭区乌拉街满族镇韩屯村、四平市铁东区叶赫满族镇永合村；辽宁省满族传统村落：抚顺市新宾满族自治县永陵镇赫图阿拉村、抚顺市新宾满族自治县上夹河镇腰站村、锦州市北镇市大市镇华山村、鞍山市岫岩满族自治县石庙子镇丁字峪村；沈阳市棋盘山开发区望滨街道闫家村。课题组对这 15 个传统村落进行了充分的田野调查，归纳东北满族传统村落文化保护与人居环境"更新"的耦合要素、耦合现状、突出矛盾。

二、研究问题的提出

（一）东北满族传统村落文化保护与人居环境"更新"现状凸显的问题

（1）满族传统文化流失严重，文化生态断裂，文化多样性弱化。（2）村民人居环境改善的诉求与传统村落文化保护的矛盾突出，文化价值认同失衡。（3）产业结构单一以农业为主，人才流失严重，村落持续空心化。（4）文化保护传承的内生动力不足，文化失活。

（二）乡村振兴的发展要求耦合，推进满族传统村落文化的活化

（1）满族传统村落文化挖掘与整理的研究。（2）满族传统村落文化（物质与非物质文化）体验化、符号化、生活化、产业化等活化路径研究。（3）满族传统村落文化的价值提升的路径研究。

（三）创新满族传统村落文化保护与人居环境"更新"的耦合机制

（1）破译人、地、文、产、居相互作用内在肌理的人居环境隐秩序，梳理文化与人、文化与地、文化与产、文化与居的耦合要素，探寻人居环境"更新"与传统村落保护的矛盾症结。（2）修复满族文化生态，挖掘村落文化历史，助推文化复建的研究；文化寻根——挖掘村落人文历史，整理满族文化符号、文化礼俗、乡村聚落形式；文化活化——活化满族人文历史，激活物质与非物质文化遗产，修复文化生态，实现文化增值与文化富民。（3）满族传统村落根性文化与村民文化认同的耦合机制研究，研究满族传统村落的家族宗亲文化，加强宗亲文化传播与培根教育，增强族群与村民的文化认同感与荣誉感，使文化回归心灵。（4）满族传统村落文化乡建与村落硬质环境更新的耦合机制研究。创新传统村落文化保护理念，结合村落规划与创新设计，以村民体验为中心，尊重历史肌理与满族文化语境，因地制宜突出特色的文化乡建，使保护性更新与更新性保护相结合。（5）满族传统村落文化体验创新与文化服务业发展的耦合机制研究，研究如何以满族传统风俗与文化艺术语言推动传统村落的文化服务产业创新发展，创新形式多样的满族文化艺术节；提升文化旅游服务品质；打造特色文化服务产业品牌，提升文化体验构建文化服务名村。（6）满族传统村落文化活化促进村民生活方式升级的耦合机制研究。活化传统生活习俗并融合现代生活方式，改变以农业为主的生存现状，以满族传统村落文化新体验为牵动升级村民生活方式，实现文化生活化，实现满族传统村落可持续发展。

第三节　研究目的与意义

一、研究目的

（一）探索东北满族传统村落文化保护与人居环境"更新"的耦合机制，

实现满族传统村落文化保护与人居环境"更新"有机协同，在更新中保护、在保护中更新，增强满族传统村落的文化活性，推动满族传统村落的可持续发展。（二）实现文化乡建与文化富民，打造东北地区满族传统村落文化新名片，实现包括文化、经济、社会、自然等综合人居环境的协调发展

二、研究意义

（一）推动东北乡村全面振兴，解决东北满族传统村落文化传承保护与人居环境"更新"的矛盾，为促进东北乡村文化生态、产业生态、环境生态的协同构建提供学理性依据。打好东北满族村落传统文化扎实基础，实现文化传承与更新、保护与利用、活态与价值，实现更新性保护与保护性更新协同，促进东北满族传统村落的可持续发展。（二）提效文化乡建与文化扶贫，打造满族乡村特色人居环境。为打造传统村落宜居空间，复建传统文化体验空间，实现文化乡建提供理论支撑与方法路径；推动满族传统文化活化与产业化，助推乡村文化服务业升级，改善村民生存环境，打造满族传统名村，实现文化脱贫。（三）理论普惠。通过对内在耦合机制的研究，解决保护与更新的矛盾悖论，创新传统村落人居环境"更新"与民族文化保护的方法学理论，普惠乡村。

第四节　研究方法、技术路线与论述框架

一、主要研究方法

"传统村落文化保护与人居环境'更新'的耦合机制与方法"是人居环境系统更新的方法论及其实践的研究，其研究过程是从理论归纳到案例实证，是定性研究与定量研究的结合。主要研究方法有：（一）文献研究法，研究相关文献，发现研究不足，明确本课题研究意义；通过文献研究挖掘满族传统村落的人文历史，整理传统村落的文化素材；（二）案例比较研究法，通过课题相关案例的比较研究，梳理优化国内外相关研究的成果，作为课题论证的相关例证；（三）田野调查法，通过田野调查研究东北满族传统村落的实际现状，发现传统村落文化保护与人居环境"更新"的矛盾与问题，梳理传统村落文化保护与人居环境"更新"耦合要素与耦合关系；（四）层次分析法与耦合协调度测量法，分析田野调查资料，探寻问题与矛盾内在的逻辑，发现满族传统村落文化保护

与人居环境"更新"的内在耦合规律并测量耦合协调度；（五）逻辑归纳法，归纳传统村落文化保护与人居环境"更新"的耦合机制与方法；（六）理论模型构建法，构建满族传统村落文化保护与人居环境"更新"的耦合机制理论模型；（七）设计实践与实验验证法，通过设计实践对耦合机制理论模型进行实验验证。

二、技术路线

表 1-1　课题研究的技术路线

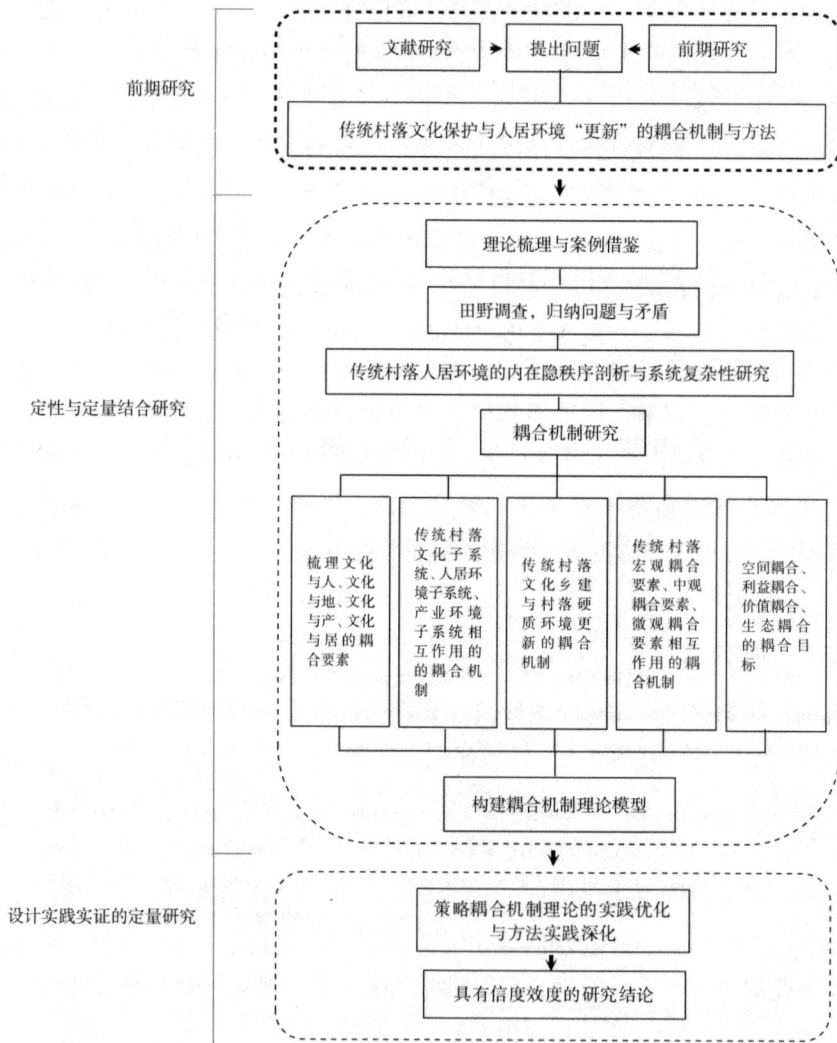

前期研究	文献研究　→　提出问题　←　前期研究 传统村落文化保护与人居环境"更新"的耦合机制与方法
定性与定量结合研究	理论梳理与案例借鉴 田野调查，归纳问题与矛盾 传统村落人居环境的内在隐秩序剖析与系统复杂性研究 耦合机制研究 梳理文化与人、文化与地、文化与产、文化与居的耦合要素 ／ 传统村落文化子系统、人居环境子系统、产业环境子系统相互作用的耦合机制 ／ 传统村落文化乡建与村落硬质环境更新的耦合机制 ／ 传统村落宏观耦合要素、中观耦合要素、微观耦合要素相互作用的耦合机制 ／ 空间耦合、利益耦合、价值耦合、生态耦合的耦合目标 构建耦合机制理论模型
设计实践实证的定量研究	策略耦合机制理论的实践优化与方法实践深化 具有信度效度的研究结论

三、论述框架

本研究共分为七章。

第一章，绪论。介绍研究背景，明确研究对象并提出研究问题，明确课题的研究目的与研究意义，确定主要研究方法与技术路线，归纳研究重点难点与创新点。

第二章，理论基础与文献综述。对课题研究涉及的相关概念进行界定，包括：传统村落的概念、人居环境的概念、耦合机制的概念、复合生态的概念等；对课题的理论基础开展研究，包括：系统学理论、复合生态系统理论、传统村落保护的相关理论、人居环境理论、有机更新理论、耦合机制理论等；对国内外研究进行综述，包括：相关政策文献述评、传统村落文化保护的文献述评、人居环境"更新"的文献述评、耦合机制与方法研究的文献述评、东北满族传统村落研究的文献述评，探寻本课题研究着眼点与研究依据。

第三章，相关优秀案例研究与耦合协调度测评。比较分析国内外相关优秀案例，国外案例包括：美国相关案例分析、日本相关案例分析、韩国相关案例分析；国内案例包括：台湾台南县（今台南市）"无米乐"社区人居环境"更新"的案例分析、浙江金华地区传统村落调查与耦合协调度测评、浙江湖州地区传统村落调研与耦合协调度测评。总结案例实践经验，为本课题研究提供耦合机制与方法借鉴。

第四章，东北满族传统村落综合调查分析与耦合协调度测评。通过对东北满族传统村落综合调查获得的一手数据，结合地方统计年鉴与地方政府工作报告的统计数据，对东北满族传统村落文化保护与人居环境"更新"耦合的现状进行系统分析，调查挖掘并整理东北满族传统村落文化符号。分析东北满族传统村落文化保护与人居环境"更新"的耦合格局；分析东北满族传统村落文化保护与人居环境"更新"的耦合肌理；分析东北满族传统村落文化保护与人居环境"更新"的耦合协调度；系统整理东北满族传统村落文化保护与人居环境"更新"耦合的问题与矛盾。探寻国内外优秀案例对东北满族传统村落文化保护与人居环境"更新"的启示。

第五章，传统村落文化保护与人居环境"更新"耦合机制与方法。基于东北满族传统村落综合调查，归纳传统村落文化保护与人居环境"更新"的耦合机制与方法。传统村落文化保护与人居环境"更新"是基于"系统耦合"的组织与运行；传统村落文化保护与人居环境"更新"是基于文化—经济—环境这一复合生态的相互作用。传统村落文化保护是传统文化与乡风文明的耦合；面对传统村落文化空巢化，再造传统村落文化与人居环境的耦合活态空间；传统村落文化保护与人居环境"更新"的关键是与产业的耦合；传统村落文化保护与人居环境"更新"是人居背景、人居活动、人居建设的耦合。从相关案例归纳传统村落文化保护与人居环境"更新"耦合的方法创新；从机更新理论深化归纳传统村落文化保护与人居环境"更新"耦合的方法创新；从城乡资源配置优化探索传统村落文化保护与人居环境"更新"耦合的方法创新；从耦合要素激活挖掘统村落文化保护与人居环境"更新"耦合的方法创新。

第六章，基于耦合方法的东北满族传统村落文化保护与人居环境"更新"设计实践——以赫图阿拉村为例。以研究提出的耦合机制与方法指导赫图阿拉村的设计实践。分析赫图阿拉村现状问题，提出改造理念与原则，规划赫图阿拉村产业布局，规划赫图阿拉村文化保护与人居环境"更新"的空间环境布局。

第七章，结论与展望。对研究结果进行系统全面的总结，阐明研究的理论与方法成果，并阐明其现实意义，指出研究的不足与继续深入研究方向。

第五节　研究重点、难点、主要观点与创新之处

一、研究重点

（一）东北满族传统村落现状研究，整理田野调查资料，诊断满族传统村落文化保护与人居环境"更新"的现状矛盾与瓶颈问题；（二）满族传统村落文化活化研究，文化的挖掘与整理，文化（物质与非物质文化）活化与价值提升路径的研究；（三）传统村落文化保护与人居环境"更新"的耦合机制与方法研究；（四）传统村落文化保护与人居环境"更新"耦合机制理论模型构建。

二、研究难点

（一）如何破译人、地、文、产、居相互作用内在肌理的人居环境隐秩序，梳理文化与人、文化与地、文化与产、文化与居的耦合要素，破除人居环境"更新"与传统村落保护的矛盾症结。（二）研究满族传统村落的家族宗亲文化，加强宗亲文化传播与培根教育，增强族群与村民的文化认同感与荣誉感，使文化回归心灵，实现满族传统村落根性文化与村民文化认同的耦合。（三）研

究梳理传统村落文化保护与人居环境"更新"的耦合要素，构建要素变量关系理论模型，创新耦合机制研究理论与方法。

三、主要观点

课题研究的主要观点：人、地、文、产、居相互作用内在肌理的人居环境隐秩序是传统村落文化保护与人居环境"更新"耦合机制的研究核心。梳理文化与人、文化与地、文化与产、文化与居的耦合要素与耦合关系，通过根性文化与村民文化认同的耦合、文化乡建与村落硬质环境更新的耦合、文化体验创新与文化服务业发展的耦合、文化活化与村民生活方式升级的耦合机制研究，厘清耦合机制的变量关系，构建耦合机制的理论模型。修复满族文化生态，助推文化复建，实现人居环境"更新"与文化富民。

四、创新之处

（一）理论创新。提出以"人、地、文、产、居"相互作用内在肌理的人居环境隐秩序作为传统村落文化保护与人居环境"更新"耦合机制的研究核心，探索文化与人、文化与地、文化与产、文化与居的耦合关系并构建理论模型。（二）研究范式创新。打破局限于物质文化与空间环境耦合的人居环境"更新"建筑学与设计学范式，探索以物质与非物质文化活化为基础的"人、地、文、产、居"系统耦合的人居环境系统"更新"的新范式。（三）研究方法创新。利用扎根理论研究方法，获得具有信度效度的研究结论。

第二章

理论基础与文献综述

开展传统村落文化保护与人居环境"更新"的耦合机制与方法研究，首先要厘清课题研究的理论基础以及相关研究的进展、主要研究成果、相关研究成果的不足之处。本课题研究的理论基础包括：系统学理论、复合生态系统理论、传统村落保护的相关理论、人居环境理论、有机更新理论、耦合机制理论。相关研究进展的文献综述包括：相关政策的文献述评、传统村落文化保护的文献述评、传统村落人居环境"更新"的文献述评、耦合机制与方法研究的文献述评、东北满族传统村落研究的文献述评。理论基础的研究与研究文献的述评，为本课题研究打下理论基础与研究的着眼点。

第一节　相关理论基础

一、系统学理论

系统学的概念。系统是从事物的部分与整体、局部与全局以及层次关系来反映事物的特征的概念，系统是由一些相互关联、相互作用、相互制约的组成部分所构成的具有某种功能的整体，系统学是研究系统结构、特征、原理与规律的科学。系统学普遍适用于自然界、人类社会包括人自身的综合研究①。

系统学的原理。系统学的原理体现在系统的整体性、结构与层次性、开放性、稳定性与突变性、组织性（自组织、他组织）、目的性、相似性等方面。系统整体性原理阐释整体与局部的关系，明确系统的边界，阐释系统主体与其他系统的关系。系统结构与层次性原理解释系统内部不同层次的子系统构成，并呈现典型的树状结构，体现了结构与功能相关的特征与系统的可细分特征。系统

---

① 钱学森．创建系统学［M］．上海：上海交通大学出版社，2007：4．

的开放性原理，体现系统与环境或者系统本身与他系统的关系，这种开放主要是指系统中的信息与能量在不同系统间的流动，开放性使得系统不断地变化为新的系统。系统的稳定性与突变性原理，系统的稳定与突变性是由系统间的信息与能量决定的，其前提是系统的开放程度。系统的组织性（自组织、他组织）原理，系统的组织性体现为系统的自组织与他组织，自组织是能量信息在系统中运行的自然结果，他组织是有目的组织系统的信息与能量，促使系统向着既定的目的性优化。系统的目的性原理，体现了系统变化的轨迹，这个轨迹是在线性与非线性之间波动的。系统的相似性原理，系统的结构与规律是相似的。系统学的原理体现了系统学的本质特征。

系统学的基本规律。系统学的基本规律包括结构功能相关律、信息反馈律、竞争协同律、涨落有序律、优化演化律。结构功能相关律体现结构与功能相互联系、相互制约、相互转化。信息反馈律体现了系统稳定与演化的规律。竞争协同律体现系统内部子系统间的关系，协同维护系统的整体，维护系统的稳定，竞争推动系统的演化，在竞争与协同的共同作用下推动系统的发展。涨落有序律反映了系统发展的规律性。优化演化律体现系统演化的目的是使系统不断地优化。系统学的基本规律体现系统在时空中的变化规律①。

依据系统学理论将传统村落作为一个系统研究，可以发现它呈现出包括自然、社会、人自身在内的综合研究特征。依据人地关系的地域系统理论，传统村落系统包含"人、地、文、产、居"在内的自然生态子系统与人文社会子系统。相关的研究中，学者们阐释了不同的研究视角：刘彦随认为传统村落系统是在人文、经济、资源与环境的相互联系、相互作用下构成的，具有一定结构、功能和区际联系的乡村空间体系②；李志龙认为传统村落是由经济发展子系统、生态环境子系统和社会进步子系统组成的，具有综合性、动态性、开放性特征的复杂系统③；黄磊等认为区域系统是环境子系统、经济子系统和社会子系统耦合而成的综合系统，每个子系统内部及各子系统之间的相互作用和反馈机制共同维持和决定着整个系统的运行与发展④；学者们研究的关键词集中在：人文、经

① 魏宏森，曾国屏. 系统论：系统科学哲学 [M]. 北京：世界图书出版公司，2009：1-4.

② 刘彦随. 新时代乡村振兴地理学研究 [J]. 地理研究，2019，38（3）：461-466.

③ 李志龙. 乡村振兴—乡村旅游系统耦合机制与协调发展研究——以湖南凤凰县为例 [J]. 地理研究，2019，38（3）：643-654.

④ 黄磊，吴传清，文传浩. 三峡库区环境—经济—社会复合生态系统耦合协调发展研究 [J]. 西部论坛，2017，27（4）：83-92.

济、环境、社会、系统等。学者们的相关研究基本明确了传统村落系统的系统结构。

课题以系统学为理论基础的目的。首先，以系统学的原理与规律作为耦合机制模型构建的理论基础。其次，依靠系统学的原理与规律捕捉课题研究在时间空间的关键节点、关键结构（人文子系统、经济子系统、环境子系统、社会子系统）、关键组织与行动（文化的挖掘与整理、乡土信仰的重塑、人才的培养、空间的整治、产业的优化、生态的保育、耦合链的组织等）、关键变量（政策、信息、资本、时空变量）。再次，运用系统学的基本规律，实现对传统村落的不断优化，达到令其持续发展的目的。

二、复合生态系统理论

早在 1984 年，马世骏与王如松先生就在国际上首次提出了社会—经济—自然复合生态系统理论，并指出城市与区域是以人的行为为主导、自然环境为依托、资源流动为命脉、社会文化为经络的社会—经济—自然复合生态系统。"三个子系统既有各自运行规律，也是相互作用的整体"，复合生态系统中"人是最活跃的因素，也受自然生态规律制约"。"自然子系统是由水、土、气、生、矿及其间的相互关系来构成的人类赖以生存、繁衍的生存环境；经济子系统是指人类主动地为自身生存和发展组织有目的的生产、流通、消费、还原和调控活动；社会生态子系统由人的观念、体制及文化构成"，这三个子系统是相生相克，相辅相成的。"三个子系统之间的生态耦合关系和相互作用机制决定了复合生态系统的发展与演替方向。复合生态系统理论的核心是生态整合，通过结构整合和功能整合，协调三个子系统及其内部组分的关系，使三个子系统的耦合关系和谐有序，实现人类社会、经济与环境间复合生态关系的可持续发展。"①王如松先生阐明了复合生态系统发展与演化的动力学机制来源于自然和社会两种作用力。自然力的源泉是各种形式的太阳能，它们流经系统的结果导致各种物理、化学、生物过程和自然变迁。社会力的源泉有三：一是经济杠杆——资金；二是社会杠杆——权力；三是文化杠杆——精神。资金刺激竞争，权力诱导共生，而精神孕育自生②。三者相辅相成构成社会系统的原动力。自然力和社会力的耦合形成不同层次复合生态系统特殊的运动规律。他进一步指出复合生

---

① 马世骏，王如松. 社会—经济—自然复合生态系统 [J]. 生态学报，1984（1）：1-9.
② 王如松，欧阳志云. 生态整合——人类可持续发展的科学方法 [J]. 科学通报，1996（S1）：47-67.

态系统不仅遵从自然界的"道理"，也遵从人类活动的"事理"和人类行为的"情理"①。J. 葛罗库斯（J Grosskurth），J. 罗特曼（J Rotmans）研究可持续发展复合生态概念模型——SCENE 模型，用于指导建立可持续性指标体系和发展"环境—经济—社会"耦合动态模型②。

目前，复合生态系统理论应用于乡村振兴的研究逐渐开展，郑向群等人提出有机整合生态、生产、文化与生活 4 个子系统的乡村复合生态系统理论，明确指出乡村要保留传统的乡村风俗与民族文化③。谢伊娜、刘云根等人结合农村特征构建了生态、生产、文化、生活四位一体的美丽乡村复合生态理念与系统模型④。

以复合生态系统理论为指导，研究传统村落复合生态问题，可以将传统村落看作是以人的行为为主导、自然环境为依托、资源流动为命脉、社会体制为经络的复合生态系统。目的是探索传统村落生态系统的动力机制、控制方法，辨识传统村落中各种局部与整体、眼前和长远、环境与发展、人与自然的矛盾冲突关系，寻找调和这些矛盾的技术手段、规划方法和管理工具。传统村落复合生态系统有三种功能：一是生产，为社会提供丰富的农林牧渔等产品。二是生活，为居民提供生活条件和栖息环境，即一方面满足居民基本的物质、能量和空间需求，保证人体新陈代谢的正常进行和人口的持续繁衍；另一方面满足居民强烈的精神、信息和时间需求。三是还原，保证自然资源的永续利用和社会、经济、环境的平衡发展，即一方面必须具备消除和缓冲自身发展给自然造成的不良影响的能力；另一方面在自然界发生不良变化时，能尽快使其恢复到良好状态。传统村落生态系统通过各种技术的、行政的和行为诱导的手段，因地制宜地实现环境与经济的协调持续发展。通过传统村落复合生态系统规划，协调村落人与自然、资源与环境、生产与生活的关系。

---

① 欧阳志云. 开创复合生态系统生态学，奠基生态文明建设——纪念著名生态学家王如松院士诞辰七十周年 [J]. 生态学报，2017，37（17）：5579-5583.

② GROSSKURTH J, ROTMANS J. The scene model: Getting a grip on sustainable development in policy making [J]. Environment, Development and Sustainability, 2005, 7（1）· 135-151.

③ 郑向群，陈明. 我国美丽乡村建设的理论框架与模式设计 [J]. 农业资源与环境学报，2015，32（2）：106-115.

④ 谢依娜，刘云根，赵乐静. 中国美丽乡村建设的复合生态系统理念探析 [J]. 西南林业大学学报（社会科学），2017，1（6）：15-23.

三、传统村落保护的相关理论

（一）传统村落的概念

传统村落是指建村历史较长、具有较为完整的村落历史面貌、村落选址布局及民居建筑具有浓郁地方特色、有丰富独特的古建筑和非物质文化遗产，村民仍然生活其中的活态的村落①。其具有一定历史、文化、科学、艺术、经济、社会价值，应予以保护。它的系统特征有：融合传统民居与历史建筑、村落历史与村落民俗、村落民族与非物质文化遗产的村落文化特征；自然生态景观与人工生态景观、公共环境与公共设施的景观生态环境特征；第一产业、第二产业、第三产业、产业新业态融合的产业业态特征；居民生活水平与民生和谐状况体现的生活特征；体现居民性别、年龄、文化、技术、就业结构的居民结构特征。

（二）梁漱溟的乡村建设理论

梁漱溟的乡村建设理论形成于 20 世纪 30 年代，是在旧中国积贫积弱的社会背景下探寻民族自救的乡村建设理论与实践方案。虽然历史久远，但是其思想内涵及实践方法对今天的传统村落保护仍然具有借鉴意义。

1. 构建"乡村组织"

梁漱溟认为乡村组织可以解决中国眼前的几个大问题、可以开拓中华民族的出路，形成一个理想的社会。乡村组织是一切制度的端倪，无"团体组织"的精神，则教育、政治、经济等制度皆无法合理建立起来②。所以，梁漱溟号召乡村运动者要联成一大文化运动团体系统 ，由此系统领导推进大社会。他认为成功的社会须有乡村组织的培养、经济问题的解决和适宜的政治环境，由此，文化、政治、经济的全面建设才能得到发展，才能促进民族的复兴。

2. 以"文化改造"为基础重建社会结构

阐明如何对待传统文化、如何借鉴吸收西方文化到如何建构新文化。梁漱溟的文化哲学遵循着"意欲—态度—根本精神—生活样法—文化差异"的逻辑轨迹，中国问题的解决，在于中国文化改造，文化改造的目标是"阐发中国固有精神、吸收西洋文化长处"③。梁漱溟认为中国文化必须面对转变，只有"转

---

① 鲁可荣，胡凤娇. 传统村落的综合多元性价值解析及其活态传承［J］. 福建论坛（人文社会科学版），2016（12）：115-122.

② 梁漱溟. 乡村建设理论［M］. 上海：上海人民出版社，2006：241.

③ 耿达. 五四文化论争视域中的梁漱溟之《东西文化及其哲学》［J］. 华中人文论丛，2014，5（2）：154-157.

变出一个新文化来"中国才能得救，而新文化必须来源于乡村，乡村是中国文化"有形的根"，新的社会组织与新文化须从乡村产生。

3. 乡村建设的方法论

首先，倡导"新礼俗"。梁漱溟十分强调传统文化元素的主体作用，认为中国过去社会秩序的维持多靠礼俗。中国将来的新社会组织仍要靠礼俗，通过"补充改造乡约"来教化民众，梁漱溟认为：乡约中的四大纲领"德业相劝、过失相规、礼俗相交、患难相恤"充满了人生向上的情怀①，把生活中的一切包含在里面，塑造了中国人的精神。其次，以社会式的教育模式兴建乡学、村学。通过乡村学校的教育，教导乡民提引问题、商讨办法、鼓舞实行，以引导乡民齐心合作解决问题。最后，促进合作组织。合作组织能够增加生产、减少剥削、降低成本并共同支配和享有资源②。

4. 梁漱溟的乡村建设理论对当今传统村落保护的启示

梁漱溟的乡村建设理论与实验，成为当今传统村落建设的价值资源，从中汲取有价值的经验。启示之一，梁漱溟认为更重要的是乡村的文化建设，乡民的个体精神的提振。乡村组织要用一种理性的、文化的内涵来重构，这种乡村建设立意高远，目标宏大。这从某种意义上为今天的传统村落可持续发展提供了借鉴。传统村落的持续发展不仅是物质条件的改善和发展，更重要的是文化的转化创新与人居环境建设的耦合。这与梁漱溟乡村建设理论基本一致。启示之二，伦理关系是乡村人与人之间和睦相处、共同促进和发展的基础，乡村建设就是要提升村民的道德境界，培育文明乡风、良好家风、淳朴民风，这些都是传统村落人居软环境建设的准则。梁漱溟认为，社会秩序所赖以维持的要点是教化、礼俗和自力，教化、礼俗关乎乡村的道德建设。传统道德观的文化认同，是传统村落保护与人居环境"更新"面对的重要课题。正因为如此，国家提出文化自信，大力推进优秀传统文化的传承与发展，大力提倡乡村建设中的道德建设，提升文明与德治的水平。启示之三，梁漱溟强调乡村建设的根本在于人的自力。这种自力，就是自强不息的本质精神的塑造，乡村建设需要这种精神。这为乡村建设中居民的主体地位的确定，为乡村振兴的村民自治提供理论的支持。新时期乡村振兴战略明显加强了乡村自治的建设，目的就是培养农民的自主性，唤醒农民的自我意识。传统村落的自我保护、自我价值挖掘、自我功能活化的主体意识，对农民起到精神引领的作用，调动在地居民的积极性、

---

① 梁漱溟.乡村建设理论［M］.上海：上海人民出版社，2011：180.
② 梁漱溟.梁漱溟全集：第二卷［M］.济南：山东人民出版社，1990：400-450.

主动性、创造性，实现传统村落保护与人居环境"更新"的决策、在地居民的发展意愿相耦合。今天的传统村落文化保护需要汲取梁漱溟乡村建设理论，才能更好地实现保护与更新的耦合，处理好保护与更新的矛盾。

（三）费孝通的乡村建设理论

20世纪40年代前后，费孝通从社会学领域出发，转换近代中国农村重建的问题视角，沿着"乡土中国"的认识开辟了近代中国农村重建的经济理论。

1. 费孝通乡建理论核心

费孝通本着"自力更生的原则"从经济建设出发，提出了以"乡土工业"为核心内容的农村重建方案。他通过大量的田野调查发现中国农村的根本问题所在，费孝通在《江村经济》《禄村农田》和《乡土重建》等著作中多次讨论乡土经济结构。他指出农民的收入低下才是中国农村的基本问题①。因此，增加农民的收入才是最终解决中国乡村问题的办法，而最根本的措施是要发展农村企业。

费孝通认为，中国传统农村经济本来就不是单一的农业经济，而是农工混合的经济。费孝通关注的核心问题是如何将乡土工业发展的收益留在农村、留给农民，因此提出了工业下乡与中国式工业化道路，即乡土工业以合作社为组织形态，以落实农民利益为基本目的，进而以农民为主体自动完成乡土重建。费孝通提出乡土工业分散化与合作化的办法，实现乡村经济发展。乡土工业包括手工的与机器的、家庭性的与工厂性的。"家—村—中心村—区域"是乡土工业由分散化到聚集化的大致路径。乡土工业不是原始的和保守的，而是重视引进技术和提倡合作。既要通过引进机器改进手工生产技术，又要提倡经济组织的合作。新技术只有同新的分配方式相配合，才能嘉惠于广大人民的生活②。总之，费孝通时时处处总在为农民的利益着想，增加农民收入是费孝通最基本的着眼点和最根本的落脚点。费孝通认为，发展乡村工业需要大量技术人员的培养，提出一是要引进，二是要培养。他提出了"现代技术下乡"的口号。

2. 费孝通的乡村建设理论对当今传统村落保护与人居环境"更新"的启示

在城市化加速背景下，农村呈现出"空心化"和"格式化"的窘境。费孝通关于农村重建的思想资源对于现代新农村建设仍然具有历史经验的借鉴意义。启示之一，传统村落要得到有效保护，必须留住在地居民，而留住居民的关键

---

① 费孝通. 费孝通文集：第二卷 ［M］. 北京：群言出版社，1999：199-200.

② 耿达. 近代中国"乡村改造"的两条路向 ［J］. 华南农业大学学报（社会科学版），2016，15（2）：133-140.

是增加居民的收入并改善在地居民的人居环境。启示之二，增加居民收入的主要路径是发掘传统村落综合资源，发展乡村现代产业——现代农业与农产品加工业、现代文化产业、文化旅游与现代乡村服务业、传统村落产品开发与新型网络服务业。启示之三，引进、培养并留住人才。实现文化保护、环境生态、收入提升的系统耦合。

（四）冯骥才的传统村落保护理论与观点

2001 年冯骥才开始启动"中国民间文化遗产抢救工程"，编写《中国民间文化遗产抢救工程普查手册》，开展传统村落保护研究。

1. 在快速城镇化的社会发展背景下，城镇化与传统村落保护的关系

冯骥才认为：古村镇的消失，一方面是以建筑为主体的整体上的瓦解，另一方面是村镇内部历史文化遗存的大量流失。有些村镇虽然表面看风格犹存，但实际上内部遗存残存无多，已成文化的空巢。面对城镇化背景下农村的文化空巢问题，建议重要的古村镇抓紧建立小型博物馆。关于城镇化与传统村落保护的关系，他提出："城镇化不是去乡村化，如果农村文化消失了，那么城镇化将是单调的；传统村落是中华民族文化多样性的体现，需要得到保护，推进城镇化建设绝不能以瓦解农村文明，牺牲文化遗产为代价。"① 对于城镇化下的传统村落的保护，他提出："城镇化是必须走的一个道路，但不能在城镇化的过程中把自己的文化熔化了；城镇化和留住我们的传统不是对立的，应该是一致的，应守护中国的传统乡村，留住人们的乡愁；更要把传统村落的保护作为城镇化的重要内容，两者是有机整体，而不是对立的。"② 实现传统村落的新型城镇化，要做到以下三点：第一是保护；第二是要把现代科技带来的方便注入村落，改善人们的生活条件；第三是要有生产和获得收益的条件，确保经济来源，人们才能留在村里，实现就近城镇化③。

2. 面对新农村建设下传统村落的保护与开发问题——冯骥才的观点

面对"千村一面"的现象，冯骥才提出了在新农村建设中，要防止出现城市改造的文化悲剧，把新农村变成洋农村；他担心旧村改造重演当年的旧城改造造成文化失忆的现象。冯骥才先生提出文化遗产保护与"乡风文明"相契合。

① 孙红丽. 冯骥才委员谈农村房屋空置：是历史发展的必然［EB/OL］. 人民网，2015-03-14.

② 孙红丽. 冯骥才委员谈农村房屋空置：是历史发展的必然［EB/OL］. 人民网，2015-03-14.

③ 1 亿人落户城镇不能把好村庄遗弃了——专访全国政协委员、中国文联副主席冯骥才：城镇化要留住美丽乡愁［N］. 华西都市报，2014-03-07（a05）.

文化保护做得如何，关系着最终能否实现新农村的精神内涵建设与文化主体建设。

反对为追求 GDP 而打造的伪文化现象。面对传统村落保护中的"大跃进"现象，他鲜明地指出要防止文化遗产的建设性破坏、维修性拆除和旅游性破坏，强调文化保护和旅游开发要有科学指导，对于传统村落的保护与旅游开发问题，他明确反对开发的观念，提倡利用与活化的观念，反对"村落粗鄙的旅游化开发"①。倡议建立国家对传统村落开展旅游的批准机制，认为要按照国家的保护规定与标准制定严格的保护规划和旅游规划。

3. 对传统村落的价值认知的理念与观点

冯骥才认为传统村落是机不可失，失不再来的根性遗产，是蕴藏着五千年文明基因的人文硕果；强调传统村落文化是"根性文化"，是我们民族最重要的精神文化财富，传统村落是整个中华民族的精神家园②。他认为村落的意义在于跟人的关系、土地的情怀、家乡的情怀，保护古村落关键还是保护自己的精神家园、我们的传统、我们的根、我们乡愁的依托。

4. 传统村落的保护理念与方式

冯骥才提出传统村落保护的理念，包括了四方面：一是传统村落的原始格局不能变；二是经典民居和公共建筑不能动；三是非物质文化遗产的原生性是不能改变的；四是地域个性的特征不能同质化。同时强调改变老百姓的生活设施、硬件等，防止村庄空巢化。冯骥才提出建立一整套科学的传统村落保护体系，包括六方面：一是对传统村落的科学认定；二是传统村落要有责任保护人；三是监督是科学保护的重要保证；四是传统村落保护必须有法可依；五是制定科学的保护规划；六是启迪老百姓的文化自觉③。

冯骥才提出传统村落保护的方式：一是对传统村落实施抢救与立档调查，对传统村落进行普查、登记、分类、整理、出版，进行全面的普查，弄清楚其现存状况，建立传统村落名录，为国家建立传统村落基础档案；二是要提供必不可少的科学理念、规划、标准与试验；三是对古民居保护采用"露天博物馆"方式，露天博物馆是一种收藏和展示历史民居建筑及其生活方式的博物馆，即把这些零散而无法单独保护的遗存移到异地集中保护，同时还将一些掌握着传

---

① 冯骥才. 古村落是中华文化的箱底［M］//冯骥才. 不能拒绝的神圣使命：冯骥才演讲集（2001—2016）. 郑州：大象出版社，2017：108.

② 冯骥才：守望民间文化　做出行动的知识分子［EB/OL］. 人民网，2006-03-07.

③ 冯骥才. 关于传统村落保护需要国家作为的提案［J］. 村落遗产（内部），2014（3）：1.

统手工的艺人请进来，组成一个活态的"历史空间"①；四是综合采用就地保护、易地保护、原址重建、维持当地居民原生态生活的生态区方式、生态博物馆的方式、老区和新区分开的分区保护方式等。

5. 冯骥才的传统村落保护理论对当今传统村落保护与人居环境"更新"的启示

启示之一，传统村落保护的意义深远，传统村落是中华民族文化多样性的体现，是蕴藏着五千年文明基因的人文硕果，是乡村振兴的重要组成部分。启示之二，传统村落的保护是一个复杂的系统工程，其保护工作涉及政府、在地居民、投资人的利益；涉及法律、经济、社会、文化、政策、管理等的协同；涉及文化生态、自然生态、社会生态的平衡；涉及村落格局、产业布局、建筑空间、使用功能、保护与活化的规划设计。启示之三，传统村落的保护方式是耦合制宜多样化的保护，其核心是价值发掘，包括历史见证价值、研究价值、欣赏价值、怀旧（情感）价值、经济价值、品牌价值、艺术价值的发掘。启示之四，传统村落保护与人居环境"更新"是同时间同空间的耦合作用，相辅相成相得益彰，不可顾此失彼。

四、人居环境理论

（一）人居环境的概念

人居环境，顾名思义，是人类的聚居生活的地方，是与人类生存活动密切相关的地表空间，它是人类在大自然中赖以生存的基地，是人类利用自然、改造自然的主要场所，人居环境是人类与自然之间发生联系和作用的中介，理想的人居环境是人与自然的和谐统一。人在人居环境中结成社会，进行各种各样的社会活动，并进一步形成更大规模、更为复杂的支撑网络②。当代人居环境研究与实践的基本内容包括人居背景、人居活动和人居建设三大相互交织的问题，涉及社会、经济、生态三大方面。

（二）人居环境的构成

1. 基于五大系统的人居环境构成

人居环境包括五大系统，分别是自然系统、人类系统、社会系统、居住系统、支撑系统。自然系统是指由气候、水、土地、植物、动物、地理、地形等构成的自然环境和生态环境。它是聚居产生并发挥其功能的基础，是人类安身

---

① 冯骥才. 传统村落保护的两种新方式［N］. 人民日报，2015-06-19（24）.
② 吴良镛. 人居环境科学导论［M］. 北京：中国建筑工业出版社，2001：39.

立命之所。人类系统主要指作为个体的聚居者，侧重于对物质的需求与人的生理、心理、行为等有关的机制及原理、理论的分析。社会系统，人居环境是人与人共处的居住环境，既是人类聚居的地域，又是人群活动的场所，社会就是人们在相互交往和共同活动的过程中形成的相互关系。人居环境的社会系统主要是指公共管理和法律、社会关系、人口趋势、文化特征、社会分化、经济发展、健康和福利等。涉及由人群组成的社会团体相互交往的体系，包括不同的地方性、阶层、社会关系等。居住系统是指住宅、社区设施、城镇中心的各类功能的建筑体及公共空间。支撑系统分基础设施系统和服务保障系统，基础设施系统包括：公共服务设施系统（自来水、能源和污水处理）、交通系统（公路、航空、铁路），通信与计算机信息系统、物质环境规划等。服务保障系统包括：技术支持保障系统，行政服务保障系统（经济、法律、教育）。人居环境的学术框架包括：地理、环境、生态、哲学、艺术、民俗、历史、土木、心理、社会、经济、交通等①。

2. 基于三元论的人居环境构成

人居环境以经济、生态、社会为纲，是众多问题的综合、众多学科的交叉、众多专业的协同实践②。人居环境理论研究以三元论哲学为基础，将其分为人居背景、人居活动和人居建设三大要素。人居背景：以自然界环境、农林环境和生活环境三者为存在基础，其中包含着自然环境、农林环境、生活环境三类空间环境，以及各类环境中所具有的资源、生态循环等，他们维持着人类的基本生存，是人居环境存在的必要前提。人居活动：人居环境的主体及其表现形式是人类利用人居环境进行的各类居住、聚集和游历活动。人居建设：人居环境的客体及其表现形式是建筑、城乡、风景园林与景观，其集中体现了人类在各类空间中的建设活动，人居环境理论指导下的人居环境建设目标即从解决问题转变到实现理想环境。在现实的人居环境中，人居背景、人居活动、人居建设三者是互为依存、相互制约、三者联动的关系③。

3. 人居环境理论对传统村落人居环境建设的启示

将吴良镛先生的人居环境的构成理论与刘滨谊教授的人居环境构成理论结合起来分析，人居环境是围绕着人本身的物质环境、精神环境、活动环境的，所以将人居环境的建设归纳为物质空间建设、精神空间建设、活动空间建设的

① 吴良镛. 人居环境科学导论［M］. 北京：中国建筑工业出版社，2001：40-48.
② 刘滨谊. 人居环境研究方法论与应用［M］. 北京：中国建筑工业出版社，2016：4.
③ 刘滨谊. 人居环境研究方法论与应用［M］. 北京：中国建筑工业出版社，2016：39.

三元建设方法。物质空间建设包括：村落规划、居住建筑、景观生态；精神空间建设包括：文化与信仰、艺术与欣赏、体验与娱乐；活动空间建设包括：劳动空间、居住空间、游憩空间。这样人居环境建设耦合村落的经济、人文、自然资源要素，耦合村民的物质、精神、财富的民生需求。确定课题研究中人居环境"更新"的落脚点。

五、有机更新理论

（一）有机更新的概念及理论形成

有机更新理论是吴良镛先生在 20 世纪晚期提出的关于历史文化城市旧城居住区的建设与改造方法。其主要观点就是将城市比作从整体到局部紧密相连的有机生命体，且具有持续新陈代谢、相似相续等生命特征。其主要目的是减少大规模拆建式旧城更新所带来的历史文脉割裂问题。其主要内涵是尊重和延续原有旧城居住区的总体建成环境特征，采用小规模、渐进式的营建方式，从局部出发，最终完成旧城居住区整体的现代转型。

其理论雏形与最初实践可追溯到 1979—1980 年由吴良镛先生领导的北京什刹海规划研究。这项规划明确提出了有机更新的思路，主张对原有居住建筑的处理根据房屋现状区别对待：质量较好、具有文物价值的予以保留，房屋部分完好者加以修缮，已破败者拆除更新；居住区内的道路保留胡同式街坊体系；新建住宅将单元式住宅和四合院住宅形式相结合，探索新四合院体系①。上述思路在 1987 年开始的菊儿胡同住宅改造工程中得到实践，取得了有目共睹的成功。吴良镛先生在其《北京旧城与菊儿胡同》论述中做了如下概括："所谓有机更新，即采用适当规模、合适尺度，依据改造的内容与要求，妥善处理目前与将来的关系，不断提高规划设计质量，使每一片的发展达到相对的完整性，这样集无数相对完整性之和，即能促进北京旧城整体环境的改善，达到有机更新的目的。"②

其后，吴良镛的弟子方可博士将城市有机更新的内涵细化为以下三个部分：第一，城市整体的有机性。城市从总体到细部都应当是一个有机整体，城市的各个部分之间应像生物体的各组织一样，彼此相互关联，同时和谐共处，形成整体的秩序和活力。第二，城市细胞（如供居民居住的四合院）和城市组织（街区）更新的有机性。城市细胞和城市组织的新陈代谢是必要而不可避免的，

---

① 方可. 探索北京旧城居住区有机更新的适宜途径 ［D］. 北京：清华大学，2000.
② 吴良镛. 北京旧城与菊儿胡同 ［M］. 北京：中国建筑工业出版社，1994：225.

但新的城市细胞仍应顺应原有城市肌理。第三，更新过程的有机性。生物体的新陈代谢是以细胞为单位进行的一种逐渐的、连续的、自然的变化，遵从其内在的秩序和规律，城市的更新亦当如此①。同时，方可还阐释了城市有机更新的七条原则：整体性、自发性、延续性、阶段性、人文尺度、经济性和综合效益。一是整体性，旧城改造应研究更新地段及其周围地区的城市格局和文脉特征，保持地区城市肌理的相对完整性；二是自发性，主张自上而下与自下而上的城市规划方法相结合，鼓励居民参与；三是延续性，尊重居民生活习俗，继承城市在历史上创造并留存的有形和无形的各类资源和财富；四是阶段性，妥善处理旧城更新中的目前与将来的关系，根据不同的实际情况，分期分阶段逐步进行；五是人文尺度，旧城更新需注重适当建设规模和合适尺度；六是经济性，根据不同的房屋质量，采用不同的更新方式，既经济又便于实施；七是综合效益，旧城更新应尽量使社会效益、经济效益、环境效益和城市文化效益等相统一②。

（二）有机更新理论在传统村落人居环境"更新"的应用延伸

传统村落与城市历史街区虽有不同，但是从历史文化的承载、人居职能等方面具有聚落空间的相似性。首先，对象客体相似。传统村落与旧城区都是历史上延续下来的人类聚居区域，均以住宅为主，而且传统村落与城市的产生与发展均体现出类似有机体的特征。其次，初始条件接近。旧城区与当前传统村落的既有建筑群体均存在一定的整体风貌混杂、建筑质量参差不齐现象；而公共服务、基础设施以及家庭生活空间设施等现代功能的缺失均比较明显。最后，核心理念相通。两者均兼顾了地方文脉延续和现代化改造，特别值得注意的是：一方面，在方可先生总结的城市有机更新的整体性、自发性、延续性、阶段性、人文尺度、经济性、综合效益七条原则中，已经涉及对于保持旧城格局、肌理的完整性，新建院落延续旧院落的形制，在因袭传统的基础上进行建筑形式创新四方面的论述。这使传统村落人居环境"更新"，关于村域空间格局、建筑群体肌理、空间单元形制、建筑单体形式四层次有机序修护产生了明显的关联。另一方面，旧城区改造采取小规模、渐进的方式，反对大规模拆建，这与规避传统村落过度集聚，延续以自然村落为单位的传统村落人居环境"更新"理念也是一致的。因此，传统村落人居环境"更新"可以运用有机更新的理念。通过持续的有机更新走向新的有机秩序。有机秩序，就是空间秩序的有机性与功

---

① 方可. 探索北京旧城居住区有机更新的适宜途径 [D]. 北京：清华大学，2000.
② 方可. 探索北京旧城居住区有机更新的适宜途径 [D]. 北京：清华大学，2000.

能秩序的有机性的综合①。传统村落有机秩序的形成是一个持续发展的，长期的新陈代谢的过程②。

六、耦合机制理论

（一）耦合机制的概念

耦合（coupling）是一个物理学的概念，是指两个（或两个以上的）系统或运动形式通过各种相互作用而彼此影响的，是子系统之间相互依赖、相互协调、相互促进的动态关联关系③。耦合机制是耦合子系统间相互作用而彼此影响的协同作用机制，这种机制使系统形成相互协作的整体。耦合机制有两个测量指标，分别是耦合度与耦合协调度④。耦合度是描述系统或要素彼此相互作用影响的程度，不分利弊，既可能是正耦合测量，也可能是负耦合测量。耦合协调度是在耦合度基础上度量系统或要素间的协同作用的程度，体现系统的协调有序发展程度。耦合协调度存在着一定的局限性，处于较低水平的两个系统指数也会出现高耦合协调度的情况，但是这并不能反映系统的高水平耦合的意义。耦合机制理论目前被广泛应用于经济社会系统研究的各个领域，有助于对系统之间发展状态进行测量。

（二）耦合测量模型

借用物理学中的容量耦合概念和容量耦合系数模型，构建耦合测量模型。耦合测量包括对耦合度的测量与耦合协调度的测量。测量的方法：建立子系统的综合评价指标模型；建立耦合度函数模型；建立耦合协调度函数模型，进行耦合协调度测量。

首先，建立子系统的综合评价指标模型。由于耦合度测量是复杂的系统间测量，系统存在子系统分层问题，所以首先要求得子系统中各项指标参数线性加权函数，指标参数的分值评价标准依据相关评价标准与专家经验确定⑤。构建

---

① C. 亚历山大，M. 西尔佛斯坦，S. 安吉尔，等. 俄勒冈实验 ［M］. 赵冰，刘小虎，译. 北京：知识产权出版社，2002：4.
② 钱振澜. 韶山实验：乡村人居环境有机更新的方法与实践 ［M］. 南京：东南大学出版社，2017：30-32.
③ 刘端，张军，时朋飞，等. 基于耦合模型的美丽街区旅游化发展模式和路径探讨——以武汉县华林历史文化街区为例 ［J］. 资源开发与市场，2018，34（4）：568-574.
④ 高楠，马耀峰，李天顺，等. 基于耦合模型的旅游产业与城市化协调发展研究——以西安市为例 ［J］. 旅游学刊，2013，28（1）：62-68.
⑤ 向云波，张勇，袁开国，等. 湘江流域县域发展水平的综合评价及特征分析［J］. 经济地理，2011，31（7）：1088-1093.

子系统的综合评价指标模型：

$$f(U_j) = \sum_{i=1}^{n} w_i \cdot X_i \qquad (2-1)$$

其中，j 表示综合评价指标函数的个数，（$j = 1, 2, 3\cdots, n$）；i 表示指标个数，（$i = 1, 2, 3, \cdots, n$）；w_i 为子系统的综合评价指标的指标权重，w_i 运用熵值法构建，熵值法的权重具体计算为：首先计算 X_i 下级指标的贡献度 $P_{ij} = \dfrac{x_{ij}}{\sum\limits_{i=1}^{m} x_{ij}}$，

然后用 E_j 来表示所有指标 x_j 对 X_i 的不确定度量：$E_j = -K\sum\limits_{i=1}^{m} P_{ij}\ln(p_{ij})$，其中，常数 $K = 1/\ln(m)$，$0 \le E_j \le 1$，当 E_j 趋于 1 时，x_j 的各指标的贡献度趋于一致（$P_i = 1/m$），此时熵值最大，w_i 趋于无穷小；x_j 的各指标的贡献度趋于不同时，w_i 依据不同度取值，定义 d_j 为 x_j 各指标贡献度的一致性程度，$d_j = 1 - E_j$，则各指标权重 $W_j = \dfrac{d_j}{\sum\limits_{j=1}^{n} d_j}$，可以部分采取专家经验的主观估计权重 λ_j，借助上述的

w_j 来对 λ_j 进行修正，最终得到指标权重：

$$W_j^{\,0} = \frac{\lambda_j W_j}{\sum\limits_{j=1}^{n} \lambda_j W_j} \qquad (2-2)$$

其中 n 与 m 分别表示指标个数；X_i 为评价指标的无量纲化值（标准化处理后的相对指标），由于指标单位的不同以及各指标量纲的差异，因此需要对各项评价指标的原始数据进行标准化处理，均采用处理后的相对指标。标准化处理采用 Min-max 标准化方法，其计算公式为：

$$X_i = \frac{(x_i - x_{\min})}{(x_{\max} - x_{\min})}；（X_i \text{ 具有正功效}）\qquad (2-3)$$

$$X_i = \frac{(x_{\max} - x_i)}{(x_{\max} - x_{\min})}；（X_i \text{ 具有负功效}）\qquad (2-4)$$

式中：系统指标个数用 i 表示，x_i 为原始指标值；$x_{\min}$ 为最小值；$x_{\max}$ 为最大值。$X_i \in (1, 0)$ 表示各指标对系统的功效函数，当 X_i 越趋向于 0 时，则表示影响度越低，当 X_i 越趋向于 1 时，则表示影响度越高。

其次，建立耦合度函数模型，进行耦合度测量。耦合度是描述系统或要素彼此相互作用影响的程度，不分利弊。协调度是在耦合度基础上度量系统或要素间的协同作用的程度，体现系统的协调有序发展程度。本书参考借鉴瓦莱利

（Valerie，1996）① 的做法，借用物理学中的容量耦合概念和容量耦合系数模型，通过演绎推理得到系统耦合度模型：

$$C = \left\{ \frac{\prod f(U_n)}{\prod \left[\frac{f(U_i) + f(U_j)}{2} \right]} \right\}^{\frac{1}{n}} \qquad (2-5)$$

其中，C 为耦合度，$0 \leqslant C \leqslant 1$，$C$ 值越大子系统的离散度越小，耦合度越高，C 值越小子系统的离散度越大，耦合度越低，i，$j = 1$，2，$3 \cdots$，n。参考刘耀彬等人（2005）关于耦合度与耦合类型的分类方法，将耦合等级及耦合类型划分为六大类（见表 2-1）②。

表 2-1　系统耦合等级及耦合类型

耦合度区间	耦合类型	系统特点
$0.00 < C \leqslant 0.29$	极低水平耦合阶段	资源要素间关联度较低，处于离散状态
$0.29 < C \leqslant 0.59$	拮抗阶段	资源要素间关联性逐渐增强，处于拮抗状态
$0.59 < C \leqslant 0.79$	磨合阶段	资源要素间向联动互促发展，处于磨合状态
$0.79 < C \leqslant 0.89$	中度耦合阶段	基本实现联动发展
$0.89 < C \leqslant 0.99$	高度耦合阶段	资源要素间关联度极高，良性共振，处于有序发展状态
$0.99 < C \leqslant 1$	有序发展阶段	系统实现有序发展

最后，建立耦合协调度函数模型，进行耦合协调度测量。耦合协调度是在耦合度基础上度量系统或要素间的协同作用的程度，体现系统协调有序发展程度的耦合协调度模型：

$$D = \sqrt{C \times T}, \quad T = \alpha U_1 + \beta U_2 \cdots + \gamma U_n \qquad (2-6)$$

其中，C 为耦合度，D 为耦合协调度，T 为各个系统协调评价指数，α、β、γ 为待定权数，$\alpha + \beta + \cdots + \gamma = 1$。依照刘军胜等人（2017）关于耦合协调度与耦合协调水平的分类方法，明确系统耦合协调度类型。划分为：3 个等级区间、10 个类型（见表 2-2）③。目前耦合机制理论的研究大多依据耦合测量模型，对系统的耦合协调状态进行测量。

---

① VALERIE I. The penguin dictionary of physics ［M］. Beijing：Penguin Books，1991：92.

② 廖重斌. 环境与经济协调发展的定量评判及其分类体系——以珠江三角洲城市群为例 ［J］. 热带地理，1999（2）：76-82.

③ 刘军胜，马耀峰. 基于发生学与系统论的旅游流与目的地供需耦合成长演化与驱动机制研究——以西安市为例 ［J］. 地理研究，2017，36（8）：1583-1600.

表 2-2　系统耦合协调度等级划分

失调区间 （0≤D＜0.4）			向协调发展过渡区间 （0.4≤D＜0.6）			协调发展区间 （0.6≤D≤1）			
极度 失调	严重 失调	中度 失调	轻度 失调	濒临 失调	勉强 协调	初级 协调	中级 协调	良好 协调	优质 协调
0~0.1	0.1~0.2	0.1~0.2	0.3~0.4	0.4~0.5	0.5~0.6	0.6~0.7	0.7~0.8	0.8~0.9	0.9~1

注：尾行范围区间除最右端一个区间外均为左闭右开，最右端区间为左右全闭区间。

七、理论小结

（一）以系统学理论与复合生态理论为基础理论

明确课题研究的整体性、层次性、组织性，依靠系统学的原理与规律捕捉课题研究关键结构、关键组织与行动、关键变量，构建以人的行为为主导、自然环境为依托、资源流动为命脉、社会体制为经络的复合生态系统。辨识乡村中各种局部与整体、眼前和长远、环境与空间、人与自然的耦合关系，寻找相互耦合的技术手段、规划方法和管理工具。

村落生态系统有三种功能：一是生产，满足居民物质、能量需求；二是生活，满足居民生活条件和栖息环境；三是还原，保证自然资源的永续利用和社会、经济、环境的平衡发展。村落生态系统通过各种技术的、行政的和行为诱导的手段，协调乡村人与自然、资源与环境、生产与生活的关系。

村落生态系统以人文子系统、经济子系统、环境子系统为关键结构，以文化的挖掘与整理、乡土信仰的重塑、人才的培养、空间的整治、产业的优化、生态的保育、耦合链的组织等为关键组织与行动，以政策、信息、资本、时空为关键变量，运用系统学的信息反馈律、竞争协同律、优化演化律，达到传统村落不断优化与持续发展的目的。

（二）以传统村落保护理论与人居环境有机更新理论为理论支撑

从梁漱溟的乡村建设理论到费孝通的乡村建设理论，再到冯骥才的传统村落保护理论，具有理论的延续性。梁漱溟的理论围绕着乡村的文化建设与乡民的个体精神的提振，强调乡村组织的文化内涵重构，强调乡村秩序维持的要点是教化、礼俗和自力，强调道德建设与自强不息的本质精神的塑造。其核心关键词是精神与道德的文化建设、自立能力建设。主要思想围绕着人本提升的乡村人居软环境建设。

费孝通理论围绕着乡村经济建设，提出了以"乡土工业"为核心内容的农村重建方案，强调中国传统农村经济本来就不是单一的农业经济，而是"农工混合"的经济。其核心关键词是"农工混合经济"。

冯骥才围绕着传统村落的价值认知、传统村落的保护理念、传统村落的保护方式提出自己的观点。他强调传统村落是民族文化基因的人文硕果，具有深厚的文化价值与经济价值。传统村落重在保护，应适度活化，综合地采用"就地保护""易地保护"和"原址重建"三种保护方式。其核心关键词是村落保护价值、适度活化、就地保护。

人居环境与有机更新理论。将吴良镛先生的人居环境的构成理论与刘滨谊教授的人居环境三元构成理论综合凝练，人居环境围绕着人本身的物质环境、精神环境、活动环境，所以将人居环境的建设归纳为物质空间建设、精神空间建设、活动空间建设的三元建设方法。物质空间建设包括：生态空间、村落空间、街区空间、院落空间、建筑空间；精神空间建设包括：文化与信仰、艺术与欣赏、体验与娱乐；活动空间建设包括：劳动空间、居住空间、游憩空间。这样人居环境建设耦合村落的经济、人文、自然资源要素，耦合村民的物质、精神、财富的民生需求。确定课题研究中人居环境"更新"的落脚点。通过有机更新，采用适当规模、合适尺度、适宜的功能组织，妥善处理目前与将来的关系，不断提高规划设计质量，促进传统村落人居环境的整体改善，达到有机更新的目的，使传统村落通过持续的有机更新走向空间与功能的有机秩序。

（三）以耦合机制理论模型为耦合测量的方法

耦合机制理论的研究，目前局限于依据物理容量耦合模型，以该模型作为基本模型结合研究实际，进行耦合分析与耦合测量，测量研究目标的耦合现状，依据测量结果与耦合协调度分级量表来分析耦合问题。

（四）基础理论研究奠定课题的研究路径

课题研究以系统学理论与复合生态理论为基础理论。以传统村落保护理论与人居环境有机更新理论为理论支撑，探索耦合机制与方法。通过基础理论的归纳与整理，奠定课题研究的理论基础，基本结构框架与研究路径，以及研究目标与主要变量关系。课题研究以三元论为总体的论证结构，梳理人文子系统、经济子系统、环境子系统的耦合结构；组织人才的培养、空间的整治、产业优化的耦合链；集聚信息、在地资源、多元资本的耦合变量。通过对传统村落的价值整理、物质空间保护、适度活化，结合村落人居环境的适当规模、合适尺度、适宜的功能组织与规划设计，以耦合的方法解决传统村落文化保护与人居环境"更新"的对立矛盾，促进传统村落人文多元化、产业复合化、环境生态宜居化的有机协调发展，满足在地居民物质、精神、财富需求，推动人文、经济、生态持续发展。

第二节　国内外相关研究述评

文献研究述评包括：相关政策的文献述评；传统村落文化保护的文献述评；传统村落人居环境"更新"的文献述评；耦合机制与方法研究的文献述评；东北满族传统村落研究的文献述评；文献述评小结。

一、相关政策的文献述评

关于传统村落文化保护与人居环境"更新"的相关政策指导文献，本书主要从国家相关的政策文献中述评对本课题研究具有指导性意义的部分，包括：乡村全面振兴的政策文献述评；传统村落文化保护政策文献述评；人居环境"更新"方面政策文献述评。

（一）乡村全面振兴的政策文献述评

自 2004 年以来，中央一号文件都关注农业、农村、农民问题，党的十九大明确提出实施乡村振兴战略，2018 年中央一号文件《关于实施乡村振兴战略的意见》中提出实施乡村振兴战略的总体要求：按照产业兴旺、生态宜居、乡风文明、治理有效、生活富裕的总要求，建立健全城乡融合发展体制机制和政策体系，统筹推进农村经济建设、政治建设、文化建设、社会建设、生态文明建设和党的建设，加快推进乡村治理体系和治理能力现代化，加快推进农业农村现代化。制定乡村振兴基本原则：坚持党管农村工作；坚持农业农村优先发展；坚持农民主体地位；坚持乡村全面振兴；坚持城乡融合发展；坚持人与自然和谐共生；坚持因地制宜、循序渐进。明确实施对策：产业兴旺是重点；生态宜居是关键；乡风文明是保障；治理有效是基础；生活富裕是根本；摆脱贫困是前提[①]。

依据乡村振兴战略的总体部署，2018 年至今国家相继出台一系列的执行文件，2019 年中央一号文件《关于坚持农业农村优先发展做好"三农"工作的若干意见》中提出：扎实推进乡村建设，加快补齐农村人居环境和公共服务短板；

---

① 中共中央 国务院关于实施乡村振兴战略的意见［EB/OL］．中央政府门户网站，2018-
01-02.

发展壮大乡村产业；完善乡村治理机制的对策①。

2020 年中央一号文件《关于抓好"三农"领域重点工作确保如期实现全面小康的意见》的第二章（对标全面建成小康社会加快补上农村基础设施和公共服务短板）中提出：加大农村公共基础设施建设力度；提高农村供水保障水平；扎实搞好农村人居环境整治，提高农村教育质量；加强农村基层医疗卫生服务；加强农村社会保障；改善乡村公共文化服务；治理农村生态环境突出问题②。

2021 年中央一号文件《中共中央国务院关于全面推进乡村振兴加快农业农村现代化的意见》的第三章（加快推进农业现代化）中强调：建设现代乡村产业体系，推进农村一二三产业融合发展；推进农业绿色发展；推进现代农业经营体系建设。在第四章（大力实施乡村建设行动）中强调：加快推进村庄规划工作；加强乡村公共基础设施建设；实施农村人居环境整治提升五年行动；提升农村基本公共服务水平③。

（二）传统村落文化保护的政策文献述评

2012 年 4 月 16 日，住房城乡建设部、文化部、国家文物局、财政部发布关于开展传统村落调查的通知。通知中首次明确了传统村落的概念，传统村落是指村落形成较早，拥有较丰富的传统资源，具有一定历史、文化、科学、艺术、社会、经济价值，应予以保护的村落。要求开展传统村落调查，调查内容包括：村落基本信息、村落传统建筑、村落选址和格局、村落承载的非物质文化遗产、村落人居环境现状等④。

2012 年 8 月 22 日，住房城乡建设部等部门出台关于印发《传统村落评价认定指标体系（试行）》的通知，明确了传统村落评价认定指标体系。通过定性评估与定量评估相结合，明确村落传统建筑评价指标体系、村落选址和格局评价指标体系、村落承载的非物质文化遗产评价指标体系，分别确定指标、指标分解、分解标准及释义、分值等。村落传统建筑评价 8 个指标分别是：久远度、稀缺度、规模、比例、丰富度、完整性、工艺美学价值、传统营造工艺传承。

① 中共中央 国务院关于坚持农业农村优先发展做好"三农"工作的若干意见［EB/OL］. 中央政府门户网站，2019-02-19.
② 中共中央 国务院关于抓好"三农"领域重点工作确保如期实现全面小康的意见［EB/OL］. 中央政府门户网站，2020-01-02.
③ 中共中央 国务院关于全面推进乡村振兴加快农业农村现代化的意见［EB/OL］. 中央政府门户网站，2021-01-04.
④ 住房城乡建设部 文化部 国家文物局 财政部关于开展传统村落调查的通知建村〔2012〕58 号［EB/OL］. 中华人民共和国住房和城乡建设部门户网站，2012-04-16.

村落选址和格局评价 5 个指标分别是：久远度、丰富度、格局完整性、科学文化价值、协调性。村落承载的非物质文化遗产评价 7 个指标分别是：稀缺度、丰富度、连续性、规模、传承人、活态性、依存性①。

2012 年 12 月 12 日，住房城乡建设部、财政部等部门在关于加强传统村落保护发展工作的指导意见中指出：传统村落保留着民族文化的多样性，是繁荣发展民族文化的根基，加强传统村落保护刻不容缓，并明确了传统村落保护的基本原则：坚持规划先行、统筹指导，整体保护、兼顾发展，活态传承、合理利用，政府引导、村民参与②。

2013 年 9 月 18 日，住房城乡建设部出台关于印发传统村落保护发展规划编制基本要求（试行）的通知。通知要求明确传统村落的保护措施，措施包括：景观和生态修复措施，保护村落传统形态、公共空间、景观视廊措施；传统建筑物分类及相应的保护措施；非物质文化遗产保护措施等，保护村落传统格局与整体风貌。明确村落人居环境规划，规划内容包括：交通路网规划、旅游线路组织规划、人居环境与基础设施规划、公共服务与防灾设施规划等③。

2014 年 4 月 25 日，住房城乡建设部、文化部、国家文物局、财政部印发关于切实加强传统村落保护的指导意见。意见强调传统村落保护的基本原则：坚持因地制宜，防止千篇一律；坚持规划为先、禁止无序建设；坚持保护优先，禁止过度开发；坚持民生为本，反对形式主义；坚持精工细作，严防粗制滥造等④。

2019 年 9 月 12 日，住房和城乡建设部办公厅印发关于加强贫困地区传统村落保护工作的通知。通知明确：统筹推进贫困地区传统村落保护利用，加快改善贫困地区传统村落人居环境建设。通知要求：科学把握贫困地区传统村落保护利用、活态传承与创新发展的关系，坚持保护优先、民生为本；加强贫困地区传统村落历史环境要素修复和公共环境整治，着力完善供水、垃圾处理、污

---

① 住房城乡建设部等部门关于印发《传统村落评价认定指标体系（试行）》的通知建村〔2012〕125 号［EB/OL］．中华人民共和国住房和城乡建设部门户网站，2012-08-22.
② 住房城乡建设部 文化部 财政部关于加强传统村落保护发展工作的指导意见建村〔2012〕184 号［EB/OL］．中华人民共和国住房和城乡建设部门户网站，2012-12-12.
③ 住房城乡建设部关于印发传统村落保护发展规划编制基本要求（试行）的通知建村〔2013〕130 号［EB/OL］．中华人民共和国住房和城乡建设部门户网站，2013-09-18.
④ 住房城乡建设部 文化部 国家文物局 财政部关于切实加强传统村落保护的指导意见建村〔2014〕61 号［EB/OL］．中华人民共和国住房和城乡建设部门户网站，2014-04-25.

水处理、防灾减灾等设施，提升人居环境水平①。

2020 年 5 月 11 日，住房和城乡建设部办公厅印发关于实施中国传统村落挂牌保护工作的通知。通知要求传统村落统一保护标志，保护标志由中国传统村落徽志、主题词、村落名称、二维码、监制单位、公布日期等构成，进一步对传统村落规范保护②。

（三）传统村落人居环境"更新"的政策文献述评

2017 年 10 月 11 日，住房城乡建设部印发关于做好 2017 年全国农村人居环境调查工作的通知。调查内容包含：行政村基本情况、基础设施、公共环境、建筑管理等 4 大类 42 项指标及 10 项照片信息③。

2018 年 9 月 18 日，住房城乡建设部印发关于进一步加强村庄建设规划工作的通知。通知提出因地制宜编制村庄建设规划。经济欠发达地区的村庄可规定实现人居环境干净整洁的要点，并纳入村规民约。具有一定基础和基本条件的村庄，编制以人居环境整治为重点的村庄建设规划，提出农村生活垃圾治理、卫生厕所建设、生活污水治理、村内道路建设和村庄公共设施建设等整治项目，并明确时序。有基础、有条件和有需求的村庄要在人居环境整治规划的基础上编制更加全面的村庄建设规划，制定厕所粪污治理、村庄产业项目、农房建设改造、村容村貌提升、长效管护机制建设等相关措施④。

2019 年 10 月 19 日，住房和城乡建设部印发关于建立健全农村生活垃圾收集、转运和处置体系的指导意见。文件要求建立农村生活垃圾收集、转运和处置体系及其管理制度，推动农村地区环境卫生水平提升，为农村全面建成小康社会、实现乡村全面振兴提供良好的环境支撑⑤。

2021 年 6 月 8 日，住房和城乡建设部、农业农村部、国家乡村振兴局联合印发《关于加快农房和村庄建设现代化的指导意见》。指导意见提出加快农房和村庄建设现代化的具体要求：坚持"避害"选址原则与坚持生态友好、环境友

---

① 住房和城乡建设部办公厅关于加强贫困地区传统村落保护工作的通知建办村〔2019〕61 号［EB/OL］．中华人民共和国住房和城乡建设部门户网站，2019-09-12．

② 住房和城乡建设部办公厅关于实施中国传统村落挂牌保护工作的通知建办村函〔2020〕227 号［EB/OL］．中华人民共和国住房和城乡建设部门户网站，2020-05-11．

③ 住房城乡建设办公厅关于做好 2017 年全国农村人居环境调查工作的通知建办村函〔2017〕695 号［EB/OL］．中华人民共和国住房和城乡建设部门户网站，2017-10-11．

④ 住房城乡建设部关于进一步加强村庄建设规划工作的通知建村〔2018〕89 号［EB/OL］．中华人民共和国住房和城乡建设部门户网站，2018-09-18．

⑤ 住房和城乡建设部关于建立健全农村生活垃圾收集、转运和处置体系的指导意见建村规〔2019〕8 号［EB/OL］．中华人民共和国住房和城乡建设部门户网站，2019-10-19．

好、邻里友好原则；提升农房设计建造水平并营造留住"乡愁"的环境；提升村容村貌，以农房为主体，利用人文景观，营造本土特色村容村貌，构建自然景观与营造乡村生境；因地制宜推进供水入农房与生活污水处理；倡导农村生活垃圾分类；推动农村用能革新；完善公共服务设施；加强农房与村庄建设管理①。

2021年7月23日，住房和城乡建设部印发《关于开展2021年乡村建设评价工作的通知》。通知明确了2021年乡村建设评价指标体系。指标体系从发展水平、农房建设、村庄建设、县城建设4个核心目标对乡村建设进行评价，在核心目标基础上明确18项分解目标，在18项分解目标基础上明确71项三级指标，涵盖农民收入水平、政府财力水平、就业发展水平、产业发展水平、治理水平、生态环境、住房现代、风貌特色、村级公共服务质量、环境宜居等方面②。

二、传统村落文化保护的文献述评

（一）传统村落保护理论

冯骥才等从传统村落的文化遗产论、根性文化论、精神文化基因与乡愁论的视角来阐释传统村落的理论结构。系统阐述传统村落是民族文化的DNA，作为蕴藏着五千年文明基因的人文硕果，是重要的民族文化遗产和中华民族的精神家园。保护传统村落，就是留住中华文化的根，留住中华民族的"乡愁"，保护自己的精神家园③。

（二）传统村落保护的现状与问题

传统村落保护的现状：传统村落保护体系正在建立，已经建立传统村落名录，传统村落保护的政策法规不断完善④，传统村落的价值认同不断提升⑤，传

---

① 住房和城乡建设部 农业农村部 国家乡村振兴局关于加快农房和村庄建设现代化的指导意见建村〔2021〕47号〔EB/OL〕．中华人民共和国住房和城乡建设部门户网站，2021-06-08.

② 住房和城乡建设部关于开展2021年乡村建设评价工作的通知建村〔2021〕60号〔EB/OL〕．中华人民共和国住房和城乡建设部门户网站，2021-07-23.

③ 冯骥才．古村落是我们最大的文化遗产〔M〕//冯骥才．不能拒绝的神圣使命：冯骥才演讲集（2001—2016）．郑州：大象出版社，2017：105-130.

④ 周刚志，曾容．论我国传统村落保护立法：理据、现状与体例〔J〕．邵阳学院学报（社会科学版），2021，20（2）：47-54.

⑤ 汤移平．基于遗产价值认知的传统村落保护规划研究——以钓源村为例〔J〕．农业考古，2021（3）：263-271.

统村落生活方式正在经受城市化的冲击而快速蜕变①，村落文化生态正在快速演替被不断重构②。传统村落文化保护存在的问题：保护意识需要不断加强，文化深度挖掘工作开展不够，公共服务设施有待完善，保护资金短缺，过度开发现象普遍，特色品牌宣传力度亟待加强③；乡村公共空间萎缩，乡村文化"去公共性"严重，乡村文化不断异变，乡村文化建设"内卷化"④；乡村文化独有的文化魅力不断减退，现代科技文明冲击乡村文化遗产保护，乡村文化精英人员流失，文化保护的主体不断减少⑤。乡土文化危机表现在：精神层面的乡土文化迷失，物质层面的乡土文化迷失，行动层面的乡土文化迷失，城市化破坏乡土文化的生存空间，市场化扭曲乡土文化的价值空间⑥。

（三）传统村落保护的对策与方法

文献研究显示，传统村落保护的对策与方法体现在：政策对策、物理空间对策、产业对策、多元参与价值分配对策、人才与组织对策、持续发展与文化生态对策、互联网与文化价值传播对策等。通过合理规划进行传统村落肌理的修复、传统民居与建筑的修复，在物质空间上进行保护⑦；通过解析传统村落的综合多元性价值并结合创新发展形式，提出通过文化活化，活态保护传统村落⑧；从文化元素在心理、社会、文化层面的构成角度，提出尊重在地居民的主体性地位，通过政府和外来企业以及当地村民三者间的良性联动，创新传统村落旅游开发模式，实现传统村落的持续振兴⑨；以传统风貌、以乡村文化、以绿

① 李建凤. 对城市化进程中传统村落变迁研究的文献梳理［J］. 农村经济与科技，2018，29（12）：188，190.

② 张晓琴. 乡村文化生态的历史变迁及现代治理转型［J］. 河海大学学报（哲学社会科学版），2016，18（6）：80-86，96.

③ 李技文. 大别山区传统村落保护的现状与对策建构研究——以豫南地区信阳市为例［J］. 原生态民族文化学刊，2017，9（3）：88-93.

④ 韩鹏云. 中国乡村文化的衰变与应对［J］. 湖南农业大学学报（社会科学版），2015，16（1）：50-54.

⑤ 贾云飞. 乡村文化遗产保护的三大困境［J］. 人民论坛，2017（8）：136-137.

⑥ 孙喜英. 时代境遇变迁中乡土文化的规约与走向［J］. 河南师范大学学报（哲学社会科学版），2017，44（5）：113-117.

⑦ 梁园芳，吴欢，马文琼. 地域文化背景下的关中渭北台塬传统村落的空间特色及保护方法探析——以韩城清水村为例［J］. 城市发展研究，2019，26（S1）：116-124.

⑧ 鲁可荣，胡凤娇. 传统村落的综合多元性价值解析及其活态传承［J］. 福建论坛（人文社会科学版），2016（12）：115-121.

⑨ 潘英海. 关于文化主体性与传统村落的可持续发展［J］. 旅游学刊，2017，32（2）：3-4.

色发展理念、以农产品附加值探索乡村发展与村落保护的不同路径①；通过留住与培养乡村精英，保护传统村落非物质文化遗产②；从文化生态的视角，探索乡土文化新生态下的乡村社区治理，从提升村级组织治理能力，来改善村落文化的建设③；通过"整合—展示"与"吸纳—融合"的动态演变路径，"文—人"一体的活态发展路径，文化"基因—事件—空间"的系统性保护路径④，乡村文化弥合现代化的优化路径，重构乡村文化⑤。通过对乡村文化的"记忆、展示、凝视"实践文化与遗产保护与旅游发展的协同⑥；通过网络技术赋权，促使乡村文化传播重构，扩大文化影响力，提升文化价值⑦；政府引导，顶层设计，多元筹措资金，提供人才保障，发掘文化资源，发展特色文化产业⑧。

三、传统村落人居环境"更新"的文献述评

（一）相关法规文献述评

国外相关法规文献。德国出台《建筑法典》《联邦土地整治法》《联邦国土规划法》，对乡村公共服务与基础设施建设，开展土地整治提升乡村产业收益率，注重生态环境与历史文化遗产的保护等提出具体的法律准则⑨。美国通过乡村设计导则指导乡村实践，在上位政策法规的基础上，乡村设计导则以规范性的条文和图示进一步明确和解释乡村建设的发展方向，引导和控制乡村空间环境与风貌特色，保障和规范乡村设计和管理过程。英国历来重视法律性规制在乡

---

① 刘馨秋，王思明．农业遗产视角下传统村落的类型划分及发展思路探索——基于江苏28个传统村落的调查［J］．中国农业大学学报（社会科学版），2019，36（2）：129-136.

② 张富利．乡村精英流动与非物质文化遗产保护［J］．重庆社会科学，2016（8）：100-107.

③ 张晓琴．乡村文化生态的历史变迁及现代治理转型［J］．河海大学学报（哲学社会科学版），2016，18（6）：80-86，96.

④ 李明军，向轼．论乡村振兴中的文化重构［J］．广西民族研究，2018（5）：95-103.

⑤ 赵建军，胡春立．美丽中国视野下的乡村文化重塑［J］．中国特色社会主义研究，2016（6）：49-53.

⑥ 樊友猛，谢彦君．记忆、展示与凝视：乡村文化遗产保护与旅游发展协同研究［J］．旅游科学，2015，29（1）：11-24，87.

⑦ 庞慧敏，王馨誉．网络时代乡村文化传播的重建与策略［J］．传媒，2018（24）：72-74.

⑧ 张梦洁，黎昕．美丽乡村建设中的文化保护与传承路径探究［J］．内蒙古农业大学学报（社会科学版），2015，17（6）：11-15.

⑨ 吕云寿，张为娟．德国土地整治的特点及对中国的启示［J］．世界农业，2015（6）：49-52.

村规划和建设中的作用，20 世纪 70 年代，颁布《英格兰和威尔士乡村保护法》①；2000 年出台《英格兰乡村发展计划》，以创建有活力和特色的乡村社区，鼓励乡村采取多样化特色发展模式；2007 年，英国执行欧盟《2007—2013 乡村发展七年计划》大力发展乡村企业②。日本于 20 世纪 70 年代开始，对《农振法》和《土地改良法》进行修订，促进乡村人居环境建设③。

国内相关法规文献。2021 年 4 月 29 日国家通过了《中华人民共和国乡村振兴促进法》（以下简称《乡村振兴促进法》），2021 年 6 月 1 日起正式施行。《乡村振兴促进法》的出台标志着我国在农民环境权的法治保障方面开启了新的篇章。完善农村生态环境治理的法治保障体系，有利于实现农民环境权与地方政府生态义务和谐共处，建设美丽乡村，促进城乡生态环境协同治理④。

（二）传统村落人居环境"更新"对策的文献述评

国外相关文献研究。解析了美国、德国、日本、韩国等国家乡村人居环境"更新"的对策。美国通过建设联通城乡的交通运输体系，发展个性化小城镇，支持农业快速发展，建设完备的农村金融体系，推动乡村发展⑤；德国通过强化村庄规划指导，加强公共服务与基础设施建设，提升农民产业收益率，注重生态环境与历史文化遗产保护，促进农村持续发展⑥，1990 年以后德国对乡村基础设施实施标准的"现代化基础设施"的网络化、标准化工程，这在当时被视为十分成功的政策措施⑦；日本通过实行"市町村"大合并减少村庄数量，强化政府引导，发展特色农业，引导企业下乡推动农民在地就业，加强农民培训推动农村经济发展，发挥农协信用合作功能提供资金保障等措施，推动"一村一品"的

① CULLINGWORTH J B, NADIN V, HART T, et al. Town and Country Planning in the UK [M]. London：Routledge，2006.

② 龙晓柏，龚建文. 英美乡村演变特征、政策及对我国乡村振兴的启示 [J]. 江西社会科学，2018，38（4）：216-224.

③ 王国恩，杨康，毛志强. 展现乡村价值的社区营造：日本魅力乡村建设的经验 [J]. 城市发展研究，2016，23（1）：13-18.

④ 王兆鑫.《乡村振兴促进法》：开启农民环境权法治保障新篇章 [J]. 农业开发与装备，2021（10）：8-9.

⑤ 沈费伟，刘祖云. 发达国家乡村治理的典型模式与经验借鉴 [J]. 农业经济问题，2016，37（9）：93-102，112.

⑥ 曲卫东，斯宾德勒. 德国村庄更新规划对中国的借鉴 [J]. 中国土地科学，2012，26（3）：91-96.

⑦ GRAHAM S, MARVIN S. Splintering urbanism：Networked infrastructures, technological mobilities and the urban condition [M]. London：Routledge，2002.

造村运动①；韩国通过政府支持与农民自建相结合，加强农村基础设施建设，实施竞争性择优资助政策，激发农民勤勉、自助、协同的新村精神，发挥农协综合协调作用，提供销售、资金支持，推动实施"新村运动"②。

国内相关文献。近年来，随着国家对乡村振兴的重视，相关的研究成果不断丰富，主要集中在：对乡村人居环境现状的分析、人居环境建设标准体系的研究、乡村规划设计、乡村人居环境建设的模式与方法等。乡村人居环境现状分析，曾晓丽分析农村人居环境建设的历史进程，分析农村人居环境建设中存在的问题，以此提出针对性推动农村人居环境建设的合理化建议③。对于人居环境建设标准体系的研究，刘泉，陈宇等通过分析农村人居环境建设标准的现状情况，提出我国农村人居环境建设标准的体系构建，拟定了包括安全保障、生活设施、产业经济、公共服务、卫生环境、景观风貌、建设管理等七大方面35项指标④。乡村规划设计，相关研究体现在国内外乡村规划设计案例分析与总结⑤、乡村治理、营造与乡村规划设计⑥、乡村生态规划设计⑦、乡村规划设计问题与难点⑧等方面。乡村人居环境建设的模式与方法的相关研究包括：村庄异质性与差异化的建设模式⑨、"多方参与"的乡村规划建设模式⑩、传统村落人居环境"更新"中"文化基因修复"与"景观基因修补"的方法⑪、产业重构

① 周维宏.现代日本乡村治理及其借鉴［J］.国家治理，2014（4）：34-48.
② 金俊，金度延，赵民.1970—2000年代韩国新村运动的内涵与运作方式变迁研究［J］.国际城市规划，2016，31（6）：15-19.
③ 曾晓丽.美丽乡村视域下农村人居环境建设历程与现状分析［J］.未来与发展，2018，42（1）：102-107，112.
④ 刘泉，陈宇.我国农村人居环境建设的标准体系研究［J］.城市发展研究，2018，25（11）：30-36.
⑤ 黄经南，陈舒怡，王存颂，等.从"光辉城市"到"美丽乡村"——荷兰Bijlmermeer住区兴衰对我国新农村规划的启示［J］.国际城市规划，2017，32（1）：116-122.
⑥ 张尚武，李京生，郭继青，等.乡村规划与乡村治理［J］.城市规划，2014，38（11）：23-28.
⑦ 徐辰，陈维肖，杨槿.乡村规划中的生态观念、行为取向与政策转型——以宿迁市L镇为例［J］.生态经济，2018，34（11）：219-226.
⑧ 孟莹，戴慎志，文晓斐.当前我国乡村规划实践面临的问题与对策［J］.规划师，2015，31（2）：143-147.
⑨ 郑风田，杨慧莲.村庄异质性与差异化乡村振兴需求［J］.新疆师范大学学报（哲学社会科学版），2019，40（1）：57-64.
⑩ 石坚，文剑钢."多方参与"的乡村规划建设模式探析——以"北京绿十字"乡村建设实践为例［J］.现代城市研究，2016（10）：30-37.
⑪ 曾灿，李伯华，龚文静，等.聚落"双修"视角下传统村落人居环境转型发展研究：以江永县兰溪村为例［J］.华中师范大学学报（自然科学版），2021，55（2）：278-288.

融合的方法①等。

（三）艺术介入乡村人居环境"更新"的研究

1. 国外文献的相关研究

国外学者的研究视角包括：艺术介入如何影响乡村社区经济、文化、社会的发展；如何对乡村社区进行艺术规划与发展计划；艺术如何介入乡村社区建设的实践等方面。

艺术介入如何影响乡村社区经济、文化、社会的发展。M. 特拉伯（M Traber）指出，因为乡村公共空间的封闭性与乡土性等特性，城市公共空间建设的方法对于乡村不完全适用，并指出通过多种艺术表现形式促进乡村经济②。麦克亨利（Mchenry）研究了澳大利亚中西部地区的艺术乡建活动如何增加了村民的参与积极性，艺术乡建如何实践③。金玛（Kingma）强调需要重新激发创造力，建立社区能力，并讨论了艺术在建设社区能力方面的作用，即文化艺术活动对改善社区社会、文化和经济的能力的差异。克劳肖（Crawshaw）指出艺术实践作为农村社区发展的一部分起到了重要作用，然而艺术对农村社会的影响，尤其是对经济发展之外的影响却没有得到很多的关注，应通过探索社区发展中的艺术实验来解决这一问题④。达克斯伯里（Duxbury）等认为艺术和文化活动的介入，可提高村民的生活质量，并提出依靠艺术和创意振兴乡村的思路⑤。

如何对乡村社区进行艺术规划与发展计划。格温达（Gwenda）等指出艺术应被整合到更广泛的社区发展战略和规划中，并与社区中的其他协会和活动一起存在，从而促进社区活力与社区能力和资源的繁荣发展⑥。凯（Kay）指出艺

---

① 闫建，姜申未，熊想想. 基于产业发展与土地整治联动的乡村空间重构研究：以重庆市石坪村为例 ［J］. 重庆理工大学学报（社会科学），2019，33（9）：79-89.

② TRABER M. The challenge of rural civil society：Response to the paper by Lloyd m. Sachikonye ［J］. Innovation：The European Journal of Social Science Research，1995，8（4）：413-417.

③ MCHENRY J A. Rural empowerment through the arts：The role of the arts in civic and social participation in the Mid－West region of Western Australia ［J］. Journal of Rural Studies，2011，27（3）：245-253.

④ CRAWSHAW J，GKARTZIOS M. Getting to know the island：Artistic experiments in rural community development ［J］. Journal of Rural Studies，2016（43）：134-144.

⑤ DUXBURY N，CAMPBELL H. Developing and revitalizing rural communities through arts and culture ［J］. Small Cities Imprint，2011，3（1）：111-122.

⑥ GWENDA V D V，BETTINA V H，PAVIGEN P P H. "It is not only an artist village，it is much more than that"：The binding and dividing effects of the arts on a community ［J］. Community Development Journal，2019，54（3）：446-462.

术在社区再生中具有重要作用，艺术可以作为更广泛的社区发展计划的工具①。格罗达奇（Grodach）指出艺术空间是构建社会网络的渠道，有助于社区的振兴和艺术的发展，并提出制定更强有力的以艺术为基础的社区和经济发展计划的建议②。

艺术如何介入乡村社区建设的实践。米切尔（Mitchell）等以创意产业范式为视角，探讨澳洲一个乡村小镇的艺术团体活动及其对社区的影响，利用基于创造力和创新的品牌化方法来促进社区中艺术的未来发展③。贝拉斯科（Velasco）探索了艺术与乡村环境之间的交叉点，并对美国和爱尔兰农村地区的相关案例进行评估，提供了最佳实践领域和资源的样本，指出了农村艺术实践的有效策略和经验教训，从而指导其他农村地区的艺术发展④。雯佳（Wen Chia）通过长期参与土沟社区的建设，回顾了艺术介入社区问题的模式、实施、立场和价值观，观察了艺术作品对居民审美体验的影响，分析了其背后的精神和意义⑤。

2. 国内文献的相关研究

国内学者的研究集中在艺术介入乡村规划设计的相关基本问题与反思探讨、案例分析与经验总结两方面。

艺术介入乡村的相关基本问题与反思探讨的研究。谭若芷通过分析艺术介入的实践案例，探讨了艺术在乡村建设中如何发挥作用，并从艺术的情感属性与当代属性探讨了艺术介入乡村的可能性⑥。陈佳对艺术介入乡村的主体是村民还是艺术家这一问题进行了反思，重建乡村的关系要不断调整相互之间的角色⑦。孙晓霞指出很少有学者从社会学角度关注当下真实农村的历史、现状、未

① KAY A. Art and community development：The role the arts have in regenerating communities [J]. Community Development Journal, 2000, 35 (4)：414-424.

② GRODACH C. Art spaces in community and economic development：Connections to neighborhoods, artists, and the cultural economy [J]. Journal of Planning Education and Research, 2011, 31 (1)：74-85.

③ MITCHELL P, FISHER R. From passenger to driver：Creativity and culture in rural communities [J]. Tourism Culture & Communication, 2010, 10 (3)：187-200.

④ VELASCO C E. Cultivating the arts in rural communities of the San Joaquin Valley [D]. Los Angeles：University of Southern California, 2017.

⑤ LIN W C. Study on community empowerment by conversation art and design [J]. Applied Mechanics and Materials, 2014 (584-586)：132-137.

⑥ 谭若芷. 艺术推动乡村建设的可能性探讨 [J]. 艺术与设计（理论）, 2018, 2 (8)：56-57.

⑦ 陈佳. 艺术介入乡村，主体是村民还是艺术家 [EB/OL]. 人民政协网, 2016-11-15.

来及其所呈现的弱势文化机制和艺术活动形态，缺乏从乡村的文化逻辑和文化需求出发而进行的理论探索①。北京市城市规划设计研究院院长施卫良指出目前的村庄规划忽视自下而上的内生动力培育与轻文化问题，并指出应把规划师的行为与艺术家等文人学者的行为结合起来②。

相关案例分析与经验总结的研究。国内艺术介入乡村的相关文献研究历程较短，真正意义上的研究出现在 2011 年欧宁和左靖的"碧山计划"和渠岩举办许村乡村艺术节以后。刘姝曼从人类学角度，以"青田范式"为例，对艺术乡建的关系进行了探讨③。陈可石等分析了台南土沟村社区营造案例，总结了艺术传达农村价值的理念创新；空间艺术化、艺术空间再现的手法创新；地方自治、学术机构支持与根植地方力量的机制创新等创新经验④。陈锐等从治理结构的理论视角，分析了日本濑户内海艺术祭，研究艺术介入型乡村复兴的机制，总结出艺术的柔性介入和治理主体的多元参与是艺术介入型乡村复兴机制的核心内容⑤。

四、耦合机制与方法研究的文献述评

通过对乡村耦合的关键词检索，关于乡村文化、人居环境、经济社会耦合相关的研究可以分为：乡村振兴与旅游耦合研究；乡村建设与产业耦合研究；乡村治理与行政耦合研究；传统村落资源要素系统耦合的研究。

（一）乡村振兴与旅游耦合研究

刘青分析传统村落文化振兴与乡村旅游发展的耦合关系，提出乡土文化是乡村旅游提质的核心要素，乡村旅游促进了乡土文化繁荣，提出传统村落文化与乡村旅游耦合发展的政策建议⑥。马啸东等在乡村振兴产业兴旺、生态宜居、乡风文明、治理有效、生活富裕 5 个一级指标的基础上分解出 19 个二级指标，

---

① 孙晓霞．对当代中国乡村艺术活动的理论反思 [J]．文艺理论与批评，2013 (6)：115-118.

② 张尚武．乡村规划：特点与难点 [J]．城市规划，2014 (2)：17-21.

③ 刘姝曼．艺术介入乡村建设的回首、反思与展望——基于"青田范式"的人类学考察 [J]．民族艺林，2017 (4)：5-13.

④ 陈可石，高伟．台湾艺术介入社区营造的乡村复兴模式研究——以台南市土沟村为例 [J]．城市发展研究，2016，23 (2)：57-63.

⑤ 陈锐，钱慧，王红扬．治理结构视角的艺术介入型乡村复兴机制——基于日本濑户内海艺术祭的实证观察 [J]．规划师，2016，32 (8)：35-39.

⑥ 刘青．传统村落文化振兴与乡村旅游发展耦合机制研究——以桂林市灵川县青狮潭镇江头村为例 [J]．山西农经，2021 (16)：107-108.

在乡村旅游体系的资源基础、需求状况、支撑条件、产业效应 4 个一级指标的基础上分解出具有乡村旅游特征的 12 个二级指标，构建乡村振兴与乡村旅游耦合的评价指标体系，并对研究样本进行耦合评价，提出乡村旅游发展的建议①。刘智分析了旅游产业与农村可持续发展耦合的空间格局及驱动机制，提出：全面协同，以旅游为导向整合农村资源，加大旅游与农林牧渔的融合力度，促进乡村旅游可持续发展；依托人脉、地脉，科学规划乡村发展空间，形成具有地域特色的乡村风貌，深度挖掘和传承本土乡村文化，打造当地旅游特色品牌；加强政府引导，打造绿色生态的乡村旅游产业链②。高楠等分析中国乡村旅游与农村经济的耦合关系并提出相关的政策建议③。路小静等研究美丽乡村建设、生态农业与乡村旅游业耦合机制，并提出相关的政策建议 ④。

（二）乡村建设与产业耦合研究

徐尚德研究美丽乡村建设与农村产业发展的耦合机制，探索利用其耦合机制，推进美丽乡村建设与农村产业融合发展，有效整合农村资源，协调好各主体的利益关系，调动各方参与的积极性，实现乡村振兴战略的目标⑤。卢梅，童兴娣探索搭建网络交易平台，提高农业信息化服务水平，使现代农业与服务业深度耦合，促使二者相互渗透、相互助力，进一步延伸现代农业的产业链的耦合对策，从而激活农村经济发展的新动能，与时俱进地培育出农业发展的新兴业态⑥。廖灿探索开展"自媒体带货"的农村产业贸易发展的新趋势，推动农村产业经济发展⑦。魏丹等研究新乡贤在乡土社会中发挥着动员与沟通机制、领头羊机制、利益共享机制，证明新乡贤与乡村产业振兴所形成的耦合机制为乡

① 马啸东，马长发．乡村振兴与乡村旅游发展系统耦合机制的研究［J］．农业技术与装备，2021（3）：33-36，38.
② 刘智．旅游产业与农村可持续生计耦合的空间格局及驱动机制——以张家界为例［J］．经济地理，2020，40（2）：209-216.
③ 高楠，张新成，王琳艳，等．中国乡村旅游与农村经济耦合协调关系的实证研究［J］．陕西师范大学学报（自然科学版），2018，46（6）：10-19.
④ 路小静，时朋飞．美丽乡村建设与乡村旅游发展的耦合研究——以江西婺源为例［J］．福建论坛（人文社会科学版），2018（2）：166-172.
⑤ 徐尚德．美丽乡村建设与农村产业融合发展的耦合机制研究［J］．农业经济，2021（8）：23-25.
⑥ 卢梅，童兴娣．现代农业与服务业的耦合机制探究［J］．农业经济，2020（8）：18-20.
⑦ 廖灿．"自媒体带货"、农产品贸易与乡村产业耦合发展机制研究［J］．农村·农业·农民（B版），2021（7）：20-24.

村产业持续发展提供了动力及保障①。海莉娟分析综合性农民合作社的优势与综合性农民合作社运作项目，通过经济合作项目、公共服务项目的关联机制有效满足农户在生产生活方面的多种需求，形成综合性农民合作社与乡村振兴战略的有机耦合，并提出政策建议②。

（三）乡村治理与行政耦合研究

靳永翥等研究以"行政吸纳社会"的理论基础，构建乡村社会治理"行政耦合"的解释分析框架。论证在基层政府和乡村社会的关系实践中，一方是基层政府"行政耦合"的扩展以及耦合能力的加强过程，重构其在乡村社会治理中的影响。另一方则是乡村社会在行政耦合过程中，主动参与乡村治理的过程。在乡村社会治理中发挥自身的主体能动性意识。二者的有效互动并"耦合"而达成乡村治理目标③。

（四）传统村落资源要素系统耦合的研究

黄晶等基于黄土高原县域乡村数据，以人口、土地、产业为研究对象，采用耦合协调度模型及地理探测器探究 1990—2015 年乡村地域人—地—业协调发展时空格局及驱动机制。研究实证乡村地域人—地—业协调发展时空演变格局是城镇化发展、农牧业活动强度、资源环境承载能力、产业经济发展、政策制度调控相互作用的结果④。宋思佳等以耦合理念为视角，从时间维度梳理了村落公共空间的演进变迁，探讨不同时期影响村落公共空间的耦合因素及其影响下的公共空间类型。实证了政治制度、经济结构等外部耦合因素，对村落公共空间的影响，并提出了乡村公共空间优化机制⑤。

五、东北满族传统村落研究的文献述评

通过对东北满族文化的相关文献检索与归纳，相关研究从如下几方面开展：满族传统村落格局、建筑与民居文化；东北满族传统村落信仰文化与家族宗亲

① 魏丹，张目杰，梅林. 新乡贤参与乡村产业振兴的理论逻辑及耦合机制［J］. 南昌大学学报（人文社会科学版），2021，52（3）：72-80.

② 海莉娟. 综合性农民合作社及与乡村振兴战略的耦合机制研究［J］. 贵州社会科学，2019（12）：154-160.

③ 靳永翥，冷忠燕. 行政耦合、新型关系网络及其于乡村治理的作用机制研究［J］. 云南大学学报（社会科学版），2019，18（6）：86-98.

④ 黄晶，薛东前，马蓓蓓，等. 黄土高原乡村地域人—地—业协调发展时空格局与驱动机制［J］. 人文地理，2021，36（3）：117-127.

⑤ 宋思佳，蔡辉，郝小雨. 基于耦合理论的乡村公共空间演变及机制优化研究——以阎良区咀子村为例［J］. 城市建筑，2021，18（5）：44-46.

文化；满族传统村落非物质文化与满族民间艺术。

（一）东北满族传统村落格局、建筑与民居文化

李世芬等分析了满族民居建筑形态的空间特征，以此提出：以适度保持传统元素，运用现代技术，营建适应现代生活方式的满族民居①。霍治民等提出：整体性保护、原真性保护、可持续发展性保护的满族民居保护方法②。丁晗从窝棚、地窨子、泥草房、木刻楞、砖瓦房等几种类型，阐释了满族传统民居的演变进程，揭示了满族建筑类型演化的内在的联系和发展、演变的规律③。刘玉君从院落格局、建筑空间、建筑装饰等方面归纳满族的建筑特色④。滕宏伟探索文化生态对满族民居的影响⑤。王艳研究东北地区文化区划及其形成的满族建筑技术特点，黑龙江省拉核墙民居文化区建筑技术特点，长白山井干式民居文化区建筑技术特点，辽北土坯墙民居文化区建筑技术特点，辽东混合民居文化区建筑技术特点，辽西囤顶民居文化区建筑技术特点，辽南砖石混砌民居文化区建筑技术特点⑥。张雪探索东北满族民居生土建筑技术的更新与持续发展⑦。

（二）东北满族传统村落信仰文化与家族宗亲文化

张诗扬研究东北满族信仰文化，提出：仪式则是信仰传承的外在形式，满族萨满信仰的仪式不断变化，从原始崇拜到权威的仪式，从权威仪式转化成大众娱乐，信仰文化仍是满族文化的代表形式，以此衍生出满族特色音乐、绘画、雕塑、服饰等民俗艺术⑧。

王立从历史学价值、民俗学价值、人口学价值的视角，对八旗满族家谱进行深入调查，抢救满族八旗家谱文献，并研究其反馈的满族家族世系、人物事迹记载，更是折射其存续时代社会生活变迁⑨。

---

① 樊浩，李世芬，董惟澈．东北地区满族民居形态及其更新策略研究［J］．建筑与文化，2021（6）：256-257.
② 霍治民，黄志欣，张智昊．东北地区少数民族民居的传承与保护研究——以满族民居为例［J］．居舍，2019（27）：96-97.
③ 丁晗．满族传统民居的保护现状与演变进程研究［D］．天津：天津大学，2017.
④ 刘玉君．辽南地区满族传统民居建筑特色研究［D］．鞍山：辽宁科技大学，2020.
⑤ 滕宏伟．满族民居与文化生态之间的相互关系研究——以东北地区为例［J］．文化月刊，2020（1）：140-141.
⑥ 王艳．东北满族传统民居建造技术的文化区划研究［D］．哈尔滨：哈尔滨工业大学，2018.
⑦ 张雪．生土建筑的可持续发展研究［D］．长春：东北师范大学，2017.
⑧ 张诗扬．东北满族萨满祭祀的文化形态与仪式演变［J］．南京艺术学院学报（音乐与表演），2021（3）：73-81.
⑨ 王立．东北地区八旗满族家谱抢救价值研究［J］．满族研究，2020（4）：69-73，83.

（三）满族非物质文化与满族民间艺术

孙波等挖掘整理东北地区满族传统冰雪项目，并研究其竞技方式，助力实现对满族传统冰雪文化的传承与发展，充实北方冰雪运动的项目内容①。李欢从八角鼓到新城戏的视角，研究东北满族戏剧艺术多元一体格局，揭示非物质文化的文化借鉴与融合在不同环境中形成文化精神的规律，研究如何在经济发展中使非物质文化得到传承和保护②。韩沫，朱漩探索利用数字化技术保护满族剪纸艺术，旨在实现非遗文化满族剪纸艺术的长久发展③。崔书凝研究满族刺绣的艺术特征、图案寓意及当代思考④。郑振博、许冠华研究东北口传艺术，探索《满族说部》的历史渊源及存续现状、《满族说部》的文化脉络、《满族说部》的艺术特征，探索如何活态传承发展这门古老的艺术⑤。卢振杰分析辽沈地区满族饮食文化特色，分析满族饮食文化形成的自然与社会原因，论述满族饮食文化特色对区域发展的影响⑥。

六、国内外相关文献述评小结

（一）政策文献述评小结

通过政策文献研究梳理，发现相关文献集中在农业、农村、农民问题的对策，紧紧围绕着产业兴旺、生态宜居、乡风文明、治理有效、生活富裕的乡村振兴战略的总体要求，分类施策。在产业方面，政策文件提出：建设现代乡村产业体系，推进农村一二三产业融合发展，推进农业绿色发展。在传统村落保护方面，明确传统村落评价认定指标体系，并明确传统村落保护的基本原则，明确传统村落的保护措施，统筹推进贫困地区传统村落保护利用，加快改善贫困地区传统村落人居环境建设。在人居环境建设方面，政策文件提出：加大农村公共基础设施建设的力度，扎实搞好农村人居环境整治，治理农村生态环境突出问题，实施农村人居环境整治提升五年行动，编制以人居环境整治为重点

---

① 孙波，王志博，王才勇，等．冬奥背景下我国东北地区满族传统冰雪项目的挖掘与整理 [J]．哈尔滨体育学院学报，2021，39（5）：62-67.

② 李欢．从八角鼓到新城戏：东北满族戏剧艺术多元一体格局的形成 [J]．黑龙江民族丛刊，2020（2）：134-138.

③ 韩沫，朱漩．非物质文化遗产满族剪纸艺术的数字化保护与传播 [J]．艺术大观，2020（18）：133-134.

④ 崔书凝．锦州满族民间刺绣图案研究 [D]．锦州：渤海大学，2020.

⑤ 邱振博，许冠华．艺术人类学视角的东北口传艺术研究——以满族说部为例 [J]．现代交际，2021（6）：105-107.

⑥ 卢振杰．辽沈地区满族饮食文化特色分析 [J]．食品安全导刊，2020（30）：7-8.

的村庄建设规划，提出农村生活垃圾治理、卫生厕所建设、生活污水治理、村内道路建设和村庄公共设施建设等治理项目并明确确定时序，加快设立农房和村庄建设现代化的具体要求并明确乡村建设评价指标体系。相关政策系统全面，分步实施、逐层深入，对本课题研究起到指导作用。

（二）传统村落文化保护的文献述评小结

相关研究提出：文化遗产论、根性文化论、精神文化基因与乡愁论的传统村落文化保护理论。梳理传统村落的保护现状的研究，归纳传统村落保护的问题。归纳梳理相关研究提出的保护对策：政策对策、物理空间对策、产业对策、多元参与价值分配对策、人才与组织对策、持续发展与文化生态对策、互联网与文化价值传播对策等。相关研究拓宽了本课题研究的思路。

（三）传统村落人居环境"更新"的文献述评小结

相关法规文献：2021年6月国家实施了《乡村振兴促进法》，《乡村振兴促进法》完善了乡村振兴的法治保障体系。人居环境建设标准：提出了人居环境建设标准体系，拟定包括安全保障、生活设施、产业经济、公共服务、卫生环境、景观风貌、建设管理七大方面的标准，成为人居环境建设的依据。文献从多视角探索乡村人居环境建设的模式与方法，包括：异质性与差异化的建设模式；"多方参与"的乡村规划建设模式；"文化基因修复"与"景观基因修补"的方法；构建"产、村、景"一体化与产居一体化的乡村复合空间；艺术介入乡村人居环境"更新"的方法等。相关文献为本课题的研究提供了参考。

（四）耦合机制与方法研究的文献述评小结

相关研究集中在：乡村振兴与旅游耦合、乡村建设与产业耦合、乡村治理与行政耦合、传统村落资源要素系统耦合等方面。乡村振兴与旅游耦合的相关研究集中在：构建乡村振兴与乡村旅游耦合的评价指标体系，旅游产业与农村可持续发展耦合的空间格局，中国乡村旅游与农村经济耦合关系，美丽乡村建设、生态农业与乡村旅游业耦合机制，并提出传统村落文化与乡村旅游耦合发展的政策建议。乡村建设与产业耦合的研究集中在：探索美丽乡村建设与农村产业发展的耦合机制，探索现代农业与服务业深度耦合，探索"自媒体带货"与乡村贸易的耦合机制，探索新乡贤与乡村产业振兴的耦合机制。乡村治理与行政耦合研究集中在："行政耦合"形式的扩展以及耦合能力的加强过程，以及乡村社会在行政耦合过程中的主动参与乡村治理过程的研究。传统村落资源要素系统耦合的相关研究集中在：人—地—业协调发展时空格局及驱动机制。相关研究为本课题研究提供了新的思路。

（五）东北满族传统村落与满族文化文献述评小结

相关文献研究集中在：满族传统村落格局、建筑与民居文化；东北满族信仰文化与家族宗亲文化；满族非物质文化与满族民间艺术三方面。在满族传统村落格局、建筑与民居文化方面的研究，主要集中于：归纳满族民居建筑形态、院落格局、建筑空间、建筑装饰等方面的建筑特色，阐释满族传统民居的演变进程，提出满族建筑保护策略。东北满族信仰文化与家族宗亲文化研究通过研究满族文化信仰与仪式的演进过程，来研究满族的宗亲谱系。满族非物质文化与满族民间艺术的研究集中在：满族传统冰雪项目、满族说部艺术与戏剧艺术、满族剪纸艺术与刺绣艺术等非物质文化的技艺与艺术特征。相关研究为本课题研究提供了研究素材。

第三节　本章小结

本章以课题的理论基础与文献综述为主要研究内容，梳理课题研究相关的理论依据与理论支撑，归纳相关问题提出的视角、研究方法与研究结论。为本课题的研究奠定理论基础与研究视角及方法的借鉴。

一、课题研究以系统学理论与复合生态理论为基础理论

依靠系统学的原理与规律捕捉课题研究关键结构、关键组织与行动、关键变量，构建以人的行为为主导、自然环境为依托、资源流动为命脉、社会体制为经络的复合生态系统。辨识乡村中各种局部与整体、眼前和长远、环境与发展、人与自然的耦合关系，寻找相互耦合的技术手段、规划方法和管理工具。

二、课题研究以传统村落保护理论与人居环境有机更新理论为支撑

根据中国乡村问题的学术史分析的结果，发现从梁漱溟的乡村建设理论到费孝通的乡村建设理论再到冯骥才的传统村落保护理论，具有一种理论的延续性。梁漱溟的理论围绕着乡村的文化建设与乡民的个体精神的提振，强调乡村组织文化的内涵重构，强调乡村秩序维持的要点是教化、礼俗和自力，强调道德建设与自强不息的本质精神的塑造。其核心关键词为：精神与道德的文化建设、自立能力建设。主要思想围绕着人本提升的乡村人居软环境建设。费孝通理论围绕着乡村经济建设，提出了以"乡土工业"为核心内容的农村重建方案，

强调中国传统农村经济本来就不是单一的农业经济，而是"农工混合"的经济。其核心关键词为："农工混合经济"。冯骥才围绕着传统村落的价值认知、传统村落的保护理念、传统村落的保护方式等提出自己的观点。他强调传统村落的文化价值与经济价值，重在保护适度活化，其核心关键词为：村落保护价值、适度活化、就地保护。这一脉相承的乡村建设与保护理论成为本课题研究的理论支撑。

分析吴良镛先生的人居环境的构成理论与刘滨谊教授的人居环境三元构成理论，综合凝练两者的理论内涵，探究课题研究的理论支撑。人居环境围绕着人本身的物质环境、精神环境、活动环境，所以将人居环境的建设归纳为物质空间建设、精神空间建设、活动空间建设的三元建设方法。这样的人居环境建设耦合了村落的经济、人文、自然资源要素，耦合了村民的物质、精神、财富的民生需求。确定课题研究中人居环境"更新"的落脚点。通过有机更新的方法，采用适当规模、合适尺度、适宜的功能组织，妥善处理目前与将来的关系，不断提高规划设计质量，促进传统村落人居环境的整体改善，达到有机更新的目的，使传统村落通过持续的有机更新走向空间与功能的有机秩序。

三、耦合分析奠定课题研究的方法路径

耦合分析的方法为课题研究提供了研究数据的测量工具，通过耦合度与耦合协调度的测量结果，来评价传统村落的文化保护与人居环境"更新"的耦合现状与耦合肌理，剖析文化保护、人居生态、产业现状存在的问题。梳理潜在的耦合资源，耦合方式，是课题研究的核心技术路径。

四、相关文献对本课题的研究启示

首先，相关政策系统全面，分步实施逐层深入，对本课题研究起到引领的作用。其次，传统村落文化保护与人居环境"更新"的相关文献综合地提出保护对策：政策对策、物理空间对策、产业对策、多元参与价值分配对策、人才与组织对策、持续发展与文化生态对策、互联网与文化价值传播对策等。学者们提出了乡村人居环境建设标准体系，探索了乡村人居环境建设的模式与方法，相关研究拓宽了本课题研究的思路。再次，耦合机制的研究集中在乡村发展与旅游耦合、乡村发展与产业耦合、乡村治理与行政耦等方面，相关文献为本课题的多元耦合提供了方法路径的支撑。最后，东北满族传统村落与满族文化的相关文献研究集中在：满族传统村落格局、建筑与民居文化；东北满族信仰文

化与家族宗亲文化；满族非物质文化与满族民间艺术三方面，相关研究为本课题研究提供了研究素材。

五、相关研究的不足之处

首先，现有的研究成果一般将文化保护与人居环境分开研究，相关研究大多针对政策背景下的乡村问题对策研究，保护与更新矛盾破解的机制研究成果鲜见。现有文献大多是对个案的分析研究，对基于广泛调研基础上的共性归纳成果不多。其次，对于东北满族的研究集中在：文化艺术整理；规制、式样、图案的研究；非物质文化遗产的研究。对满族传统村落的文化价值挖掘、文化生态修复、文化乡建的研究不足，对东北满族传统村落保护与更新耦合的复合生态机制研究成果较少。对人居环境系统性更新的研究，对文化生态视角更新性保护与保护性更新协同的研究，从文化保护与人居环境"更新"复杂关系的学理性研究不足。最后，耦合机制理论的研究，目前局限于依据物理容量耦合模型，进行统计学意义的耦合分析与耦合测量。在系统分析传统村落的耦合资源，分析传统村落综合价值与经济社会发展背景，创新耦合要素、耦合路径、耦合范式的开拓性研究方面还需要深度探索，这正是本课题研究主题所在。

第三章

相关优秀案例研究与耦合协调度测评

第一节 国外优秀案例研究

一、美国优秀案例分析

（一）纽约的库柏斯敦

纽约的库柏斯敦所在地自 1813 年以来一直是当地农场的一部分。20 世纪 40 年代，纽约的库柏斯敦开始建立以农业文化为主题的户外博物馆。传统乡村保护兴起的原因是精英人物与组织。一个纽约人斯蒂芬·克拉克（Stephen Clark）在一年夏天来到库柏斯敦地区度假，发现这个地方的传统文化价值很高，这里有棒球名人纪念堂同时还有优美的自然环境，他尝试在当地开展了一系列相关商业业务，一方面保持了镇子的经济活力，另一方面有助于保护其乡村环境。为此，克拉克向纽约州历史协会提出建议，他建议协会搬迁到库柏斯敦并且自己可以资助部分搬迁的费用，他的目的是将此地打造成为以农业文化为主题的户外博物馆，以此吸引旅游。在纽约州历史协会到达库柏斯敦后，大家敦促克拉克与纽约州历史协会的主席亚历山大通力合作，因为亚历山大本身是历史学家，他和克拉克都十分喜爱民俗文化、历史博物馆，以及所有三维历史的展示形式，同时他们两人也都是这个时代特立独行的人。他们开始收集农业和民间的物件来丰富他们的展示品，他们的目标包括纽约北部所有与农业相关的工具、技术和历史、农业工具的相关展品，旨在记录 19 世纪农业技术的演变过程。就这样，纽约的库柏斯敦开始构建文化保护与人居环境相耦合的传统村落，并成为纽约地区的典范①。

（二）马萨诸塞州的斯特布里奇村

马萨诸塞州的斯特布里奇村由从其他地方移建的历史建筑组成。斯特布里奇村从一开始就被构想通过建设一系列新殖民时期的建筑，以呈现新英格兰的传统村落风格。创建者是美国光学公司的拥有者阿尔伯特·威尔斯（Albert Wells）。威尔斯一直有收集与先人相关事物的兴趣，到1935年，他的收藏品太多以至于自己的家里已经无法容纳，因此他和两个兄弟建立了威尔斯历史博物馆并聘请了一位馆长，并规划了他的户外博物馆建设，旨在展示新英格兰早期的地方艺术与工业。他的目标不仅是要展示早期的艺术和手工艺，也要展示这一时期生活的状况，如一些措施是如何被制造、如何被运用，并且如何影响多样化设计的。他希望这些知识能应用于当代生活，为当代生活提供启示。

威尔斯的一生都致力于实现这一业余爱好，但到他去世都没能完成。他的女儿于1945年接管了这一村镇，并且延续着父亲的理念。博物馆于1946年正式对外开放，包括十八座建筑，有重建的也有从其他地方移建的。博物馆村镇努力通过销售村庄生产的产品来达到收支平衡，同时教育游客成为其最重要的目的。至今村落中有40多座建筑，包括从新英格兰地区购买并移建的，以及一些重建的。村中主要包括三个部分：村中心是整个村镇的焦点；乡村区域由偏远的农场和农产品市场组成；工厂区域由各种商业建筑组成，村镇依靠工厂自产能力运作。

村庄有超过60000件藏品，都是由新英格兰人在1790年至1840年制造或使用的，有农业工具、陶器、玻璃制品、儿童的玩具、工艺品、家具等。为了更好地展示这一再造的18—19世纪的新英格兰社区，村里也有盛装的讲解员，扮演着进行日常活动的农民、市民、工匠、铁匠和工人等，他们的定位是呈现那个时期日常生活中的事件。讲解的日常故事包括烤面包、剪羊毛、腌咸鱼等。斯特布里奇村的出发点是基于社会历史博物馆的目的来展示普通人的生活方式。同样，其教育功能也是博物馆的一大职能，有多种多样的教学和工坊项目，面向广大的游客②。

（三）格林菲尔德村

格林菲尔德村是美国的汽车大亨亨利·福特（Henry Ford）在20世纪20年

① 黄川壑. 美国传统聚落与乡土建筑保护的理论与实践［D］. 北京：北京林业大学，2017.

② 黄川壑. 美国传统聚落与乡土建筑保护的理论与实践［D］. 北京：北京林业大学，2017.

代开始建立的户外博物馆，用以展示美国的无限机会和过去人们的成就。福特收集并展示美国人民的历史，复制并重现从建立国家的那一天至今，普通人民的生活。福特将100多座历史建筑从原址移建至此，以营造"村落"环境，包括从19世纪至今的建筑。他搬入的第一座建筑是他孩童时期的学校，此后不久他搬入了密歇根林顿的酒馆。到1929年，他的"村庄"由一座法院、一座火车站、一座邮局、一座工厂组成。此后还搬入了几座农舍，以及一座五层的珠宝商店。他搬入的大多数建筑也都被改造了。1933年，这个博物馆村镇正式向公众开放。

格林菲尔德为游客提供了独特的、基于真实对象的故事，包含着美国人的传统生活、智慧与创新。目的是激发人们学习这些传统的动力，而且有助于塑造一个更好的未来。展示内容涵盖多个主题，包括交通、美国的工业革命、信息技术与通信工具、农业与环境、美国民主与民权、家庭与社区生活等。激励学习美国的传统智慧和创新能力，以塑造一个更好的未来。

（四）案例小结

通过纽约库柏斯敦、马萨诸塞州斯特布里奇村、密歇根州格林菲尔德村的相关研究，归纳形成特色传统村落的动因、耦合目的、耦合资源要素、共同参与者、耦合的结果等方面的共同点，为本课题的研究提供经验。形成动因是精英人物的理想价值追求与商业目标；耦合的目的是形成相关商业、发展经济、开发旅游、保护其乡村环境、教育激发人们学习传统智慧和创新能力；耦合资源要素是优美的自然环境、传统文化价值与文化资源、地方艺术与工业文化、历史建筑、环境规划与建筑更新重建；共同参与者是精英人物、在地居民、协会组织、企业；耦合的结果是形成环境优美，传统文化特色突出，旅游、商业融合，集休闲与教育于一体的博物馆村落（表3-1）。具有典型组织性耦合与创新性耦合的特征。

表 3-1　美国典型乡村文化保护与环境更新的耦合分析

案例	纽约的库柏斯敦	斯特布里奇村	格林菲尔德村
区位关系	纽约州	马萨诸塞州	密歇根州
起因	精英人物与组织	精英人物与企业	精英人物与企业

续表

案例	纽约的库柏斯敦	斯特布里奇村	格林菲尔德村
耦合资源分析	本地农业相关的工具、技术和历史；自然资源；迁入协会与博物馆	重建、移建的建筑；博物馆；60000件藏品	重建、移建的建筑；博物馆
参与者	精英人物、协会组织、在地居民	精英人物与企业、在地居民	精英人物与企业
耦合目的	商业业务、旅游	展示18—19世纪英格兰普通人的生活方式；教育功能也是博物馆的一大职能，有多种多样的教学和工坊项目；旅游	目的是激发人们学习这些传统的动力，而且有助于塑造一个更好的未来
耦合结果	以农业文化为主题的户外博物馆；实现商业与旅游	18—19世纪英格兰历史博物馆；实现商业、教育与旅游	美国工业博物馆；实现商业、教育与旅游

二、日本优秀案例分析

日本20世纪70年代的"魅力乡村建设"运动，开启了日本传统村落保护与人居环境"更新"的工作。20世纪70年代日本基本完成战后经济恢复，工业发展迅速，城市规模不断扩张，城市化率不断提高，人口的城市化转移速度很快，乡村人口外流，乡村不断衰败，在此背景下日本提出"魅力乡村建设"[①]。"魅力乡村建设"运动开展的主要目的是活跃乡村经济，发展乡村产业，保持乡村活力。其建设目标是保持传统村落文化的多样性，构建"一村一品"。目的是提高农村地区的活力。该运动以村为单位，按照日本当时的社会状况，充分发挥村落的综合资源与特色优势，通过大力推进规模化、标准化、品牌化和市场化建设，使一个村（或几个村）拥有一个（或几个）市场潜力大、区域

[①] 孙正基. 乡村振兴：灵魂之火的复燃与传承——浙江与日本乡村文化的对比分析[J]. 中国集体经济，2019（24）：4-7.

特色明显、附加值高的主导产品和产业，并耦合传统村落的文化资源与自然资源构建一村一品①，使传统村落的文化特色通过"一村一品"和造街运动得以延续。"魅力乡村建设"运动，使日本乡村更具活力，乡村文化价值不断提升，传统文化得以保护和传承，促就了今天独具日本乡村文化特色的人居环境②。

在相关研究案例选取上，选择典型地域的典型村落为研究案例，分别从村落的区位优势、传统村落保护与更新形成一村一品的文化特色与起因、耦合资源条件、"一村一品"运动的参与者、耦合目的与耦合路径、耦合结果，进行比较研究。

（一）越后妻有村

越后妻有村保护与更新路径：对公共艺术装置的设置、老屋及废弃校舍进行功能性与艺术化改造、可持续的新作品创作和农产品的艺术化包装，使整个乡村焕发活力，恢复村民自信，带来经济收益。

（二）世罗町村

世罗町村保护与更新路径：注重农业与第二、第三产业的融合；结合当地的历史文化渊源，通过游客与当地农民产生的良好互动，达到6次产业化运动所提倡的复合效果；当地政府制定完善的、科学的政策体系和激励性机制。将一个普通的依靠农产品生存的村落打造成明星村落。

（三）熊本县城边村

熊本县城边村保护与更新路径：黑川温泉以"田园情愫"和"露天风侣"为特色做推广，使温泉旅馆与温泉街区相融合；建筑形式统一，不破坏自然资源，建筑风格田园化；居民团结一致，共同致富，成为日本著名温泉胜地。

（四）白山村

白山村保护与更新路径：继承传统和创造新历史景观；民居和周边建筑景观和谐统一；景观的保护得力于全体村民参与；发展特色美食、特色产业；利用节庆传承当地文化、提升人气。最终成为日本第一美丽村庄。

（五）黑松内町村

黑松内町村保护与更新路径：通过"第六产业化"促进乡村发展；推广特色农产品水稻、大豆、奶酪；营造田园牧歌式的乡村景观；乡村振兴的成果给村民带来经济收益，以农业为基础不断丰富产业类型、扩充乡村产业链。

---

① 李文静，翟国方，周姝天，等. 乡村振兴背景下日本边缘村落规划及启示 [J]. 世界农业，2019（6）：25-30.
② 李菲菲. 新时代乡村治理法治化研究 [D]. 济南：山东大学，2019.

（六）合掌村

合掌村位于岐阜县白川乡，山林环绕，拥有良好的自然生态资源，合掌村因其独特的"合掌"形民居而得名。合掌村的民居建造取材均来源于当地的林木资源，建造用材全部从自然资源中获取，所有传统的茅草屋民宅都采用传统工艺和自然草木材料，这不仅十分适合多地震的日本乡村，而且便于修缮。

合掌村保护与更新路径：合掌村村民自发成立了"白川乡合掌村集落自然保护协会"，与政府组织和专家等组成了"建筑群修复委员会"，制定出了白川乡的《住民宪法》。严格规定了合掌村建筑和土地"不许贩卖、不许出租、不许毁坏"的三大原则①。建立合掌民宅博物馆，由村民和专家组成的保护协会根据合掌村传统的设计样式进行规划布局，庭院景观和室内环境都尽力尊重原有图样进行恢复，展示传统的农耕用具和生活器具。农业与旅游业相互促进，鼓励如养蚕、农产品加工等农副产业的发展，同时这些农业项目也是旅游风景中的一大特色景观。挖掘特色文化资源，合掌村挖掘传统文化中具有地域乡土特色的元素，提取整合并宣传打造著名的"浊酒节"。大力推行民宿产业，陆续推出了自助合掌屋民居的民宿项目。与企事业单位联合打造生态景观保护基地，与日本著名企业丰田汽车公司联合打造了一所体验自然特色的教育基地。

（七）案例小结

通过日本越后妻有村、世罗町村、熊本县城边村、白山村、黑松内町村、合掌村等传统村落的相关研究，归纳传统村落发展的动因、耦合资源要素、共同参与者、耦合目的、耦合的结果等方面的共同性与经验，为本课题的研究提供借鉴。动因：20世纪70年代日本工业发展迅速，城市化率不断提高，人口的城市化转移速度很快，乡村人口外流，乡村不断衰败，在此背景下提出"魅力乡村建设"，目标是保持传统村落文化的多样性，构建"一村一品"。耦合资源要素：自然森林生态、历史文化与传统的日式古建筑、温泉水源、原始乡村农业与种植业、企业合作、旅游业、"一村一品"的政策、环境规划与建筑更新重建。共同参与者：建筑师与艺术家、政府组织与协会、村民与精英、企业等。耦合目的：解决空心化、老龄化等现状问题，复活乡村，打造农村环境，重建乡村产业，恢复乡村的文化信仰与文明，活跃乡村经济，保持乡村活力，形成特色乡村。耦合的结果：乡村焕发活力，村民恢复自信，打造出明星村落，扩充了乡村产业链，丰富产业类型，形成特色产业，更新村落环境打造特色景观，

---

① 顾小玲. 农村生态建筑与自然环境的保护与利用——以日本岐阜县白川乡合掌村的景观开发为例［J］. 建筑与文化，2013（3）：91-92.

带动特色旅游，实现"一村一品"。实现乡村文化与经济、更新与保护、环境与生态的价值耦合（表3-2）。具有典型政策性耦合、资源性耦合、文化性耦合、组织性耦合、创新性耦合、产业性耦合的特征。

表3-2　日本典型乡村文化保护与环境更新的耦合分析

案例	越后妻有村	世罗町村	熊本县城边村	白山村	黑松内町村	合掌村
区位关系	本州岛新潟远郊	广岛县远郊	九州	岐阜县远郊	北海道远郊	岐阜县白川乡
起因	国际策展人北川弗兰举办大地艺术节	缺乏直销市场和有名的产品，农地荒废严重	温泉竞争激烈，面临衰败	乡村精英进行乡村改造	自然资源丰厚	保存比较完好的自然生态和人文环境，有五个特色村落
耦合资源分析	自然资源丰厚、废弃民居多、农产品种植种类多	种植业发展良好、自然景色优美、有历史文化资源、企业合作	森林资源丰富、空气清新、温泉水源质量高、有传统的日式古建筑	有传统文化、传统节日、传统建筑	原始乡村农业、种植业种类多、自然景色美	生态森林环境，传统村落特色建筑文化，农业与旅游业
参与者	政府、艺术家、建筑师、村民、志愿者等	政府、艺术家、村民等	政府、艺术家、文人、村民等	政府、艺术家、精英、企业、村民等	政府、艺术家、建筑师、作家、村民等	与政府组织、"白川乡合掌村集落自然保护协会"、专家等

案例	越后妻有村	世罗町村	熊本县城边村	白山村	黑松内町村	合掌村
耦合目的	解决空心化、老龄化等现状问题，复活乡村	打造世罗町全域成为富裕、休闲、有梦想的农村公园	重建温泉产业	呼吁停止对乡村文化的破坏；恢复乡村的信仰与文明	提升农业价值产业链	建立合掌民宅博物馆，农业与旅游业相互促进，与企事业联合打造生态景观保护基地
耦合结果	乡村焕发活力，恢复村民自信，带来经济收益	打造成明星村落	成为日本著名温泉胜地	日本第一美丽村庄	不断丰富产业类型、扩充了乡村产业链	旅游风景中的一大特色景观、打造著名的"浊酒节"、特色民宿业务、生态景观保护基地、体验自然特色的教育基地

三、韩国优秀案例分析

二战后，韩国抓住机遇积极推进工业化、城市化运动，并取得显著成绩。与工业化、城市化迅速发展相反，韩国农村农业发展显著滞后，导致工农业发展失衡问题越来越严重。在这种情况下，政府把农民组织起来，发挥农民的主体地位，调动农民的劳动积极性，使其投身建设自己的家乡，着力改善农村的生活环境、生产条件。在这种背景下，韩国政府从 1970 年起开始正式组织实施"新村运动"。客观上来说，韩国新村运动与其他传统的农村发展模式在本质上没有大的差别。在推进发展阶段，逐步由官方主导转变成以农民为主、以官方支援为辅的形式，重点改善生产条件，核心是增加农民的收入，积极支持农民开展新村建设①。新村运动的意识变革是一种发展主义理念下的意识变革，其核心是自助精神。新村运动的口号是"勤勉、自助、协同"，是一场能动性的"改善生活"运动②。经过四十多年的发展，韩国新村运动在实践进程中不断优化和完善，形成了自己的鲜明特色。

（一）甘川文化村

甘川文化村耦合路径：以"梦想中的马丘比丘"村落文化营建结合各类艺术作品装置，对村落道路及公共空间进行艺术化改造，对传统空房子及老式街区胡同进行文化修复，激活村落经济，强化公共空间交流、营造村落文化归属感与认同感，丰富地区居民的生活。

（二）Heyri 艺术村

Heyri 艺术村耦合路径：邀请建筑及规划专家传授建造知识，协助他们建设理想社区；保证生态环境及自然景观不受破坏；组织机构包括行政委员会、秘书处、村协会、管理政策及建筑与环境委员会等，分工明确，各司其职；持续筹办文化艺术活动与节日庆典，维持活力并增强影响力；宣扬社区精神与艺术精神。为社区成员和游客提供了城市之外的心灵治愈场所，同时提高了村民的经济收入与生活水平。

（三）礼谈村

礼谈村耦合路径：宣扬韩国传统和礼节思想；原封不动地保存着农村村落的古朴和情趣；保护自然景色协调的传统文化财产；筹办传统婚礼、水碓房、捕鱼、一日农活等多种传统游戏和体验活动，最终使传统村落焕发新生机，同时宣扬韩国传统文化。

（四）河回村

村落原始风貌及问题概况。河回村拥有"建筑博物馆"之称，当地保留着大量传统民居建筑，是韩国"傩文化"的发源地。村落发展初期，河回村因村落规模较小、产业结构单一，从而伴随人口外流等问题的发生。村落内部景致

---

① 邱春林. 国外乡村振兴经验及其对中国乡村振兴战略实施的启示——以亚洲的韩国、日本为例［J］. 天津行政学院学报，2019，21（1）：81-88.

② 徐雪. 日本乡村振兴运动的经验及其借鉴［J］. 湖南农业大学学报（社会科学版），2018，19（5）：62-67.

紊乱，民居建筑布局无序，村落内废弃木桩随意堆砌，使得道路受阻。

村落改造策略。整合村落优秀文化资源，将传统村落进行活态保护，打造多种文化旅游产业，如傩戏表演、国际假面节等，将村落特有节日与旅游产业结合，加速村落经济的发展。修缮村落内如商铺、餐馆、民宿、展馆等配套设施。加强村落内基础设施建设，如垃圾点、休息区、洽谈区、卫生间、医疗室等，最大化地为游客的出行提供便利。归置因傩面雕刻而产生的木质废料，保护村落内环境整洁，促进其村落产业、环境的可持续发展。

河回村耦合路径：政府大力支持，政府开展大型的旅游项目；村民积极配合政府政策；筹建小型博物馆——永慕阁，弘扬柳氏家族精神；鼓励增强文化自信，最终凭借自身的自然生态、历史人文遗产而成为民族精神的实体承载者，提高村民经济收入水平。

（五）长水郡

长水郡耦合路径：因地制宜，以特色农业为依托，将其与旅游发展结合，开发了休闲度假旅游、韩牛和苹果节庆旅游，实现了特色农产品与旅游业的协同发展；对每家每户实施"精准扶贫"；通过教育、培训、财政支持等政策，提高农业从业人员水平；提高品牌竞争核心力，成为韩国闻名遐迩的观光休养度假旅游地，使一个贫困地区发展为一个富裕地区。

（六）案例小结

通过对甘川文化村、Heyri 艺术村、礼谈村、河回村、长水郡进行案例比较研究（表 3-3），归纳了传统村落发展的起因、耦合资源要素、共同参与者、耦合目的、耦合的结果等方面的共同性与经验，为本课题的研究提供借鉴。起因：韩国政府从 1970 年起开始正式组织实施"新村运动"。耦合资源要素：丰富的自然资源、传统文化、传统节日、传统建筑、特色农业、"新村运动"的政策。共同参与者：建筑师、艺术家、政府组织、协会、村民、企业等。耦合目的：提升村民生活水平，为解决村落生产、生活、文化的发展困境；恢复乡村的信仰与文明，重塑文化遗产；研究发现，韩国的"新村运动"是充分发掘村落资源的组织性耦合。耦合的结果：提升村落文化品位与艺术气质，乡村焕发活力，恢复村民自信，打造文化旅游名片，发展特色产业带动区域产业发展，改善人居环境。实现政府的作用与村民自治耦合；区位优势与村庄特色耦合；自然生态与艺术改造的耦合；产业发展与生存环境改善的耦合。

表3-3　韩国典型乡村文化保护与环境更新的耦合分析

案例	甘川文化村	Heyri 艺术村	礼谈村	河回村	长水郡
位置	韩国釜山市城中村	京畿道坡州近郊	庆尚南道远郊	安东市城边	全罗北道远郊
起因	政府开展推行"村落艺术"项目的政策支援活动	370 位艺术界人士共同买下了现在艺术村所在的这块荒地，建设独特的文化风情和生活情调的现代社区，为营建创意环境而生成	焕发传统村落生机，改善居民生活条件，增加居民经济收入	传统村落的没落必须保护文化遗产，焕发传统村落生机	依托得天独厚的自然资源使村落脱贫致富
耦合资源分析	良好的艺术氛围	丰富的自然资源、传统文化、传统节日	传统文化、传统节日、古建筑保存良好	柳氏家族的故乡、有传统文化、古建筑保存较多	有特色农业、畜牧业、自然资源优美
参与者	政府、艺术家、居民、学生等	政府、艺术家、建筑师、作家、村民等	政府、艺术家、建筑师、村民等	政府、艺术家、文人、村民、志愿者等	政府、艺术家、精英、企业、村民等

续表

案例	甘川文化村	Heyri 艺术村	礼谈村	河回村	长水郡
耦合目的	给艺术家们提供更多的工作岗位，提升村民生活水平	创建兼具居住、创作及商业的未来模型，成为一个具有文化导向的微型村镇	为解决村落生产、生活、文化的发展困境	重塑文化遗产，拯救村落消亡的危机	呼吁停止对乡村文化的破坏，恢复乡村的信仰与文明
耦合结果	政府、居民、艺术家的目标耦合，提升村落文化品位与艺术气质，乡村焕发活力，恢复村民自信	多方耦合联动，打造形成艺术名村，带动环境艺术品质，打造文化旅游名片	带动传统文化及区域产业发展	保护传统村落，更新村落环境，促进综合发展	发展特色产业，改善人居环境

第二节　国内优秀案例调查与耦合协调度测评

一、调查样本的选择依据与方法流程

课题调研样本的选择应具有代表性、可行性。

代表性原则。课题调研选择传统村落保护与更新成果突出的浙江地区及台湾的"无米乐"村。党的十九大乡村振兴战略实施以来，浙江切实响应国家政策，推进传统村落保护与振兴，每年选择 100 个左右的传统村落开展重点保护，通过合理利用、适度开发，努力实现传统村落活态保护、活态传承、活态发展。

实施"千村3A景区，万村A级景区"工程，保持传统村落乡土特色和田园风光①。分析《中国传统村落名录》中传统村落的分布密度，经济社会生态发展现状，村落文化保护现状，确定以传统村落分布密度较大，村落文化保护相对完整的浙江金华、湖州地区的传统村落为调研对象。

可行性原则。首先，调研样本应具有传统村落典型的文化价值。其次，调研样本应具有旅游、文化、产业、区位的耦合性。最后，研究样本应具有经济价值的可行性。

调研样本的调研方法流程。首先，归纳课题研究的内容，依据研究内容开展田野考察与网络调查。其次，明确调查主题→选择调查对象→拟定调查提纲。调查主题包括：文化多样性调查、人居环境组织性调查、产业业态创新性调查。通过典型抽样的方法选择调查对象。调查提纲拟定的内容包括：明确考察时间、考察内容；拟定访谈对象、访谈形式、访谈样本量、访谈设计；进行调研数据的分析与评价。

二、台湾台南县（今台南市）"无米乐"社区人居环境"更新"的案例分析

"无米乐"社区人居环境"更新"的概况。一部2005年的乡村纪录片《无米乐》向人们展示了台南县（今台南市）后壁乡四位老农民的劳动身影与乐天知命生活态度，传达了一种乡土情结，成功吸引了手工艺人等有想法的年轻人留下来创业发展，思乡和草根情怀使这里唤回更多背井离乡的"城市人"，为这里注入了如获新生的活力。这里还被誉为台湾乡村的"活的博物馆"，展示了当地生产生活中常用的农耕用具和生活器具，描述着农耕时代的生活情境②。

"无米乐"社区人居环境"更新"的对策分析："在地化"理念的运用；充分忠实地复原了村落根性文化与历史风貌，通过重建社区的公共空间和修复改造环境景观等方式，恢复大众的文化认知和历史记忆，以此为基础探索永续发展的方向与模式；通过以村落环境修旧如旧的方式复兴传统文化和产业，修葺并恢复传统的旧教堂、钟表铺、卫生所、碾米厂和一些当地特色的红砖三合院来再现旧时的村落生活场景；采用"自下而上"的方式重建乡村历史文化景观和记忆，引导村民共同参与创造乡村景观，构建共同乡村回忆并提高了居民们

---

① 陈占江．乡村振兴的生态之维：逻辑与路径——基于浙江经验的观察与思考［J］．中央民族大学学报（哲学社会科学版），2018，45（6）：55-62.

② 荀丽丽．借鉴乡村社区营造　综合治理农村环境［N］．中国社会科学报，2016-02-26（6）.

的凝聚力；无米乐社区将"生态教育"课程纳入村民的特色教学计划，同时组织中小学进行深入田野考察的实践活动，以提高村民的生态农业意识，让青少年建立对乡村地域文化的认同感。

三、浙江金华地区与湖州地区相关案例调查与耦合协调度测评

（一）调查案例样本的选择及调查内容

案例样本的选择。浙江是中国传统村落分布密度最大和保护完整度最好的地区，依据《中国传统村落名录》，以浙江金华地区的浦江县虞宅乡新光村、婺城区汤溪镇鸽坞塔村、义乌市廿三里街道何宅村、金东区孝顺镇中柔村、永康市芝英镇芝英一村，以浙江湖州地区的南浔区和孚镇荻港村、南浔区旧馆镇港胡村、吴兴区织里镇义皋村、安吉县鄣吴镇鄣吴村、长兴县泗安镇上泗安村为案例样本，在国内具有典型性、示范性、经验性的意义。

调查内容。调查内容包括：村落文化多样性、人居环境组织性、产业业态创新性三大方面。村落文化多样性的调查从村落历史、传统民居与历史建筑、传统民俗与非物质文化遗产等方面展开，其中，村落历史以久远度（修建年代）、稀缺度两个指标展开评价；传统民居与历史建筑以传统建筑类型丰富度，村落格局完整度，传统建筑占地面积，文化、历史、美学价值四个指标展开评价；传统民俗与非物质文化遗产以非遗依存性与活态性、非遗数量、非遗传承人三个指标展开评价。人居环境组织性调查从人工环境组织、自然环境组织两方面展开，其中，人工环境组织以垃圾规范处理率、生活生产污水处理率、厕所革命完成率、自来水普及率、道路硬化率、公共设施完善度、公共环境整洁度、建筑环境协调性八个指标展开评价；自然环境组织以公共绿化率、水域生态保护度、田园景观规划率三个指标展开评价。产业业态创新性的调查从特色产业业态、产业创新业态两方面展开，其中，特色产业业态以传统特色文化产业、特色农业、特色旅游业、特色乡村服务业四个指标展开评价；产业创新业态以乡村共享经济业态比率、网络体验经济业态比率、跨界联盟业态比率三个指标展开评价（表3-4）。

表 3-4　村落调查内容及其指标体系

资源要素指标	一级指标	二级指标
村落文化多样性	村落历史	久远度（修建年代）
		稀缺度
	传统民居与历史建筑	传统建筑类型丰富度
		村落格局完整度
		传统建筑占地面积
		文化、历史、美学价值
	传统民俗与非物质文化遗产	非遗依存性与活态性
		非遗数量
		非遗传承人
人居环境组织性	人工环境组织	垃圾规范处理率
		生活生产污水处理率
		厕所革命完成率
		自来水普及率
		道路硬化率
		公共设施完善度
		公共环境整洁度
		建筑环境协调性
	自然环境组织	公共绿化率
		水域生态保护度
		田园景观规划率
产业业态创新性	特色产业业态	传统特色文化产业
		特色农业
		特色旅游业
		特色乡村服务业
	产业创新业态	乡村共享经济业态比率
		网络体验经济业态比率
		跨界联盟业态比率

（二）浦江县虞宅乡新光村田野调查及网络调查

1. 村落文化多样性调查

村落历史。新光村形成于清代，传统建筑类型丰富，保存了多幢徽派古建筑，建筑雕刻有石雕、木雕、砖雕、泥塑等，工艺精湛，墙书壁画内容丰富。

传统民居与历史建筑。目前村中现存文化建筑有：始建于乾隆己丑年（1769 年）的镇东桥，2010 年 6 月 10 日，县人民政府已批准公布为第四批县级文物保护单位；270 年前建造的"朱宅新屋"，已公布为第四批县级文物保护单位。有名的建筑有朱宅新屋、润德堂、敦睦堂、昆山书房、痴泉、美鱼楼、桂芳轩、启明居、长庚居、佣儒丰居、立考亭等百年古建筑。最有名的是廿九间，是最大的单幢古屋。村落格局修缮完整，从"修、拆、改、建"四个字做文章："修"，按规划设计，全面开展保护古建筑的修缮工程，涉及 80 多间老房子，重点对诒穀堂、双井房、廿九间里、桂芳轩、润德堂等依照"修旧如旧"标准分步实施修缮工程。"拆"，全力拆除地处传统村落核心区的不协调建筑。"改"，对不符合历史文化风貌的部分现代设施按古建筑的风格统一进行改造，并实施了三线入地工程。"建"，推进完善基础设施建设，做好不协调房屋拆除户安置工作，村内标识标牌系统建设，村入口景观工程和村污水处理改建工程。

传统民俗与非物质文化遗产。起源于南宋的浦江乱弹 2006 年入选国家级非遗代表性项目名录，主要传承人为朱祖民。茜溪，2006 年 6 月 8 日公布为浦江县首批非物质文化遗产保护录。特色农产品索粉面的制作工艺是重要的非遗食品工艺。目前新光村拥有非遗项目 3 项，非遗传承人 1 个。新光村于 2012 年荣膺第四批浙江历史文化名村、浙江省特色旅游村和"中国传统村落"。

2. 人居环境组织性调查

人工环境组织。新光村以"五水共治"为契机，加强村河道整治力度，彻底消灭"黑河、臭河、垃圾河"，使茜溪水重返清澈美丽。开展垃圾分类处置工作，引导村民养成讲文明、讲卫生、讲秩序的良好习惯，从而建立整治工作的长效机制。开展"三改一拆"工作，累计拆除违章建筑 4000 平方米。积极推进传统村落保护工作，按照"抢救第一、保护为主、适度利用"的原则，委托浙江省古建筑设计院完成《新光传统村落保护开发规划》。查阅金华市统计局相关数据并结合田野调查，至 2019 年，新光村生活垃圾无害化处理率达到 100%；生活生产污水处理率 98%；无害化卫生厕所普及率 90%，厕所革命基本完成；自来水普及率 100%；村内道路硬化率 100%；夜间照明等公共设施较为完善，村内环境整洁，被评为市、县卫生村。新光村朱宅的茜溪文化景观，茜溪绕朱宅形成 S 形太极湾，使朱宅成为一块难得的风水宝地。

自然环境组织。新光村实现了空地绿化全覆盖,村内生机勃勃,花团锦簇。新光村四面环山,东有"浦江风水三绝"之一的朱宅水口,狮象守口;南有巍峨的中华山、笔架山和瞿岩岭古道;西有红岩顶森林公园和邪马岭景区;北有青龙戏茜水奇景,灵秀茜溪绕村而过,生态环境良好。

3. 产业业态创新性调查

特色产业业态。特色产业业态调查包括:传统特色文化产业、特色农业、特色旅游业、特色乡村服务业等方面。查阅新华市统计局相关数据并结合田野调查,至2018年,新光村常住农村居民人均可支配收入达到21741元。文化特色产业:鼓励大学生创业,很多手工制作店铺均有大学生参与,有五代单传的篆刻世家、有祖孙三代手工制作传统旗袍室、有手工扎行灯、柴窑烧制工作室、小酒吧、青创咖啡、茶吧、书吧、农产品体验馆、地质科普馆等。"浦江一根面"其实就是一根面,面的长度取决于面团的大小。索粉面,是用手工按传统工艺制作的米面;地道梨膏糖;新光火糕。特色农业及农产品加工业:新光村附近已有千余亩的农业种植基地,内含香榧苗木、香榧果实基地、水果种植基地等,年产值达到八百余万元。另外,新光村道路两侧还有百余亩苗木花卉种植基地、观光农场。特色旅游产业:充分利用新光得天独厚的地理优势和村庄的文化魅力,发展观光、体验、休闲度假等旅游项目,实现了美丽经济转型升级,成为新时期新农村建设的典范。新光村发展全域旅游;发展现代农业游,休闲农业游,观光农业游;发展乡村旅游产品,打造农旅结合,休闲养生之诗意栖居地;发展传统村落文化游;3A级景区村庄、浙江省历史文化名村、浙江特色旅游村。成功打造了旅游新业态。特色乡村服务业:浦江茜溪自驾车度假营地;"全国生态文化村"称号;特色民宿;体育拓展基地;新光村创客基地已具规模,目前有店铺40多家;新光村每周末开始举办美食节。

产业创新业态。乡村共享经济与跨界联盟业态:村民主动招商,与多家企业签订合同,打造青年创客基地和文创园,创办新光村廿玖间里青创基地,双井房文创园,引进创客联盟第三方力量进行开发运营,吸引来自杭州、义乌以及浦江本地的创客们开设店铺,引导创客聚焦于软件的打造,重点吸引非遗手工类、民宿类、轻餐饮类创客空间;发展乡村旅游经济,由杭州畅途旅行社有限公司、浙江马岭生态农业开发有限公司、新光村村委会三方共同投资2200万元,规划建设吃、住、行、娱功能完善的全省自驾游样板基地;开展以创意农业,乡村综合旅游为目的的农文旅游;开元集团酒店入驻新光村;正在开发的"下湾中国书画村",拟由"中国美协"引进社会资本,充分发挥虞宅茜溪秀美灵动山水和中国书画之乡的口碑,打造集高端书画艺术品创作、交易于一体的

"中国书画村",发展书画教育培训市场。网络体验经济业态:打造"线上下单、线下购物"的互联网体验中心,为创客打造了一个创业平台。

(三)婺城区汤溪镇鸽坞塔村田野调查及网络调查

1. 村落文化多样性调查

村落历史。婺城区汤溪镇鸽坞塔村形成于清代,鸽坞塔村中现存有完好的清康熙年间古建筑"钟氏宗祠"和5000多平方米的徽派风格古民居。

传统民居与历史建筑。包括:钟氏宗祠(建筑面积:800平方米)、叶根和院落(建筑面积:1000平方米)、钟寿顺民宅、钟启茂民宅、钟树益民宅、钟金水民宅、钟启西民宅、钟桂满民宅、钟登土民宅、钟树松民宅、钟登贵民宅、钟树奶民宅等。建筑风格为砖木结构,院落形制,外观为白墙黛瓦马头墙,屋内雕梁画栋,斗拱牛腿、木刻砖雕,气势宏伟。

传统民俗与非物质文化遗产。村内传承富有民族特色的民俗:做乌饭与吃乌饭习俗;嫁娶习俗,鸽坞塔畲族的嫁娶习俗丰富多彩,是畲族传统文化的瑰宝之一;畲族舞蹈有火把舞、木柏灵刀舞、竹杠舞等,还有颇具地方色彩的龙灯舞、狮子舞、鱼灯舞等;农历三月三是鸽坞塔畲族村民的传统节日。省级非物质文化遗产1项。

2. 人居环境组织性调查

人工环境组织。查阅新华市统计局相关数据并结合田野调查,至2019年,生活垃圾无害化处理率100%;生活生产污水处理率97%;无害化卫生厕所普及率92%,基本完成厕所革命;自来水普及率100%;道路硬化率100%;夜间照明等公共设施较为完善,村内环境整洁。文化景观:鸽坞塔村中现存有完好的清康熙年间古建筑"钟氏宗祠";5000多平方米的徽派风格古民居;古碗窑遗址;井龙古道遗址;姑篾溪古渡口。

自然环境组织。鸽坞塔村东西遥对浙江省风景名胜"九峰山"。鸽坞塔村三面环山,一面临水。村前姑篾古溪流淌,村后仙霞岭余脉环绕,属典型的丹霞地貌和低丘缓坡的田园地形,植被丰厚,生态和谐。

3. 产业业态创新性调查

特色产业业态。特色产业业态包括:传统特色文化产业、特色农业、特色旅游业、特色乡村服务业等方面。查阅新华市统计局相关数据并结合田野调查,至2018年,鸽坞塔村常住农村居民人均可支配收入为23134元。传统特色文化产业有:民族文化特色村寨;主题民族文化体验;山哈农事体验;百年山水聚落;有各种不同民族的文化;是一个由畲族、苗族、壮族、布依族、水族、傣族和汉族七个民族组成的少数民族村,其中80%的村民属畲族,所以又称其为

"畲乡"；有各种手工店铺，如畲族刺绣、苗族银饰、水族服饰等各民族服饰、饰品；非遗手工制品等。特色农业类型：鸽坞塔村主要种植竹和笋，拥有省级竹笋两用基地面积500亩；桃、李、杨梅、柑橘、枇杷等水果面积150亩；同时还盛产冷水茭白、西瓜、茶叶等特色农产品；花卉种植是农业主项。特色旅游业：原生态田园水乡体验，特色村寨旅游开发；汤溪城隍庙，汤溪城隍庙是浙江省重点文物保护单位，建成于明成化八年（1472年），是一座建筑宏伟、雕刻精细、保存完整的古建筑，其建筑构件雕刻体现了我国古代建筑艺术特色，具有较高的艺术和历史欣赏价值，现被人们誉为"江南第一庙"；鸽坞塔村中现存有完好的清康熙年间古建筑"钟氏宗祠"和5000多平方米的徽派风格古民居；峰山自然景观优美，人文景观丰富。特色乡村服务业有：做乌饭与吃乌饭习俗；民族特色歌舞（火把舞、木柏灵刀舞、竹杠舞等，还有颇具地方色彩的龙灯舞、狮子舞、鱼灯舞）；特色民宿。

产业创新业态。乡村共享经济与跨界联盟业态：开发建设集大文化、大健康、大旅游三位一体的新常态健康产业综合体。

（四）义乌市廿三里街道何宅村田野调查及网络调查

1. 村落文化多样性田野调查

村落历史。何宅村的村落形成年代在元代以前。何宅村位于义乌市最东面，村东和村南均与东阳接壤，古时因地处东阳、义乌交界处而称"界牌庄"。

传统民居与历史建筑。村庄主要建成区呈现组团聚落状，布局较为方整。村中古建筑坐落分散较为均匀，村庄中部传统建筑相对集中。何氏与傅氏两座宗祠落位则依照旧时宗族定居的分划，分别坐落在村庄中部与村庄北部。现存古街为村中南侧一条丁字形街巷，两侧分布有传统民居与商家店铺等，保存较为完整。传统建筑占地面积9500平方米，其中典型的传统建筑有：何氏宗祠（占地面积：1160平方米、始建于明朝时期、县级文保单位）；辉煌堂（建筑面积：493.52平方米、清代建筑、县级文保单位）、森玉堂（建筑面积：1035平方米、县级文保单位）、廿四间民居（建筑面积：955平方米、清代建筑、县级文保单位）、三世祠（建筑面积：432.12平方米、"民国"时期建筑、县级文保单位）、彰美堂（占地面积：294.7平方米、建筑建于明代、县级文保单位）、竹尚厅（建筑面积：365.8平方米、清代建筑、列入文物普查名录）、十四间民居（建筑面积：335.42平方米、建筑建于清末、列入文物普查名录）、晋常厅（建筑面积：109.2平方米、建筑建于清末、列入文物普查名录）、何仁普民居（建筑面积：179.3平方米、建筑建于"民国"、列入文物普查名录）、九间头民居（占地面积：560平方米、列入文物普查名录）、傅氏宗祠（建筑面积：

294.75平方米、建筑建于清代)、六和堂(建筑面积:698.1平方米、建筑建于"民国")、嘉正常厅(建筑面积:523平方米、建筑建于清代)、何守寅民居(建筑面积:211.2平方米、建筑建于清代)。通过村里的保护修缮,传统建筑整体的文化价值与艺术价值得到保护。

传统民俗与非物质文化遗产。传统民俗集中在:文艺与戏曲表演、体育竞技与武术、传统制作手工艺等。非物质文化遗产:国家级非遗项目婺剧表演;省级非遗项目罗汉班;县级非遗项目莲花班、腰鼓队、鸡毛换糖、义乌民间武术、锣鼓班、风筝制作技艺、板凳龙、狮子滚球和轿夫吹打班。

2. 人居环境组织性调查

人工环境组织。查阅金华市统计局相关数据并结合田野调查,至2019年,生活垃圾无害化处理率100%;生活生产污水处理率96%;无害化卫生厕所普及率97%,基本完成厕所革命;自来水普及率100%;道路硬化率100%;公共卫生、夜间照明等公共设施较为完善,村内环境整洁。文化景观有:建于清朝的尚书殿;明崇祯时期的金钱井;何宅古渠道;何宅古井;古樟树;何宅古街;永昌庙;黄氏宗祠、尚书门第、余氏宗祠等八处清代建筑。何宅村西南侧方向有双林寺风景区。村庄东北侧有华溪森林公园,公园内有千樟林、百步峋、花仙谷、武岩山等景区景点,公园内森林繁茂、环境优美。村庄西北侧为神丽峡风景区,景区南部群山峻峭,林深水秀。

自然环境组织。何宅村属于亚热带季风气候区,四季分明。何宅村北侧为义乌江爱溪段,村内水渠密布,古塘繁多。村域范围内土地较为平整,分布有大片田地。村域内的主要树种为樟树、苦槠树等。

3. 产业业态创新性调查

特色产业业态。特色产业业态包括:传统特色文化产业、特色农业、特色旅游业、特色乡村服务业等方面。查阅金华市统计局相关数据并结合田野调查,至2018年,何宅村常住农村居民人均可支配收入36389元。传统特色文化产业:何宅村是远近闻名的历史文化名村,传统村落景观、非遗物质文化展演、非遗手工制品等,形成丰富的传统文化特色产业与旅游产业融合的格局。特色农业及农产品加工业:当地作物多数为水稻、玉米,树木则以樟树、杉树等居多;红糖、火腿、南枣被称为义乌三宝;白字酒曾经荣获全国首届食品博览会银质奖、浙江省首届食品博览会金奖;特色旅游业:何宅村西南侧方向有双林寺风景区,是以义乌双林寺为核心的,寺庙最早可追溯至南梁,被誉为"震旦国中,庄严第一";村庄东北侧有华溪森林公园,公园内有千樟林、百步峋、花仙谷、武岩山等景区景点,公园内森林繁茂,环境优美,人文古迹众多,包括骆宾王墓等;

村庄西北侧为神丽峡风景区，景区南部群山峻峭，林深水秀，自然环境极其优美，明清建筑别具考究。既有香炉烟云、石笋冷泉、仙人长眠、百步幽谷等二十处山景，又有黄氏宗祠、尚书门第、余氏宗祠等八处清代建筑。特色乡村服务业：特色民宿。

产业创新业态：跨界产业联盟与企业合作。

（五）金东区孝顺镇中柔村田野调查及网络调查

1. 村落文化多样性田野调查

村落历史。中柔村建于元代以前。村落整体呈八卦形。

传统民居与历史建筑。中柔村传统建筑占地面积：12450 平方米，其中典型的传统建筑有：义约堂、诗礼堂、务本堂、玉树堂、本保殿、鹤立松操、墩善堂、得中堂、景良居、贡元、二十四间、仁善维风、断还堂、书堂、玉圣庙、崇礼堂等十六处传统建筑。义约堂为金华市文物保护点，清代建筑，建筑面积 3000 平方米，现状保存完好，建筑外部的门框、门楣、石雕保留完好，造型独特，结构精美，建筑内部的梁雕、牛腿、窗花等细节保存完好，雕刻精美，极具艺术价值。诗礼堂列入文物普查名录，金华市文物保护点，建筑面积 1800 平方米。为明末清初建筑，白墙黛瓦，坐北朝南，前后三进，第一进为州司马，第二进为诗礼堂，第三进为世和堂。

传统民俗与非物质文化遗产。包括：抬花烛、迎龙灯、舞狮、百家宴、"踏八仙"舞蹈、斗牛等，其中省级非物质文化遗产 2 项。

2. 人居环境组织性调查

人工环境组织。中柔村村民重视村内古民居、古溪渠、古民巷、古牌坊、古井等遗存的保护，村落整体格局保存较完好。村中巷道纵横交错，逼仄幽深。原路面多以青石板铺筑，至今许多仍保存完好。体系完整的小径连接着村内每户人家，形成四通八达的步行路网，相邻而建的民居相互联系，构建起自然统一、和谐美丽的中柔村。查阅金华市统计局相关数据并结合田野调查，至 2019 年，生活垃圾无害化处理率 100%；生活生产污水处理率 90%；无害化卫生厕所普及率 90%，基本完成厕所革命；自来水普及率 100%；道路硬化率 100%；夜间照明等公共设施较为完善，村内环境整洁。文化景观：村落内现存的文物古迹主要是古建筑，另外还有牌坊、古井和古池。

自然环境组织。村落位于孝顺镇东南处，选址在仙霞岭余脉。村内有柔川古溪蜿蜒穿村而过，柔川由南口至北出口约四千步，呈典型的"S"形，所有屋宇随溪而筑、顺势而延宕，相连成片。在左右溪湾正中间各辟深水池塘一座，有泉可流。村域内的名胜古迹主要有龙盘寺，始建于梁天监年间（502—518

年），至今已近 1500 年。当时有寺房 120 多间，建筑雄伟壮丽，气势非凡。宋咸平年间改称大慈寺。清朝初年，复称龙盘寺。

3. 产业业态创新性调查

特色产业业态。特色产业业态包括：传统特色文化产业、特色农业、特色旅游业、特色乡村服务业等方面。查阅金华市统计局相关数据并结合田野调查，至 2018 年，中柔村常住农村居民人均可支配收入 25257 元。传统特色文化产业：中柔村村民重视村内古民居、古溪渠、古民巷、古牌坊、古桥、古井的保护，现清代村落风貌保存较完好；中柔抬花烛、迎龙灯、龙盘寺庙会等特色文化；非遗手工制品。特色农业：苗木种植。特色旅游业：村域内的名胜古迹主要有龙盘寺，龙盘风景区由恢宏大观的龙盘寺和周边的九龙溪、青龙湾、白龙潭景区共同组成了十余平方千米的景区；传统村落文化游，村落内现存的古建筑、牌坊、古井和古池保护完好，吸引文化观光游。

产业创新业态。产业创新业态体现在跨界产业联盟与企业合作等方面。

（六）永康市芝英镇芝英一村田野调查及网络调查

1. 村落文化多样性田野调查

村落历史。芝英镇芝英一村形成于清代，坐落在浙江省永康市国家历史文化名镇芝英镇的北部。

传统民居与历史建筑。名居古宅除了保留明清时期典型永康四合院外，还有"民国"特色建筑，砖木结构的三层楼和中日风格的小洋楼。还有古桥、古井保存完好，现在还在使用。传统建筑占地面积 3667 平方米。其中典型的传统建筑有：小宗祠堂（建筑面积：790 平方米、清代建筑、省级文保单位）；天成公祠（建筑面积：280 平方米、清代建筑、县级文保单位）、诲爱二公祠（建筑面积：265 平方米、清末建造、列入文物普查名录）、谷诒堂（建筑面积：812平方米、县级文保单位）、应寿纪旧居（建筑面积：310 平方米、列入文物普查名录）、应钟灵故居（建筑面积：876 平方米、建筑建于清代中期、列入文物普查名录）、德邻里十三间（建筑面积：786 平方米、建筑建于"民国"时期、列入文物普查名录）、应贻直故居（建筑面积：705 平方米、建筑建于清末、列入文物普查名录）等。村落传统建筑整体保存完好，建筑多为五架梁，带前后单步三柱带后廊，山架为七架五柱穿斗式。建筑木雕以浮雕、透雕、镂空雕多见，尤其是月梁、牛腿、琴枋、荷包梁、蜀花拱雕刻较精美，厅堂多有匾额悬挂。

传统民俗与非物质文化遗产。传统民俗有民间戏曲与民间手工艺两大类。民间戏曲：《线狮》（2006 年入选第一批国家非物质文化遗产名录）、《永康鼓词》《打罗汉》。手工艺：锡雕（2008 年入选第二批国家级非物质文化遗产名录、传承人：应业根）、铜艺（2009 年入选第三批浙江省非物质文化遗产名录）、钉称（2009 年列入浙江省第三批非物质文化遗产名录）。国家级及省级非物质文化遗产 5 项，非遗传承人 3 个，分别是应业根，应广火，应远志。

2. 人居环境组织性调查

人工环境组织。查阅新华市统计局相关数据并结合田野调查，至 2019 年，生活垃圾无害化处理率 100%；生活生产污水处理率 95%；无害化卫生厕所普及率 95%，基本完成厕所革命；自来水普及率 100%；道路硬化率 100%；夜间照明等公共设施较为完善，村内环境整洁。文化景观有：距今已有 1470 多年的历史的紫霄观，该观坐北朝南，砖木结构，香火一直十分兴盛，被称为浙江省的四大道观之一；始建于明代中期的家族祠堂建筑——大宗宗祠；街巷弄堂（古麓街），芝英街巷的主要布局为八纵九横，正街、紫霄路、灵溪路、升平路、懋勋巷、望月街、秋池里、义庄街八纵，龙漩井巷—上菜园巷、灵芝路—福泉巷、古麓街、新杏里、方塘路—望杏巷、天祥路—尚宝巷、鸿雨路、南市街、育才路—培英路九横。古镇以正街—紫霄路为中心线，南为前宅区（俗称前面），北为后宅区（俗称后面）。

自然环境组织。峰岘岭，可以领略古树、古桥、古石子路、古凉亭的沧桑，可以进入森林赏野花、摘野果、享受天然氧吧；五峰书院，五峰为宋浙东学派发祥地之一，位于五峰景区内，陈亮朱熹等常论道于此，明清王阳明学说在此大张其帜。

3. 产业业态创新性调查

特色产业业态。特色产业业态包括：传统特色文化产业、特色农业、特色旅游业、特色乡村服务业等方面。查阅金华市统计局相关数据并结合田野调查，至 2018 年，芝英一村常住农村居民人均可支配收入为 28342 元。传统特色文化产业：芝英一村的"应氏百祠"——芝英祠堂，这里的祠堂群落密度之高，在全国都属罕见。在不到 2 平方千米范围内竟有历代祠堂百座（现存较完整的有52 座），而且均属应姓；"江南百工之乡"——芝英，永康五金发源地，这里的钉秤、打铜、打锡的传统技艺更是远近闻名的"芝英三宝"。锡雕、铜艺、钉秤被评为浙江省省级非物质文化遗产。特色农业：发展以种植糖蔗为主的生态型农业；建设千亩果蔬农田、农业种植基地、学生教育实践基地、休闲民居等在内的多个子项目，以村民资金和土地入股的形式，进行分红。特色旅游业：峰岘岭是永康重要的古驿道之一，沿着古道，一路可以领略古树、古桥、古石子路、古凉亭的沧桑；能欣赏农家菜地、果园、荷塘的田园风光；更可以进入森林赏野花、摘野果、享受天然氧吧；五峰书院；芝英整体建筑环境风貌以明清、

"民国"建筑风貌为主。街巷的主要布局为八纵九横，以祠堂和四合院为主的古建筑群，构成了青砖窄巷的江南古村；环游小火车、水上乐园、餐饮服务、儿童乐园。

产业创新。与企业合作跨界联盟，形成了以加工有色金属、防盗门、滑板车、五金制品为主要特色的经济集群；与高校合作，以专业视角为古村镇保护与开发贡献智慧。

（七）南浔区和孚镇荻港村田野调查及网络调查

1. 村落文化多样性调查

村落历史。荻港村是一个有千年历史的古村，历史上因河港两岸芦苇丛生而得名，荻港村水陆交通方便，四面环水，环境优美，人文荟萃，古建筑众多。荻港村文化底蕴深厚，名人辈出，位于南苕胜境的积川私塾，走出了两名状元、57 名进士、200 多名太学生、贡生、110 名诗人等文人墨客。朱熹曾孙朱潜曾携子隐居于此，中国历史上第一个提出"一夫一妻制"的章宗祥、我国著名地质学家李四光的老师章鸿钊等都是荻港人。

传统民居与历史建筑。现存有完好的古建筑 27 处（见表 3-5），代表性的古建筑群有：南苕胜境（兴建于清乾隆年间，有嘉庆皇帝御笔"玉清赞化"御碑亭，是耕读文化的代表）；三瑞堂（湖州市第六批文物保护单位）、鸿志堂、礼耕堂、秀水桥、积川书塾、祖师祠等。荻港村佛教、道教文化相融千年，不论是以道教为主的纯阳楼还是以佛教为主的演教寺，都是千年古刹，演教寺初名"兴福院"，始建于晚唐五代十国，宋建隆元年（960 年）重建，治平二年（1065 年）定名演教寺。建筑占地面积 3000 多平方米，建有山门（问津亭）、天王殿、大雄宝殿。

传统民俗与非物质文化遗产。村内传承富有地域特色的民俗："渔家乐"、青年舞龙队、少年武术队、老年扇子舞、"南浔你好"文化艺术节等。非物质文化遗产 6 项，分别是：荻港村桑基鱼塘系统（被列为中国重要农业文化遗产）；传承水乡非遗麦秆画；荻港民间丝竹；陈家菜；《十房媳妇》；湖丝文化。

表 3-5　荻港村古建筑统计表

序号	古建筑名称	使用性质	建设年代
1	南苕胜境遗迹	坛庙祠堂	清代
2	墨耕堂	宅第民居	清代
3	章宗祥故居	名人故居	北洋时期
4	章鸿钊故居	名人故居	清代
5	木桥弄吴宅	传统民居	北洋时期
6	慎德堂	宅第民居	清代
7	鸿志堂门楼	宅第民居	清光绪年间
8	礼耕堂	宅第民居	清代
9	秀水桥堍五间楼	宅第民居	清代
10	荻港外行埭老街	店铺作坊	清代
11	荻港积善桥	桥涵码头	清乾隆三十五年（1770年）
12	立新一号井	近现代重要史迹及代表性建筑	1966年
13	余庆桥	桥涵码头	清乾隆十六年（1751年）
14	秀水桥	桥涵码头	清代
15	三官桥	桥涵码头	清代道光年间
16	舍西桥	桥涵码头	清乾隆五十八年（1793年）
17	荻港凤凰桥	桥涵码头	明宣德
18	聚庆桥	桥涵码头	清代
19	西兴桥	桥涵码头	清代
20	扬日桥	桥涵码头	清道光二十六年（1846年）
21	乐善桥	桥涵码头	清代
22	隆兴桥	桥涵码头	清代
23	长春桥	桥涵码头	清代
24	庙前桥	桥涵码头	清代
25	荻港太平桥	桥涵码头	清代
26	东汇桥	桥涵码头	清代
27	荻港万安桥	桥涵码头	清代

2. 人居环境组织性调查

人工环境组织。荻港村按照历史文化资源的集中分布，现状建筑年代、质量等情况，规划将荻港村分为核心保护区、建设控制地带和环境协调区，按照不同的保护层次，实施不同的保护要求。加强对古村落原貌的保护，着力进行古建筑的修缮和水环境的整治工作。重点加快对农村大舞台、崇文园、南苕胜境、积川书塾、时还书屋、名人馆等建筑的修缮。规划旅游路线，完善景点标识标牌，做好墙体美化，新增绿化点等人居环境建设。打造获港"历史文化名村"的品牌。至 2019 年，生活垃圾无害化处理率 100%；生活生产污水处理率 95%；森林覆盖率 16.90%；水系已经有效整治；基本完成厕所革命；自来水普及率 100%；道路硬化率 100%；夜间照明等公共设施较为完善，村内环境整洁。

自然环境组织。南苕胜境有嘉庆御笔"玉清赞化"御碑亭，太子少保朱珪的"积川书塾记"碑亭，御书额恭记碑，亭台楼阁、回廊环绕、水池津梁、奇石清流、梅林点染、花竹幽影；还有外巷埭、里巷埭等建于明清时期的运河商贸遗址景观，体现商铺林立、轮船码头，小桥流水人家的古村风貌；普通民居：控制整体建筑体量、高度，主要包括立面改造、辅房整治、阳台窗台美化、围墙改造和庭院绿化等；打造旅游点或相关服务设施点，对立面、庭院、门窗进行改造，还包括设施配套、内部修缮装饰等。

3. 产业业态创新性调查

特色产业业态。全村共有 28 家个私企，工业产业以纺织、制造业为主。至 2018 年，获港村常住农村居民人均可支配收入 31546 元。特色产业业态：传统特色文化产业、特色农业、特色旅游业、特色乡村服务业等方面。传统特色文化产业：开发地方民俗文化，打造多姿多彩的具有地方特色的旅游文化。"渔家乐"文化展演，打造鱼文化艺术长廊、获港历史名人纪念馆。特色农业：获港村农业产业主要是养鱼、养蚕为主。获得"中国重要农业文化遗产"殊荣。打造自己的独特农业品牌——"乌金子"（青鱼），为传承这种悠久的传统渔业文化，已注册"乌金子"商标，"乌金子"牌青鱼获得了"浙江绿色农产品"称号。创新成立青鱼养殖专业合作社。获港渔庄是一个高效生态农业项目。特色旅游业：发展生态农业、培育原生态乡村旅游，打造生态农业观光旅游、休闲度假的旅游胜地。获港渔庄是一个集生态农业、休闲度假、餐饮住宿、会务娱乐为一体的生态休闲观光园，是国家 3A 级景区。改善村庄环境的同时突出水乡古村文化，发展人文旅游，获港村是拥有深厚历史底蕴的"文化村落"，从演教禅寺到南苕胜境，从里行埭到名人馆，都传续着千年的古风遗韵。获港历史名人纪念馆、礼耕堂、三瑞堂、获港章，丰富乡村旅游文化内涵。开发地方民俗文化——"渔家乐"表演，打造多姿多彩的具有地方特色的旅游文化。与其他旅游景区形成产业链，南浔古镇、安吉风景区、莫干山等知名景点相串联，区位优势显著。特色乡村服务业：以占地 605 亩的获港渔庄为主体的三产服务业蓬勃发展，也是新农村建设的新亮点。

产业创新业态。乡村共享经济与跨界联盟业态：设立"帮帮基金"、引进微型博物馆等，希望把年轻人留住，把人们的生活方式留住，建设一个更好的村庄。与中国美术学院签署文化旅游发展战略合作协议，扩大区域间的艺术创作与学术研讨互动。荻港村，总投资 4.99 亿元的苕溪渔隐·荻港文化艺术产业集聚区项目；企业入驻建设民宿；企业入驻开发旅游；创新成立青鱼养殖专业合作社，由养殖户志愿参加，以"中介组织+基地+农户"的运作模式，坚持以服务农业、服务农民为宗旨，围绕青鱼养殖基地的建设，运用现代经营理念，为广大青鱼养殖户提供多层次服务，提供产前，产中，产后一条龙服务，有效提升了农产品的市场竞争力，先后被评为湖州市"先进农村专业合作社"，浙江省"示范性农村专业合作社"。

网络体验经济业态：以"互联网+文化"促进文体旅游；运用"互联网+"创新农业生产经营模式；加快"智慧农业"发展，不断延长农业产业链、拓宽农村产业范围、提升农业附加值；以愚公"E 桌美味"为平台，大力发展电子商务。

（八）南浔区旧馆镇港胡村田野调查及网络调查

1. 村落文化多样性调查

村落历史。南浔区旧馆镇港胡村形成于明清时期，东西向的小河港沿村而过，房屋傍水而建，从东村头的夏家桥，经庆安桥、毓秀桥，到达村西头，户户粉墙黛瓦，家家港廊相连。港胡村 2013 年被列入浙江省第一批历史文化村落。

传统民居与历史建筑。港胡村开展了古村落抢救性修缮和保护工作，拆除了与古村落历史风貌不相符的建筑物，修复古建筑。现存完好的古建筑有毓秀桥、沈氏桥、木桥、崇高桥、芳广塘桥等古桥，形态各异的古石桥呈现出少有的古桥群景观。

传统民俗与非物质文化遗产。传统民俗文化有：竹篮、竹簸等传统手工艺品、摇花船"扬田蚕"等民俗文化活动，非遗麦秆画。

2. 人居环境组织性调查

人工环境组织。港胡村于 2016 年列入省级美丽宜居示范村，结合当地古村落特色，因地制宜，通过拆违拆危、农房外立面整治改造、村落空间整治美化、绿化提升等措施，推进浙派民居打造和传统建筑保护发展工作，形成产业发展与环境承载相适宜、生活改善与生态保护相统一、历史文化传承与现代文明相融合的具有当地特色的美丽宜居村庄体系。通过提升建设，当地人居环境和生产生活条件得到了极大改善。至 2019 年，生活垃圾无害化处理率 100%；生活生产污水处理率 95%；公路硬化率 100%；全村卫生厕所改造率达 100%；路边绿化率 100%；自来水普及率 100%；夜间照明等公共设施较为完善，村内环境整洁。

自然环境组织。森林覆盖率 39.20%。当地坚持充分利用地理和人文优势，深度挖掘港胡村文化历史底蕴，打造有港胡村水乡特色的品牌景色。建立健全村庄环境长效管理机制和乡村河道"以养代管"机制，全村植树绿化成效明显，村在林中林房相依，村美水清远近闻名。

3. 产业业态创新性调查

特色产业业态。港胡村特色产业业态包括：传统特色文化产业、特色农业、特色旅游业、特色乡村服务业等方面。传统特色文化产业：古桥、古建筑人文旅游；善琏湖笔、湖州羽毛扇等特产；农民麦秆画；"赛花船""闹鱼市""放荷灯"；港胡村文化礼堂等民俗文化；特色农业：特色蚕桑（全国重点蚕茧产区、省优质茧生产基地和丝绸出口创汇基地、"辑里湖丝"、桑基鱼塘系统）、名特优水产（加州鲈、黄颡鱼和乌鳢）；创新果蔬种植模式，果蔬立体栽培、无公害盆栽等多种方式，开展农业观赏、采摘、认养、科普；湖州太湖鹅产业。特色旅游业：港胡村沿公路线形成了国内规模较大、品种丰富的道路樱花景观。当地坚持充分利用地理和人文优势，深度挖掘港胡村文化历史底蕴，打造有港胡村水乡特色的品牌景观；以港廊湿地为主题，打造形式多样、功能丰富的片区，完善农家乐、民宿等配套服务设施，着力满足游、吃、住、购、娱等需求。特色乡村服务业：水乡文化体验，景观体验，美食体验，民宿体验。

产业创新业态。乡村共享经济业态：民房入股，由旅游公司出资进行民宿化改造，待经营时双方互享利润。网络体验经济业态："互联网+文化""企业+互联网"模式、"互联网+"创新农业生产经营。

（九）吴兴区织里镇义皋村田野调查及网络调查

1. 村落文化多样性调查

村落历史。义皋村是一个千年古村，是沿太湖七十二溇港古代水利工程中的关节点，被誉为"溇港文化带里的明珠"，先后获得中国历史文化村落、中国传统村落名录等称号。村中的百年老街、古桥保存完好，街石排列规整，充分展现了塘浦圩田所催生的稻文化、鱼文化、丝绸文化等文化景观，构成了太湖南岸风华无尽的溇港文化带。

传统民居与历史建筑。这里保存着湖州地区最美丽的原生态古村落建筑，已被确定下来的原生古村落建筑有 18 处：范家大院、义皋石街、义皋港驳岸、陈溇门前港驳岸、陈溇港闸口、义皋兴善寺、朱家桥庙、义皋茧站、义皋商店古居、义皋港东古居、范家古居、盛家古居、周瑞华古居、王阿法古居等，都是数百年以上的历史建筑，而且如今还在村民的生活中发挥着作用。古桥有尚义桥、常胜桥、陈溇桥、太平桥等。

传统民俗与非物质文化遗产。传统民俗文化有：剪纸、刺绣、粽子、花糕、雕版、湖剧、舞狮表演、划菱桶大赛。加强非遗活态化活动，举办"文化和自然遗产日"系列活动，弘扬优秀传统文化，推动非物质文化传承发展，目前有非物质文化遗产6项。

2. 人居环境组织性调查

人工环境与自然环境组织。义皋村充分发掘保护恢复古代历史遗迹，在文化遗存的基础上，适度开发乡村休闲旅游，把义皋打造成"经典农业水利的巨作、农耕文化传承的典范、传统渔业升级的样板、太湖风情旅游的乐土"。纵深推进水环境治理，在污水管网建设、节水器具改造等方面取得了良好成效。至2019年，生活垃圾无害化处理率100%；生活生产污水处理率96%；公路硬化率100%；全村厕所革命基本完成；自来水普及率100%；夜间照明等公共设施较为完善，村内环境整洁。文化景观：义皋村的老街其实是一条古街，这条铺满条石、50多米长的古街，已有上百年的历史了。古街上的"尚义桥"，是目前太湖溇港上保存较好的清代单孔石拱桥。沿古街两边，现在还有数座老房子，街两边的老房子都是开着店铺的，有布店，有杂货店，还有"鱼行"。

3. 产业业态创新性调查

特色产业业态。义皋村特色产业业态包括：传统特色文化产业、特色农业、特色旅游业、特色乡村服务业等方面。2018年常住居民人均可支配收入32693元。传统特色文化产业：人文旅游，义皋村保存着湖州最美丽的原生态古村落建筑，村中的百年老街、古桥保存完好，街石排列规整，充分展现了塘浦圩田所催生的稻文化、鱼文化、丝绸文化等文化景观，构成了太湖南岸风华无尽的溇港文化带。如朱家老宅、五湖书院。体验剪纸、刺绣、包粽子、花糕、雕版、湖剧等非遗文化。特色农业：特色水产、高效笋竹、花卉苗木、茶叶、水蜜桃等；发展绿色农产品基地；发展农业龙头企业；发展家庭农场；增加现代生态循环农业项目，"农旅文融合"。特色旅游业与特色乡村服务业：充分发掘、保护、恢复古代历史遗迹、文化遗存的基础上，适度开发乡村休闲旅游，把义皋打造成"经典农业水利的巨作、农耕文化传承的典范、传统渔业升级的样板、太湖风情旅游的乐土"。开发养生度假、运动康体、休闲观光等生态旅游产品。弘扬丝绸文化、太湖溇港文化、陆羽茶文化、宗教文化等特色文化，依托西塞山、丝绸小镇等平台，发展文化体验、民俗体验等文化旅游业态。彰显义皋溇港等古村落特色，优化乡村旅游线路，发展农业观光、农事体验、民俗体验、农家乐等业态，培育多元乡村旅游特色产品。提升原有的金石馆、扇子馆、知青陈列馆功能；新建林梓醉秋书画馆、电影海报馆；引入艺术家工作室、精品客栈、咖啡馆等旅游新业态。

产业创新业态。产业创新业态包括：乡村共享经济业态、网络体验经济业态、跨界联盟业态等。乡村共享经济业态：一批文化公司正在对义皋的文化旅游进行开发，此前崇义馆已举办了多场"义文化"主题活动，不仅吸引了游客，还挖掘了不少当地的群众演员。企业入驻民宿。网络体验经济业态与跨界联盟业态："互联网+文化"；不断深化"1+1+N"机制，深度加强市校合作，着力培养新型职业农民。

（十）安吉县鄣吴镇鄣吴村田野调查及网络调查

1. 村落文化多样性调查

村落历史。鄣吴村是个历史悠久、文化内涵极为丰富的古村落。鄣吴村依山傍水，风景秀丽，因村后高山林立，村前溪边古木参天，日照短，故又有"半日村"之雅名。明清以来，村民耕读之风盛行，因而人才辈出，最著名的为明嘉靖时的"吴氏父子四进士"以及清乾隆时著名藏书家吴五凤等。至清末，还诞生了以"诗、书、画、印"四绝闻名中外的近代艺术大师吴昌硕。至今留存着的明代木门楼等古建筑与文人雅士相得益彰，更给这里增添了厚重的人文底蕴。

传统民居与历史建筑。八府九弄十二巷粉墙瓦黛的徽派古建筑；"归仁里"老街，有40余套明清风格的建筑错落有致地分布在沿街两侧；有400平方米集参观、体验为一体的扇子文化展示馆；中国家谱展示馆。不断开展古建筑保护、文化挖掘、环境修复、旅游拓展等项目建设，力求既能保护鄣吴村历史文化遗产，控制历史文化村落环境风貌的协调统一，又能适应当地满足居民的现代生活需求。

传统民俗与非物质文化遗产。传统民俗有根雕、竹椅、火钳、花龙船、跳马灯、畲歌、彩带编织、制扇、竹刻、白茶炒制技艺等，其中7项被列入非物质文化遗产名录，有非遗传承人2人。

2. 人居环境组织性调查

人工环境与自然环境组织。鄣吴村具有独特的历史文化资源和优美的自然环境，在长期的发展过程中，形成了特色鲜明的村落空间和文化传统。为保护历史文化遗产，不断继承和弘扬特有的优秀传统文化，促进持续健康发展，鄣吴村进行了系统的村落规划。2016年，开启"五水共治"行动，"五水共治"

工程涉及河流治理、农村生活污水治理、逝行污水处理、农民生活饮用水及管道修复等。郼吴镇通过河道修整、排污整治等方式，使得河道安全和水质保障得到全方位提升。"岸边种植了柳树等本土生长的易成活植物，提升自然生态景观，既能净化水质，又能稳固堤岸。"至 2019 年，生活垃圾无害化处理率100%；生活生产污水处理率96%；公路硬化率100%；全村厕所革命基本完成；自来水普及率100%；森林覆盖率70.10%。夜间照明等公共设施较为完善，村内环境整洁。

3. 产业业态创新性调查

特色产业业态。郼吴村 2018 年常住居民人均可支配收入 30541 元。特色产业业态包括：传统特色文化产业、特色农业、特色旅游业、特色乡村服务业等方面。传统特色文化产业：郼吴村以昌硕文化为核心，结合古村落建筑特色，发展人文旅游；书画文化、尚书文化、知青文化、百艺文化、手工制扇文化产业。特色农业：蚕桑、安吉白茶、山地蔬菜、特种水产。特色乡村服务业与特色旅游业：立足悠久的历史人文景观资源，依托生态产业基础，结合当地浓郁纯朴的自然生态环境，大力发展休闲旅游产业，致力于打造一个"宜居、宜业、宜游"的古村落。

产业创新业态。产业创新业态包括：乡村共享经济业态、网络体验经济业态、跨界联盟业态等。乡村共享经济业态：郼吴镇与益扬公司签订合作框架协议，并在郼吴注册成立浙江安吉益扬旅游投资发展有限公司，联合开办林梓醉秋书画馆、休闲茶座、电影海报馆、农村数字影剧院、企业入驻民宿。网络体验经济业态与跨界联盟业态：开发翼游郼吴 APP 系统；"企业+互联网+高校"；企业入驻建设民宿；企业入驻开发旅游；联合高校进行村落建设规划与未来发展规划。

（十一）长兴县泗安镇上泗安村田野调查及网络调查

1. 村落文化多样性调查

村落历史。2016 年，上泗安村入选了全国第四批传统村落。这里历史文化悠久、自然条件优越、民风淳朴厚实，古时曾有"十里荷花古板道"之称。

传统民居与历史建筑。村内保留完美的古石板桥、古运码头、航运休息驿站以及凹凸不平的石条商贸古道遗址等，皆彰显了古时之繁华，徽派的民居与新恢复的楼台亭阁相得益彰。仙山湖下游水域与太湖源头（泗安港）交汇于此。村庄沿线属仙山湖景区主要旅游规划分布点。镇村两级都深入挖掘保护村庄文化、规划古村落风貌。村内有古桥多处：小环桥、大环桥、寿星桥、塌水桥、太平高桥、鸭儿塘桥、城隍桥、平桥、顺兴桥、许塘桥、观音桥、管埭桥等，形成风景独特的古镇景观。

传统民俗与非物质文化遗产。传统民俗文化与非物质文化遗产有：水舞青龙、"开蒙礼"、舞狮、泗安旱船、捏泥人、剪纸、风筝制作、根雕、雕塑，其中5项被列入非物质文化遗产名录。

2. 人居环境组织性调查

人工环境与自然环境组织。古村落上泗安村森林环抱，古色古香的徽式建筑村落别具一格。近年来，该村作为美丽乡村建设精品村，在保持原村徽式建筑风貌的基础上进行修葺改进，并逐步发展精品旅游项目，荣获"国家级历史文化村"称号。上泗安村积极挖掘村里的历史文化遗迹，加强对河道的整治，对古石桥、古石板路、古码头等遗迹进行修复和完善。至2019年，生活垃圾无害化处理率100%；生活生产污水处理率95%；自来水普及率100%；公路硬化率100%；全村厕所革命基本完成；森林覆盖率47.70%。夜间照明等公共设施较为完善，村内环境整洁。文化景观：仙山湖国家湿地公园、泗安薰衣草风情园。

3. 产业业态创新性调查

特色产业业态。上泗安村2018年常住居民人均可支配收入23114元。特色产业业态包括：传统特色文化产业、特色农业、特色旅游业、特色乡村服务业等方面。特色文化产业：古桥，古建筑人文旅游；以文化礼堂为基地，相继成立了篮球队、舞蹈队、青龙队、旱船队等队伍，建立民间文化艺术协会。建立志愿者队伍，协助开展文化礼堂各项活动，发展文化旅游；特色农业：积极加大农业转型力度，从原收入低的水稻种植向收入高的苗木花卉种植和观光农业转变，发展商品蔬菜（芦笋）、特种水产（太湖三宝、太湖四珍）、名优水果（葡萄）、优质茶叶（紫笋茶）、高效竹林等。村民自己开办"老街坊"餐馆、"友商行"货铺、"德大丰"酥糖、"一口麻糍"等特产店。特色旅游业与特色乡村服务业：传统村落古建筑文化游；泗安古镇慢漂流，泗安漂流点位于上泗安古河道，以慢漂为主要特色，乘一叶竹筏，在50分钟时间里将陆续经过红庙、葫芦园、寿星桥、龙潭、白水庄、古窑址、广安桥、古码头西岸，不仅可欣赏河清岸绿，白鹭鱼飞的自然风光，还可从中感受上泗安村的历史文化；上泗安乡宿，走进上泗安村，乡宿"淹没"在一座座徽派建筑风格的房屋中，乡宿提供特色养生美食；仙山湖国家湿地公园；泗安薰衣草风情园等。

产业创新业态。产业创新业态包括：乡村共享经济业态、网络体验经济业态、跨界联盟业态等。乡村共享经济业态：2016年与浙江隐居集团合资成立了长兴隐居泗安酒店管理有限公司，开发民宿产业，树立标杆，积极引领村民发展乡宿。网络体验经济业态与跨界联盟业态：开发旅游软件、"企业+互联网"、企业入驻建设民宿、企业入驻发展旅游。

（十二）金华地区湖州地区传统村落的综合调查

1. 村落文化多样性调查

在文化多样性方面：浙江金华与湖州地区传统村落一般建于清中期以前，村落的形成时间普遍较为久远。传统民居与历史建筑遗存普遍较多，且大多保存完好或已修缮。传统村落肌理整体较为完整，历史文化与地域特征明显，村落标识系统较为完善，文化遗产较为丰富，文化挖掘整理普遍较为深入。非物质文化遗产整理与申报工作积极有序，非物质文化遗产传承人较少，文化遗产可持续问题堪忧。传统民俗文化娱乐丰富多彩。在文化组织性方面：村支两委积极邀请专家对村落文化挖掘与整理，对村落文化肌理与生态进行修复。文化保护与村落人居环境的耦合质量较高。

2. 人居环境组织性调查

在人居环境组织方面，普遍对传统村落进行保护性规划，传统村落肌理较为完整，普遍实施了水域环境治理、实施了规划管网改造。至 2019 年，生活垃圾无害化处理率达到 100%；生活生产污水处理率 95% 以上；无害化卫生厕所普及率 90% 以上，厕所革命基本完成；自来水普及率 100%；村内道路硬化率 100%；夜间照明等公共设施较为完善，村内普遍环境整洁。村落文化景观建设积极开展，依托江南环境特色营造文化自然生态融合的村落景观。自然生态普遍开发，能够利用森林资源、山水自然景观开发生态旅游。人工环境与自然环境有机耦合。

3. 产业业态创新性调查

金华与湖州地区传统村落年人均可支配收入普遍在 22000 元以上。依靠传统文化特色、普遍发展文化创意产业，传统服饰、柴窑烧制工作室、小酒吧、青创咖啡、农产品体验馆等。努力发展特色农业。文化旅游业普遍发展，深度挖掘开发综合旅游资源，发展全域旅游、现代农业游，休闲农业游，观光农业游。普遍打造乡村旅游产品，打造农旅结合。积极发展乡村共享经济与跨界联盟业态，积极招商引资，与域外企业战略合作，形成"企业+互联网+高校"的联合。积极发展网络体验经济业态，打造"互联网+文化""企业+互联网""互联网+"创新农业生产经营等互联网经济。

（十三）金华地区与湖州地区传统村落耦合协调度评价

1. 评价指标及权重

依据村落调查内容及其指标体系，分析研究样本的采集数据，结合《传统村落评价指标体系（试行）》[①]，并咨询相关专家，依据客观性、科学性、现实性的原则，以客观赋权法（熵值法）为主，确定各指标的权重，来反映传统村落资源要素耦合状况，从而建立传统村落资源要素耦合的系统评价指标体系[②]（见表3-6）。

完成赋权之后，采用线性加权法对村落文化（Culture）、环境生态（Environment）、产业业态（Industrial）综合评价指数进行测算，方法如下：设 $C_u(x)$ 为村落文化多样性综合评价函数，可表示为：

$$C_u(x) = \sum_{i=1}^{9} w_i \cdot x_i \tag{3-1}$$

设 $E_n(y)$ 为环境生态组织性综合评价函数，可表示为：

$$E_n(y) = \sum_{i=1}^{11} w_i \cdot y_i \tag{3-2}$$

设 $I_n(z)$ 为产业业态创新性综合评价函数，可表示为：

$$I_n(z) = \sum_{i=1}^{7} w_i \cdot z_i \tag{3-3}$$

式中：w_i 表示各子系统指标权重；x_i、y_i、z_i 分别表示村落文化、环境生态、产业业态子系统各指标的无量纲化值。

2. 耦合协调度模型

耦合协调度模型包括耦合度模型与协调度模型。耦合度是描述系统或要素彼此相互作用影响的程度，不分利弊。协调度是在耦合度基础上度量系统或要素间的协同作用的程度，体现系统的协调有序发展程度。本书参考借鉴瓦莱丽（Valerie，1996）[③] 的做法，考虑到传统村落文化、环境生态、产业业态的关联性与差异性，借用物理学中的容量耦合概念和容量耦合系数模型，结合乡村资源要素耦合的系统特征，通过演绎推理得到多系统耦合度模型：

① 住房城乡建设部 文化部 旅游部 国家文物局 财政部关于开展传统村落调查的通知建村〔2012〕58 号［EB/OL］. 中华人民共和国住房和城乡建设部门户网站，2012 04-16.

② 向云波，张勇，袁开国，等. 湘江流域县域发展水平的综合评价及特征分析［J］. 经济地理，2011，31（7）：1088-1093.

③ VALERIE I. The penguin dictionary of physics ［M］. Beijing：Penguin Books，1991：92-93.

$$C = \left\{ \frac{C_u(x) \times E_n(y) \times I_n(z)}{\left[\frac{C_u(x) + E_n(y)}{2}\right] \times \left[\frac{E_n(y) + I_n(z)}{2}\right] \times \left[\frac{C_u(x) + I_n(z)}{2}\right]} \right\}^{\frac{1}{3}} \quad (3-4)$$

其中，C 为耦合度，$0 \leq C \leq 1$，C 值越大子系统间的耦合度越高，C 值越小子系统间耦合度越低，$C_u(x)$、$E_n(y)$、$I_n(z)$ 为各子系统的评价指数。参考刘耀彬等[①]（2005）关于耦合度与耦合类型的分类方法，将村落文化、环境生态、产业业态（CEI）系统耦合度及对应耦合类型划分为四大类（见表3-7）。

耦合协调度模型为：

$$D = \sqrt{C \times T}, \quad T = \alpha C_u(x) + \beta E_n(y) + \gamma I_n(z) \quad (3-5)$$

其中，D 为耦合协调度，C 为耦合度，T 为 CEI 系统综合协调评价指数，α、β、γ 为待定权数，$\alpha + \beta + \gamma = 1$，考虑到传统村落的资源要素价值分布特点，将村落文化、环境生态、产业业态子系统权重分别取为 0.3、0.3、0.4。参考廖重斌（1999）[②] 关于耦合协调度与耦合协调水平的分类方法，CEI 系统耦合协调度类型划分为：3 个等级区间、10 个类型（见表3-8）。

3. 数据来源

依据浙江金华地区与湖州地区的案例样本，通过田野调查，结合《金华市统计年鉴》《湖州市统计年鉴》（2019）数据库，以及相关各区县统计文件的调查，整理调查数据。由于各个村落资源要素的数量级差异以及各指标量纲的差异与单位的不同，对各项评价指标的数据进行标准化处理，均采用处理后的相对指标。本书采用标准化方法，其计算公式为：

$$X_i = \frac{x_i}{x_{max}}; \quad Y_i = \frac{y_i}{y_{max}}; \quad Z_i = \frac{z_i}{z_{max}} \quad (3-6)$$

式中：x_i、y_i、z_i 分别为村落文化保护、人居环境、产业环境子系统的原始指标值；X_i、Y_i、Z_i 为变换后的相对指标值；x_{max}、y_{max}、z_{max} 为对应《传统村落评价指标体系（试行）》评价指标取值的最大函数。

---

① 刘耀彬，李仁东，宋学峰. 中国城市化与生态环境耦合度分析［J］. 自然资源学报，2005（1）：105–112.

② 廖重斌. 环境与经济协调发展的定量评判及其分类体系——以珠江三角洲城市群为例［J］. 热带地理，1999（2）：76–82.

表 3-6　CEI（Culture、Environment、Industrial）系统耦合评价指标体系

资源要素指标	一级指标	二级指标	变量	单位	性质	权重
村落文化多样性	村落历史	久远度（修建年代）	$x1$	年代	+	0.080
		稀缺度	$x2$	—	+	0.130
	传统民居与历史建筑	传统建筑类型丰富度	$x3$	—	+	0.120
		村落格局完整度	$x4$	—	+	0.150
		传统建筑占地面积	$x5$	平方米	+	0.070
		文化、历史、美学价值	$x6$	—	+	0.200
		非遗依存性与活态性	$x7$	—	+	0.130
	传统民俗与非物质文化遗产	非遗数量	$x8$	项	+	0.050
		非遗传承人	$x9$	位	+	0.070
环境生态组织性	人工环境生态	垃圾规范处理率	$y1$	%	+	0.080
		生活生产污水处理率	$y2$	%	+	0.090
		厕所革命完成率	$y3$	%	+	0.12
		自来水普及率	$y4$	%	+	0.040
		道路硬化率	$y5$	%	+	0.040
		公共设施完善度	$y6$	%	+	0.100
		公共环境整洁度	$y7$	—	+	0.100
		建筑环境协调性	$y8$	—	+	0.140
		公共绿化率	$y9$	%	+	0.110
	自然环境生态	水域生态保护度	$y10$	%	+	0.100
		田园景观规划率	$y11$	%	+	0.080
产业业态创新性	特色产业业态	传统特色文化产业	$z1$	万元	+	0.15
		特色农业	$z2$	万元	+	0.10
		特色旅游业	$z3$	万元	+	0.160
		特色乡村服务业	$z4$	万元	+	0.150
	产业创新业态	乡村共享经济业态比率	$z5$	%	+	0.150
		网络体验经济业态比率	$z6$	%	+	0.140
		跨界联盟业态比率	$z7$	%	+	0.150

表 3-7　CEI 系统耦合类型划分

耦合度区间	耦合类型	系统特点
0.00<C≤0.09	离散阶段	资源要素间处于离散状态
0.09<C≤049	拮抗阶段	资源要素间关联性逐渐增强，处于拮抗状态
0.49<C≤0.79	磨合阶段	资源要素间向联动互促发展，良性共振，进入良性耦合阶段
0.79<C≤1	高度耦合阶段	系统趋向有序发展状态

表 3-8　CEI 系统耦合协调度等级划分

失调区间 (0≤D<0.4)				向协调发展过渡区间 (0.4≤D<0.6)		协调发展区间 (0.6≤D≤1)			
极度失调	严重失调	中度失调	轻度失调	濒临失调	勉强协调	初级协调	中级协调	良好协调	优质协调
0~0.1	0.1~0.2	0.2~0.3	0.3~0.4	0.4~0.5	0.5~0.6	0.6~0.7	0.7~0.8	0.8~0.9	0.9~1

注：尾行范围区间除最右端一个区间外均为左闭右开，最右端区间为左右全闭区间。

4. 实证测量结果与分析

依据表 3-6 的评价指标体系，结合公式（3-1）、（3-2）、（3-3）综合评价函数，测算得出 CEI 综合评价指数。运用综合评价指数测算结果，结合公式（3-4）测算，得到研究样本 CEI 资源要素系统耦合度指标。运用研究样本的综合评价指数测算结果与耦合度测算结果，结合公式（3-5）进行测算，得到研究样本 CEI 系统协调度指标（见表 3-9）。

表 3-9　2019 年案例样本的 CEI 系统的耦合协调度及协调类型

2019 年金华市	新光村	鸽坞塔村	何宅村	中柔村	芝英一村
耦合协调度	0.8190	0.8263	0.9357	0.8433	0.8921
耦合协调类型	良好协调	良好协调	优质协调	良好协调	良好协调

2019 年湖州市	荻港村	港胡村	义皋村	鄣吴村	上泗安村
耦合协调度 耦合协调类型	0.9119 优质协调	0.8309 良好协调	0.9009 优质协调	0.8927 良好协调	0.8461 良好协调

5. 测量结果分析

如表 3-9 的数据测量结果所示，至 2019 年，浙江金华地区案例样本的耦合协调度分别是：新光村测量结果为 0.8190，已经达到良好协调；鸽坞塔村测量结果为 0.8263，已经达到良好协调；何宅村测量结果为 0.9357，已经达到优质协调；中柔村测量结果为 0.8433，已经达到良好协调；芝英一村测量结果为 0.8921，已经达到良好协调。整体反映了金华地区传统村落的文化多样性深入挖掘，环境生态建设的组织性持续加强，传统村落产业发展理念不断创新。已经形成村落文化多样性耦合、环境生态建设的组织性耦合、产业业态发展的创新性耦合良性互促的优质协调阶段。这得益于持续深入的村落文化综合挖潜，对村落文化保护持续反哺。如表 3-8 的数据测量结果所示，至 2019 年湖州地区案例样本的耦合协调度分别是：荻港村测量结果为 0.9119，已经达到优质协调；港胡村测量结果为 0.8309，已经达到良好协调；义皋村测量结果为 0.9009，已经达到优质协调；鄣吴村测量结果为 0.8927，已经达到良好协调；上泗安村测量结果为 0.8461，已经达到良好协调。整体反映了湖州地区传统村落文化多样性、环境生态组织性、产业新业态创新性有机协同，产业融合、产业结构优化、产业新业态持续发展。这个过程中的关键是村落文化多样性的综合挖潜、整理与培育，对村落环境生态持续反哺与环境生态建设组织性的提升，乡村精英的再创新能力激发，文化保护与产业重构的组织性增强，传统村落产业发展理念不断创新，文化开发与产业业态重构创新性的激发。已经形成村落文化多样性耦合、坏境生态组织性耦合、产业业态创新性耦合深度协同的良好协调阶段。从调研数据的分析来看，其与"千村示范、万村整治"的地区政策以及"绿水青山就是金山银山"的发展实践紧密相关。从中反映出创新发展在传统村落文化保护与人居环境"更新"中的重要性，同时反映出传统村落产业结构调整的重要性。

四、国内优秀案例调查获得的经验

国内优秀案例调查获得的经验：（一）加强对传统村落文化资源价值的认

同，对传统村落文化多样性持续保护，对传统村落文化特色深度挖潜，持续对传统村落文化深度活化与创新性开发。（二）对村落环境生态建设的系统组织持续深入，促进传统村落文化保护与人居环境"更新"有机协同，推行文化控规下的艺术介入与文化乡建。（三）对产业业态进行持续创新，整合优势要素资源，加强产业深度融合，结合网络与媒体科技，大力发展乡村共享经济、网络体验经济、跨界联盟经济等产业经济新业态，大力发展乡村综合服务业，拓展文化旅游；促进产业业态重构与持续创新，整合优势要素资源，加强文化与产业深度融合，推动传统村落文化与农业业态耦合重构，传统村落文化与旅游业态耦合重构，传统村落文化与乡村服务业业态耦合重构；推动传统村落一二三产业协同发展。（四）实现传统村落文化特色资源、生态特色资源、特色农业资源的多样性与艺术创新、空间创新、业态创新、管理创新、观念更新的组织性系统耦合。

第三节　本章小结

通过国外相关案例的分析与国内相关案例的调研与耦合度测评，探寻发达国家与国内具有明显发展优势地区传统村落文化保护与人居环境"更新"耦合的方法经验，为本课题的研究提供借鉴。

一、美国相关案例的方法经验

（一）以发展经济与保护其村落环境为目的，保护文化资源与历史建筑，环境规划重构与建筑更新重建，开发商业与旅游业。（二）促进优美的自然环境与传统文化（文化资源、地方艺术与工业文化）耦合；精英人物、在地居民、协会组织、企业的相关利益耦合；保护与更新的行动耦合；文化保护与民众教育耦合；精英人物的理想价值追求与村落保护更新的耦合。（三）具有典型组织性耦合与创新性耦合的特征。

二、日本相关案例的方法经验

（一）以扭转乡村衰败、保持传统村落文化的多样性、构建"一村一品"为动因，打造乡村环境，恢复乡村的文化信仰与文明，活跃乡村经济，发展乡村产业，打造特色乡村。（二）历史文化、环境生态、产业更新、多元参与的系统耦合；历史文化与建筑更新耦合；历史文化与传统的日式古建筑、温泉水源与旅游业耦合；原始乡村农业与种植业与企业合作耦合；"一村一品"的政策、环境规划与建筑更新重建耦合；建筑师与艺术家、政府组织与协会、村民与精英、企业的利益耦合。（三）具有典型政策性耦合、资源性耦合、文化性耦合、组织性耦合、创新性耦合、产业性耦合的特征。

三、韩国相关案例的方法经验

（一）实施"新村运动"，解决村落生产、生活、文化的发展困境，提升村民生活水平，恢复乡村的信仰与文明，重塑文化遗产。（二）促进区位优势与村庄特色耦合；政府的作用与村民自治耦合；自然生态与艺术改造的耦合；产业发展与生存环境改善的耦合；建筑师、艺术家、政府组织、协会、村民、企业利益的耦合；环境规划与建筑更新重建的耦合。（三）具有典型政策性耦合、资源性耦合、文化性耦合、组织性耦合、产业性耦合的特征。

四、国内优秀案例的方法经验

（一）持续深入实施乡村振兴战略，实现传统村落产业兴旺、生态宜居、乡风文明、治理有效、生活富裕充分协同的政策耦合。（二）加强对传统村落文化资源价值的认同，对传统村落文化多样性持续保护，对传统村落文化特色深度挖潜。（三）对村落环境生态建设的系统组织与持续深入，促进传统村落文化保护与人居环境"更新"有机协同，推行文化控规下的艺术介入与文化乡建。（四）对产业业态的持续创新，整合优势要素资源，加强产业深度融合，结合网络与媒体科技，大力发展乡村共享经济、网络体验经济、跨界联盟经济等产业经济新业态，大力发展乡村综合服务业，拓展文化旅游；促进产业业态重构与持续创新，整合优势要素资源，加强文化与产业深度融合，推动传统村落文化与农业业态耦合重构，传统村落文化与旅游业态耦合重构，传统村落文化与乡村服务业业态耦合重构。（五）实现传统村落文化特色资源、生态特色资源、特色农业资源的多样性与艺术创新、空间创新、业态创新、管理创新、观念更新的组织性系统耦合。

第四章

东北满族传统村落综合调查分析与耦合协调度测评

第一节　东北满族传统村落文化符号的调查与整理

一、东北满族传统村落文化背景调查

东北是满族文化的发祥之地，满族拥有悠久而文明的历史，他们广布于辽阔的"白山黑水"之间。满族的源流，最早可以追溯到 2000 多年前先秦时期的肃慎，之后逐渐发展为挹娄、勿吉、靺鞨、女真，这些族群分别在先秦、东汉、两晋、北魏、唐朝、宋朝留下了自己独特的历史印痕[①]。明朝中期以后，女真人按地域划分建州、海西和东海女真（野人女真）三部，建州女真分布在抚顺以东，以浑河流域为中心；海西女真分布于明开原边外的辉发河流域，北至松花江流域；东海女真大致分布在松花江中游、黑龙江中下游至俄罗斯滨海地区[②]。1583 年，建州左卫首领努尔哈赤起兵统一建州女真各部，在之后的二十年里，逐步征服了海西女真和东海女真，并建立了以"八旗制度"为核心的中国清代满族的社会组织形式[③]。到 1635 年，皇太极发布改族名为满洲的命令，最终形成了满族共同体。

[①] 王铁军. 东北满族传统村镇聚落历史演变研究 [J]. 文艺争鸣，2015（7）：195-198.

[②] CROSSLEY P K. Manzhou yuanliu kao and the formalization of the Manchu heritage [J]. The Journal of Asian Studies, 1987, 46（4）：761-790.

[③] 吕静，张恒怡. 东北地区乡村聚落时空分布形态变化研究——以近 400 年来各民族迁移路线为依据 [J]. 重庆建筑，2017，16（1）：8-11.

二、东北满族传统村落建筑、服饰、工艺美术符号调查与整理

（一）传统满族建筑形制与文化符号调查整理

满族传统民居的建筑形制及文化符号调查整理主要从民居建筑的建造年代、平面形制、功能布局、屋面形式、山墙类型、建筑装饰、屋面系统材料、墙体砌筑类型、院落形式方面进行调查。结合满族民居演变，归纳满族民居的类型："金包银"式民居形式；石材砌筑及砖石混砌筑民居形式；石材砌筑及砖石混砌囤顶民居形式；井干民居形式；拉核墙、土坯墙、叉泥墙民居形式，共五种①。

1. "金包银"式民居形式

金包银是指在用青砖砌筑墙体时，仅在墙体的内外两侧砌砖，中间填充黏土或碎石。这样做既能节省砖的用量，也不影响墙体的保温效果。青砖的摆砌一般采用全顺式的卧砖形式，也有采用一顺一丁的立砖形式，墙体外表面仅做勾缝，不做抹面处理。"金包银"民居的形制以硬山式山墙为主导类型，屋顶形式均为双坡式屋面，屋面多以青瓦覆盖。空间布局为传统的口袋房形式，正房一般为三开间，中间为厨房名为外屋，东西两间作为卧室名为里屋，万字炕格局。门窗为木质格栅，装饰有典型的满族纹样。烟囱为青砖砌成上小下大的跨海烟囱。院落为三合院也有篱笆院。民居装饰注重在房屋细部上的艺术化处理，仅在新宾一带满族民居户牖的栅格样式就十分多样，装饰趣味浓厚。"金包银"民居形式主要分布在东北历史上一些著名的商业集散地和军事重镇。建筑等级相对较高，建筑文化价值相对较高②（见图4-1）。

图4-1　满族金包银式民居

---

① 韩沫，王铁军．北方满族民居历史环境景观［M］．北京：中国建筑工业出版社，2015：72-77．

② 王艳．东北满族传统民居建造技术的文化区划研究［D］．哈尔滨：哈尔滨工业大学，2017．

2. 石材砌筑及砖石混砌筑民居形式

石材砌筑及砖石混砌筑民居形式，一般在砌筑首层先挑选比较方正的石块放在拐角处，然后按照放线砌筑里外皮石，并在中间用碎石和黏土填充，然后逐层错缝砌筑。砖石混砌这种复合型砖石用材体系一般用在满族民居山墙和窗下槛墙。石材砌筑及砖石混砌民居屋面形式为人字形双坡式屋面，屋面以苫草或瓦（见图4-2）覆盖。人字形双坡式屋面一般分布于辽东、辽南地区，其中新宾满族自治县、岫岩满族自治县以及凤城市一带分布密度最高，并出现了明显的聚集性。

图4-2 满族砖石混砌筑民居

3. 石材砌筑及砖石混砌囤顶民居形式

囤顶式民居分布于辽西地区。这类民居形式山墙类型多为硬山式和悬山式，墙体多为青砖毛石混合砌筑，屋面系统材料类型丰富，青瓦、土、草均有使用，建筑材料多是就地取材。建筑一般为坐北朝南的合院式布局，院落外围有低矮的围墙或木篱笆环绕。正房一般为三开间或四开间，三开间中间为厨房名为外屋，东西两间作为卧室，卧室名为里屋，万字炕格局，四开间靠东西山墙的外间为厨房，内间为卧室，万字炕格局，门窗为木质格栅偶有装饰。院落中的厢房一般用来储物，很少再有人居住（见图4-3）。

图4-3 满族砖石混砌筑囤顶式民居

4. 井干民居形式

井干民居形式又名"木刻楞"。以红松为主才，用圆木或方木平行叠置成房屋四壁，原木端头在拐角处交叉咬合，如此逐层垒筑，在其内外涂抹黄泥，在保护木材的同时又达到很好的保温效果，山墙类型以悬山式为主，屋面多以木瓦覆盖。建筑就地取材，不雕、不琢、不锯、不钉，略施加工，古朴天成。正房开间一到五间不等，室内面积小的有 10 平方米左右，大的接近 30 平方米，房屋内部布置与传统满族老屋并无差别，以土炕取暖。木屋的烟囱则是选用林中木心腐烂枯倒的大树，其外涂以泥巴，立于檐外并在其下端用一空心短木与炕灶相连。一般为一合院或者二合院布局，院落用一米高左右的木樟子围合，内部有小菜园、玉米楼、柴火垛等附属设施。民居普遍没有装饰。井干式民居主要分布在长白山地区，自金代以来，长白山井干式民居并未发生巨大变革，仍然延续着女真时期的传统。这种古朴的满族木屋在群山密林的环境中显现了浓郁的原始风情，作为长白山最为鲜明的文化景观，井干式民居文化区已被列为长白山非物质文化遗产，是满族传袭下来的宝贵财富（见图4-4）。

图4-4　满族井干式民居

5. 拉核墙、土坯墙、叉泥墙民居形式

拉核墙：也称挂泥墙，草辫墙。建墙方法是先夯地基，然后依据房屋的宽度与开间，在房屋的四角及门窗口关键的结构处埋下木柱，构建房屋结构，将植物和泥混成的拉核辫拧成麻花状，一层层地紧紧编在木架上。待其干透后，表面涂上泥巴。这样墙身便可自成一体，坚固耐久，保暖防寒，表现出特别的材料质感①。土坯墙：将苫房草切成短段和黄泥混合的羊角泥制成土坯，将其分层垒砌并用黄泥作为黏结材料，最后在砌筑好的墙体表面抹一层苫房草与黄泥混合泥浆。叉泥墙：也称土挂墙，先将木模板在墙身处按一定间距定位好，将土和草和好的羊角泥，用铁叉往木模板里填充，并不断用木桩压实，待墙体稍干，卸掉木板。最后在墙体表面抹一层泥浆。拉核墙、土坯墙、叉泥墙民居以悬山式山墙为主要类型，房屋承重类型为满族传统的杈檩式木构架，五檩五杈带二坨式人字双坡屋面结构，屋面传统材料主要以覆草为主，建筑材料多是就

---

① 韦宝畏，许文芳. 东北传统民居的地域文化背景探析［J］. 吉林建筑工程学院学报，2014，31（2）：49-51.

地取材。建筑一般是坐北朝南的合院式布局，院落外围有低矮的围墙或木篱笆环绕。正房一般为三开间，中间为厨房名为外屋，东西两间作为卧室，卧室名为里屋，万字炕格局，门窗为木质格栅，偶有装饰。烟囱为土坯砌成上小下大的跨海烟囱，院落中的厢房一般用来储物，很少再有人居住。东北全域均有分布，其中土坯墙、叉泥墙形式，在辽宁省与吉林省交汇地区有明显聚集，拉核墙式在黑龙江省的哈尔滨地区以及吉林省的吉林市附近出现了明显的聚集（见图4-5）。

图 4-5　满族拉核墙、土坯墙、叉泥墙民居

满族民居装饰主要体现在金包银式民居形式中，无论在建筑外观还是室内布置上均有体现。石雕、砖雕、木雕数量众多，其中不乏工艺精美者。满族民居的石雕主要集中在抱鼓石、柱础、门枕和墩腿石等部位。雕刻精细程度和石材的档次反映了主人的社会地位，从中也可以看到汉文化对满族的影响。雕刻的题材内容包括：动物纹样、植物纹样、吉祥符纹样、几何纹样等[1]。

满族民居的砖雕主要集中在山墙的山尖、墀头、博风板、屋顶部分的瓦当、屋脊以及院落中的影壁等处。装饰图案均表达求富贵盼吉祥的美好愿景。满族民居木雕类型丰富，在梁枋、雀替、室内家具、隔扇、栏板、门窗上亮部位均有体现。木雕的深浅与形式取决于其在建筑中的位置，一般梁枋处为了不影响结构的支撑作用，木雕形式简单，雕刻较浅；而用于空间划分的隔扇、栏板采用浮雕、透雕；在门窗上亮处的木雕因采光通风需求而使用透雕或大面积镂空[2]。满族平民建筑装饰的特色。建筑装饰富含吉祥寓意，装饰纹样多以荷纹、菊纹、梅纹、牡丹纹、卷草纹等植物纹样为主。满族乡民庭院内的"索罗杆子"

---

[1] 韩沫，王铁军．北方满族民居历史环境景观［M］．北京：中国建筑工业出版社，2015：72-77.

[2] 王守卫，邓延发．中国玉都岫岩老宅院［M］．哈尔滨：黑龙江美术出版社，2010：22-110.

被满族人视为民族信仰的标志①，是满族宅院的重要建筑符号。在满族传统家具的装饰上，多以"回纹""方胜纹"等图案为主，后来人们将"回纹""方胜纹"联合在一起，环环相扣、首尾相连，合并成一种纹样，喻示着好事不绝、长寿吉祥的美好愿望②。

（二）传统满族服饰文化符号

满族民间传统服饰分为袍服、上衣下裳两种形制，具体分为袍、服、褂、裙裳四个类别，它体现了满族游猎民族的特点及样式。其服饰纹样都是象征美好寓意的"吉祥图案"以及一些满语字样等，满族服饰多尚蓝，尚白，在衣饰纹样中常见的便是缠枝菊纹、缠枝莲纹、梅兰竹菊纹、牡丹纹、玉兰纹等植物纹样，这些纹样都源于满族独特的地形地貌孕育的满族服饰浪漫情怀，体现着满族崇尚自然的民族信仰特质③。

（三）满族工艺美术中的文化符号

满族刺绣艺术从色彩、构图、针法塑造等方面所表现出的拙中藏巧、朴中显美都展示了满族人民特有的装饰语言和审美意识。满族刺绣将中华民族传统文化中心理感知结构中的祝福、含蓄、中庸等内容生动地应用在装饰对象中。满族的剪纸艺术当中大量出现"蛇神娃娃"等鱼形图案，都是对鱼神崇拜的象征。同时满族文字也是非物质文化符号的代表，在沈阳地区典型满族村落中依然有满族老人掌握着满族语言及文字。满族的"旗"代表着村落，代表着制度，八旗制度在满族文化制度中发挥着重要的作用。满族初置黄、白、红、蓝 4 色旗，编成四旗，万历四十三年（1615 年）增设镶黄、镶白、镶红、镶蓝 4 旗，八旗之制确立④。

三、满族传统乡村文娱的调查与整理

满族传统文化娱乐的非物质文化遗产丰富，包括民间音乐、民间舞蹈戏曲曲艺、游戏竞技等。其中有代表性的民间音乐有：满族小调、满族传统民歌、

---

① 董雅，丁晗．东北满族民居的演变及成因［J］．中华文化论坛，2017（5）：48-54，191．

② 商万里，蒋美仕，陈永亮．满族生态伦理刍议［J］．伦理学研究，2015（1）：118-122．

③ 李正军，刘昕，韩静．沈阳地区满族乡村文化挖掘活化的对策与路径［J］．遗产与保护研究，2019，4（5）：61-66．

④ 李正军，刘昕，韩静．沈阳地区满族乡村文化挖掘活化的对策与路径［J］．遗产与保护研究，2019，4（5）：61-66．

满族萨满神调等。有代表性的民间舞蹈有：满族杨烈舞、满族拍水舞、满族萨满舞、满族大秧歌、巴拉莽式舞、单鼓舞、寸子舞、满戏、满族单鼓。有代表性的民间游戏竞技有：满族传统冰上游艺（冰车、雪爬犁、冰嘎）、满族珍珠球、满族踢行头等。

（一）满族民间音乐

结合文献研究与对沈阳满族乡村的田野考察，整理挖掘满族民间音乐，以抢救民间遗存的音乐文化，丰富区域乡村的文化体验。例如满族传统民歌，其本身充满了浓郁的乡村风情与满族的生产生活气息。满族人在漫长的生产活动中创造出了具有鲜明民族特点的音乐。满族民歌在其民俗生活中占有很重要的地位，反映狩猎、捕鱼、采集、种田等生产生活状态。《拉网调》反映满族拉网时唱的号子，"哟哈哈""咿哈哈"是满族人捕鱼拉网时为协调动作用的呼号词。《采蘑菇》《庆丰收》等反映满族采集、种田的民俗歌曲，内容主要是妇女们上山采集山野菜、蘑菇时的心情和采集的经验及庄稼丰收时农民的心情等①。

（二）满族民间舞蹈、戏曲、曲艺

满族民间舞蹈音乐继承了其先世的舞蹈音乐风格，尤其是对肃慎人、女真人所创作的"渤海乐"和"女真乐"的继承，在历史发展的进程中又融合和吸收了其他少数民族与汉族的民间舞蹈音乐，并不断丰富发展。满族人原生活在"白山黑水"之间，人们在渔猎之间、劳动之间、闲散之间等随歌起舞。北方人吃苦耐劳、粗犷的性格赋予了满族民间舞蹈音乐古朴而粗犷奔放的主导风格。例如太平鼓舞，太平鼓舞是流行于东北和西北地区的民间舞蹈，源自古老的祭祀乐舞，现在表演的"太平鼓舞"是在继承满族萨满祭祀乐舞的基础上，经过整理改造，由传统的祭祀乐舞改进为新时期满族人民歌颂新生活的民间舞蹈。表演者左手持鼓，边摇边舞，或右手持鼓鞭边打边舞，太平鼓舞的音乐强弱快慢错落有致、此起彼伏，根据表现的内容和情绪的变化而抑扬顿挫，欢快而热烈。再如莽式空齐，莽式舞是满族最流行和具有代表性的歌舞，是在民间年节、喜庆宴会上欢跳的舞蹈。莽式空齐的音乐旋律起伏不大，但具有很强的节奏感，节奏明快②。满族皮影艺术具有独特的造型观念、造型功能及造型特征，同时满族皮影艺术集聚了满族人的思想观念、宗教信仰和民间文化等历史遗存。

---

① 邢博琳．浅谈满族音乐的体裁与音乐特点［J］．戏剧之家，2019（18）：48-49.
② 李静．满族民间舞蹈音乐艺术特征研究［J］．艺术评鉴，2019（15）：56-57.

（三）满族游戏竞技

满族传统的游戏竞技包括：冰上游戏、满族珍珠球、满族踢行头等。传统的满族冰上游戏统称冰嬉，是满族人民结合日常生活生产的冰上活动。冰上游戏有：跑冰、冰车、雪爬犁、冰嘎等。结合满族传统"工于鞍马，精于骑射"的特技游戏有：冰上蹴鞠、转龙射球等。满族传统冰嬉运动在清朝乾隆期间发展到顶峰，并被清乾隆皇帝定为"国俗"①。满族珍珠球运动历史悠久，属于一种民间的水上球类比赛运动，同时也是中国的体育文化类非物质文化遗产。300多年前满族先民为了缓解劳动的辛苦，在采珍珠时，常常将采珍珠的过程模拟成一种体育游戏方式，后来这种方式逐渐演变成具有一定技术性、战术性的攻防兼备的体育运动。该项运动作为一种具有民族特征的运动，有很深的群众基础，更是受到满族人民的广泛青睐②。

四、满族节日礼俗与民间文学的挖掘整理

（一）满族节日礼俗

满族的独特节日有：添仓节、二月二龙抬头、虫王节、开山节等。满族人把每年的夏历一月二十五日确立为添仓节。节日的形式载体是："马驮粮食"祈求丰收，"撒灰补仓"纪念仓君，"点灯燃香"企盼丰收。二月二龙抬头，亦称春龙节、青龙节。节日的形式载体是：串龙头，捏龙身，做龙尾，把龙挂在孩子的大襟上，祈盼子孙无波无折，各个聪慧健康，人人平安幸福。在二月二这一天满族还要举行十分重要的祭祀活动——"领龙"，人们从井里或河里将龙引"领"回家中，祈求龙能及时布雨。虫王节，也叫虫王会，于每年六月六日举行，流行于东北三省满洲聚居地。虫王节是一种为保护青苗举行的民间祭祀集会。在虫王节这天，家家到虫王庙祭拜。开山节是满族人们拜祭长白神山、叩拜山神，感谢山神恩赐的祭拜活动③。

（二）满族民间文学

通过口头文学、民间文学等文学作品，结合无格式访谈的口述资料整理，挖掘满族乡村的家族宗亲文化与人文历史文化。分别对满堂村肇增羽老人（肇

---

① 李南，侯广庆，张镜宇，等．古代冰雪运动述考——以清代冰嬉运动为例［J］．哈尔滨体育学院学报，2018，36（2）：19-23.

② 付海鹰，杨霄．满族珍珠球在我国传承与发展对策研究［J］．计算机产品与流通，2018（9）：256.

③ 刘中平，鞠延明．传统岁俗节日中的满族特色［J］．满族研究，2009（4）：103-109.

增羽老人是努尔哈赤第 12 代嫡孙)、对二道沟爱新觉罗·德崇(努尔哈赤第 11 代嫡孙)等人进行无格式化访谈,收集关于皇族满族的宗亲文化与人文历史;同时挖掘整理东北满族传统文学——《满族说部》《萨满神话》《女真谱评》《沈阳东陵满族民间故事》中关于辽沈地区的满族人文历史资料。同时课题组深入抚顺文化局、新宾县文化局、沈阳市民委等政府部门,与相关专家学者交流,挖掘具有文化遗存价值的满族语言文字。辽沈地区有丰富的清代民间传说,内容丰富精彩生动。已经整理完整的民间故事有:《努尔哈赤脱险》《努尔哈赤智取哈达》《努尔哈赤征服乌拉国》《努尔哈赤劝潞王》《努尔哈赤收秦亮》《努尔哈赤封蛇王》《努尔哈赤与圣水泉》《努尔哈赤迁都沈阳》《努尔哈赤猎鹰墓》《努尔哈赤为什么葬东陵》等。这些民间故事挖掘整理对丰富满族文化具有深刻的意义。

五、满族传统工艺技术的调查整理

(一)满族传统建筑术

满族建筑术是为解决东北地区冬季漫长寒冷的气候问题,长期积累总结的民居制作经验。"口袋房,万字炕,烟囱出在地面上。"住宅一般为"口袋房",一般三间房面南,中间开门,整座房屋形似口袋。开门的第一间称"堂屋""外屋""外屋地",西面屋称"上屋","口袋房"的住宅形式起到了基本的御寒作用。"万字炕"指满族睡炕,以保暖为基本要求,以南北对称,炕面整体较宽,大约有五尺,炕内通道与厨房灶台相通,使热量聚集,保持室内温暖用于起居坐卧,东西面起一窄炕,用于摆放物品。"烟囱出在地面上",也称"落地烟筒""跨海烟筒",源于满族先民就地取材的风俗习惯,烟囱建在距山墙一米左右的地上,排烟效果好又能防止失火的危险,是满族民居建筑习惯的独特之处。"窗户纸,糊在外。"窗户纸,糊在外的原因是东北冬季寒冷,降雪量大,如果把窗户纸糊在里面,室内与室外温差会使冰雪融化,浸湿窗户纸和窗棂,不易保存室内温度,缩短其使用寿命。但把窗户纸糊在外面就解决了此问题,并有助于更好地采光。北方满族住宅多是北窗小南窗大,冬季东北地区以北风居多,北窗不开,仅用于采光,南窗多采用上下对开或"支摘窗"形式。影壁墙,索伦杆。"影壁墙"的基本类型有大门内影壁、大门外影壁、大门东西两侧影壁和借山影壁,主要作用多为隐蔽、遮挡、辟邪、衬托、纪念。"索伦杆",又名"索摩杆",汉语意为"神杆",是满族民居的标准配置,是爱新觉罗后世子孙供养神鸦之物，后成为一种文化符号象征。

（二）满族传统满绣技艺

满绣孕育并产生于满族的前身女真民族，随着满族入关，满绣融合传统刺绣的技法，逐渐形成风格独特的满绣风格，清代君主、贵族等服饰，普遍运用满绣技法。满绣有稚拙纯朴的皮革补绣工艺，更有独创"三角针"绣法等一系列新的刺绣技艺。满绣题材广泛、形式多样，民族特征与地域特色突出。

（三）满族传统医术

满族人民在长期的治病防病过程中总结了一套特有的知识和经验体系，是满族人民的智慧结晶，更是中华民族文化的瑰宝，目前正处于濒临失传的危险处境，急需拯救挖掘和继承创新。尤其是在我国东北地区，传统满族医疗手段和常见药材广泛流传和被使用。比如满族针灸法、满族正骨疗法、满族药浴疗法、满族雪疗法、满族温泉浴疗法、食疗养生等。特色诊治疾病的方法由于疗效确切、简单方便，现仍为民众所欢迎[1]。满族药物经过上千年的沉淀和继承，有着独具特色的疗效和品类，至今有近300种药物仍在应用。

第二节　东北满族传统村落的综合调查

一、课题样本的选择

（一）课题样本的选择依据

研究样本的选择是东北满族传统村落综合调查的重要环节。东北满族传统村落的多样性，决定了所选择的研究样本需要能够代表研究范围内不同层面的满族传统村落发展状态特征。为保证课题研究能够全面性、深入性、系统性地研究目标，依据代表性、可行性、差异性样本选取原则，选取研究样本。

1. 代表性原则

本研究以东北满族传统村落为研究对象。通过对《中国传统村落名录》与《中国少数民族特色村寨名录》的检索，统计出东北地区各类满族传统村落共34个（见表4-1），普遍分布在东北三省各地。研究样本的选择首先全面反映东

---

① 陈亚平，杨彬. 满族医药学发展的对策研究［J］. 黑龙江民族丛刊，2018（1）：134-140.

北满族传统村落特征，所以首选列入《中国传统村落名录》的满族传统村落；其次代表不同区域满族传统村落的状况，所以辽宁、吉林、黑龙江三省间匀度选择，省内市县匀度选择；再次，代表不同发展阶段与发展状况。

2. 可行性原则

样本的可行性应关注：（1）研究样本应具有开展田野调查的可行性。（2）研究样本应具有价值（文化价值、生态价值、经济价值）耦合的可行性。（3）研究样本具有保护与更新的可行性。

3. 差异性原则

传统村落的差异性表现为空间形态与村落文化的差异性、自然生态与地域环境的差异性、产业业态与结构的差异性，差异性是课题研究样本选择的重要原则。空间形态与村落文化的差异性包括：村落空间布局、建筑风貌、文化遗产等差异。自然生态与地域环境的差异性包括：自然山水、田园景观、村落绿化等差异。产业业态与结构的差异性包括：第一、第二与第三产业的差异性。首先，依据文化差异性原则选择文化典型的满族传统村落。其次，依据产业发展状况差异化的原则选择不同发展状态的传统村落。最后，依据自然生态资源差异性原则，分别选择不同自然生态与风景资源禀赋、村落景观特色明显的满族传统村落作为研究样本。

表4-1 东北地区满族传统村落名录

省份	村落类别	批次	村名
黑龙江省	中国传统村落	第一批	齐齐哈尔市富裕县友谊乡三家子村
	中国少数民族特色村寨	第二批	齐齐哈尔市：昂昂溪区水师营镇衙门满族村 哈尔滨市：双城区希勤乡希勤满族村； 双城区幸福街道办事处久援满族村； 南岗区红旗满族乡东升村
吉林省	中国传统村落	第二批	通化市通化县东来乡鹿圈子村； 白山市抚松县漫江镇锦江木屋村
		第三批	临江市花山镇珍珠村松岭屯
	中国少数民族特色村寨	第二批	吉林市龙潭区乌拉街满族镇韩屯村； 四平市铁东区叶赫满族镇永合村

省份	村落类别	批次	村名
辽宁省	中国传统村落	第三批	抚顺市：新宾满族自治县永陵镇赫图阿拉村； 新宾满族自治县上夹河镇腰站村
		第四批	锦州市：北镇市富屯街道龙岗子村； 北镇市富屯街道石佛村； 北镇市大市镇华山村
		第五批	鞍山市岫岩满族自治县石庙子镇丁字峪村
	省级传统村落	第一批	鞍山市：岫岩满族自治县朝阳镇北茨村； 北镇市北镇街道办事处双塔村； 北镇市鲍家乡高起村 沈阳市：棋盘山开发区满堂街道满堂村
	中国少数民族特色村寨	第二批	丹东市：凤城市凤山区大梨树村； 宽甸满族自治县青山沟镇青山沟村 沈阳市：棋盘山开发区望滨街道闫家村 抚顺市：清原满族自治县南口前镇王家堡村； 清原满族自治县大苏河乡三十道河村 本溪市：本溪满族自治县东营坊乡湖里村； 桓仁满族自治县华来镇二户来村； 桓仁满族自治县木盂子镇木盂子村； 桓仁满族自治县普乐堡镇龙泉村 铁岭市：清河区（今清江浦区）张相镇石家堡子村； 铁岭县白旗寨满族乡夹河厂村 辽阳市：辽阳县吉洞峪满族乡吉洞峪村 葫芦岛市：龙港区连湾街道荒地村

（二）具体研究样本

依据代表性、可行性、差异性的原则，采用典型抽样的方法，分别从《中国传统村落名录》《中国少数民族特色村寨名录》及《省级传统村落名录》中抽取 15 个研究样本，约占样本总量的 44%，其中黑龙江省研究样本 5 个，分别是：齐齐哈尔市富裕县友谊乡三家子村；齐齐哈尔市昂昂溪区水师营镇衙门满族村；哈尔滨市南岗区红旗满族乡东升村；哈尔滨市双城区希勤乡希勤满族村；

哈尔滨市双城区幸福街道办事处久援满族村。吉林省研究样本 5 个，分别是：通化市通化县东来乡鹿圈子村；白山市抚松县漫江镇锦江木屋村；临江市花山镇珍珠村松岭屯；吉林市龙潭区乌拉街满族镇韩屯村；四平市铁东区叶赫满族镇永合村。辽宁省研究样本 5 个，分别是：抚顺市新宾满族自治县永陵镇赫图阿拉村；抚顺市新宾满族自治县上夹河镇腰站村；锦州市北镇市大市镇华山村；鞍山市岫岩满族自治县石庙子镇丁字峪村；沈阳市棋盘山开发区望滨街道闫家村。课题组对这 15 个传统村落进行了充分的田野调查。

二、综合调查设计与研究数据获取

（一）综合调查的技术路线

田野调查技术路线中包含三个主要研究部分：（1）采用质性数据挖掘方法，识别与提取满族传统村落形态的满族文化基因条目信息。（2）采用文化形态符号量化方法，进行满族文化形态条目信息定量统计。（3）采用聚类统计方法对田野调查的文化、生态、产业的调查数据进行聚类统计，形成数据列表。所需数据大致包括传统村落的影音、图像、文本资料、访谈记录、统计数据等类型。

（二）综合调查方法与步骤

课题研究是以现状调查为基础数据的应用性研究，总体采用以综合调查为主的方法，包括文献数据调查与田野调查。文献调查包括：村落区域市级、县级统计局相关数据；乡镇级、村级网站数据。田野调查包括：深入乡村的观察、图像记录、村落测量、无格式访谈、结构性访谈等。其中田野调查的目的是获取课题研究的第一手数据与资料。根据耦合机制的方法要求，田野调查需要获取与传统村落保护与更新相关的质性数据资料。根据质性分析方法对于田野调查步骤的要求，本研究将田野调查过程大致分为三个阶段。（1）预备阶段，拟定实地调查的核心问题，并进行预调查，作为编制调查问卷与资料清单的基础。本阶段以辽宁新宾满族自治县赫图阿拉村为预调查样本。（2）调整阶段，以预备阶段获取数据与资料进行质性整理，总结出村落文化保护与更新的现状与面对的问题，结合课题研究的实际评估质性研究的信度，以此对调查问卷与数据列表进行调整，扩充数据获取的广度与深度，以待获取有效可信的数据资源。（3）储备阶段。通过预备阶段与调整阶段，展开大规模深入调查。调查村落的满族历史文化资源；满族非物质文化遗产与遗产传承人；文化价值认同情况；村落格局与建筑形制现状；文化产业化现状；自然生态旅游资源现状等数据，将资料数据按照自下而上的处理途径形成系统化的信息框架，形成课题研究的数据储备，作为下一阶段数据分析的资料基础。

（三）拟定调查的内容

1. 提出调查问题进行无格式访谈

村落的满族发展历史是怎样的？村内传统民居与历史建筑的现状如何？是否有非物质文化遗产及传承人？村落文化是否进行挖掘与整理？传统村落保护的状况如何？带着这些问题开展调查是一个复杂性的系统学课题，它关涉文化主体性赓续的文明本体问题，关涉区域复合生态问题，关涉在地居民的切身利益与人居环境改善问题，关涉传统村落可持续发展问题。带着这些问题开展调查可以深度挖掘村落的价值，为村落信仰的恢复、民俗民风的保护、民居的修复提供原始的数据；带着这些问题开展调查可以发现乡村的文化特色，规避千村一面，形成一村一品。

乡村空心化现状如何？人居环境现状如何？乡村人才精英状况如何？乡村的制度建设状况如何？带着这些问题开展调查可以整理士农工商的发展现状数据，恢复乡村的文明功能；带着这些问题开展调查可以明确人居环境"更新"的理念，以现代跟传统耦合的理念进行人居环境"更新"，解决社会的现实问题，既要物质的乡村又要精神的乡村；带着这些问题开展调查可以厘清乡村空心化的根源，发觉生存的根性与文化的根性消失的原因，寻找知识与文化的输入的路径；带着这些问题开展调查可以厘清乡村人居环境的内涵，摸底乡村人、地、文、产、居的现状与乡规民约的现状。

传统村落保护与更新的耦合状况如何？政策性耦合状况如何？资源性耦合状况如何？创新性耦合状况如何？产业性耦合状况如何？协作相关者利益耦合状况如何？带着这些问题开展调查可以发现保护与更新在执行层面的矛盾问题，为因地制宜的保护理念提供数据；带着这些问题开展调查可以整理更新性保护、赋予文化以价值、文化融入产业、文化融入环境、文化融入生活的现状数据，为梳理保护与更新耦合对策提供依据；带着这些问题开展调查可以防止开发裹挟资本以文化为谎言的野蛮收掠，促进传统村落经济、社会、文化协同发展，符合在地居民的利益诉求。

（四）明确调查指标

调查指标包括：调查内容及其一级分解指标、二级分解指标。调查内容包括：村落文化保护、人居环境、产业环境三方面。村落文化保护分解为3个一级指标，9个二级指标，3个一级指标分别是：多样性指标、组织性指标、创新性指标；9个二级指标分别是：村落历史、传统民居与历史建筑、非物质文化遗产、村落文化挖掘与整理、修复村落文化肌理与生态、文化遗产申报与传承人培养、创新性保护、创新性活化、创新性传播指标。人居环境分解为 3 个一级指标,12 个二级指标,3 个一级指标分别是:地理区位指标、自然环境保护指标、人工环境更新指标;12 个二级指标分别是:居民状况、村落状况、区位优势与交通、自然生态保护度、田园景观规划、垃圾规范处理率、生活生产污水处理率、厕所革命完成率、自来水普及率、道路硬化率、公共设施完善度、建筑环境协调性。产业环境调查分解为 2 个一级指标,11 个二级指标,2 个一级指标分别是:产业多样性指标、产业组织与创新性指标;11 个二级指标分别是:特色农业、乡村特色文化及旅游业、地域特色产业品牌、网络共享经济比率、跨界联盟与产业运营模态创新比率、文化与农业耦合 、文化与旅游业耦合 、文化与乡村服务业耦合 、政策耦合建设、产业创新人才、年人均可支配收入。(见表 4-2)

表 4-2 满族传统村落综合调查指标体系

序号	调查内容	一级指标	二级指标
1	村落文化保护	多样性	村落历史 传统民居与历史建筑 非物质文化遗产
		组织性	村落文化挖掘与整理 修复村落文化肌理与生态 文化遗产申报与传承人培养
		创新性	创新性保护 创新性活化 创新性传播

序号	调查内容	一级指标	二级指标
2	人居环境	地理区位	区位优势与交通
		自然环境保护	自然生态保护度
			田园景观规划
		人工环境更新	居民状况
			村落状况
			垃圾规范处理率
			生活生产污水处理率
			厕所革命完成率
			自来水普及率
			道路硬化率
			公共设施完善度
			建筑环境协调性
3	产业环境	产业多样性	特色农业
			乡村特色文化及旅游业
			地域特色产业品牌
			网络共享经济比率
			跨界联盟运营创新比率
		产业组织与创新性	文化与农业耦合
			文化与旅游业耦合
			文化与乡村服务业耦合
			政策耦合建设
			产业创新人才
			年人均可支配收入

三、黑龙江满族传统村落的综合调查

（一）齐齐哈尔市富裕县友谊乡三家子村综合调查

1. 村落文化保护调查

文化多样性调查。（1）村落历史：三家子村的满族先民于清朝初年随萨布素将军抗击沙俄迁徙而来，在康熙二十八年（1689年）定居于此，主要包括：计（计布出哈喇）、陶（托胡鲁哈喇）、孟（摩勒吉勒哈喇）三姓氏的八旗兵，这也是三家子名字的由来①。三家子村是第一批列入中国传统村落名录的东北满族传统村落，目前主要由满族、汉族、达斡尔族、鄂伦春族、柯尔克孜族居民构成。（2）传统民居与历史建筑：村内还保存着多处清代建造的满族老屋，如当年加强北京与边境联系而设立的驿站住所建筑遗址，这些传统民居多采用坐北朝南的合院式布局，院落外围有低矮的围墙环绕。处于主体地位的正房一般为三开间，明间为厨房，两个暗间作为卧室，保留着满族老屋典型的万字炕格局。院落中的厢房一般用来储物，满族老屋多为土坯墙或拉核墙建筑，建筑存续困难，大多破败，很少有人居住，保护价值有限，典型的两栋百年民居"口袋房"近期修缮，屋内展示满族流传的物件、服饰和生活用品等，没有列为省市级以上的保护文物。（3）非物质文化遗产：满语，该村是东北地区唯一还使用满语的村落，被誉为"满语的活化石"，年长者会说满语，年轻人会说少量单词。非物质文化遗产3项，分别是三家子满语、三家子村满族口述民间故事、满族传统服饰，有满语非遗传承人16人②。

文化组织性调查。（1）村落文化挖掘与整理：学术性文献挖掘较为深入，村内的实物考古挖掘欠缺。（2）修复村落文化肌理与生态：每周有一次满语教学活动，拥有全国第一所满语学校，学校开设满语课程；修复满族传统民俗文化，节庆日组织满族腰鼓、满族花棍舞、满族民族歌曲表演，沿袭传统满绣、满族传统服饰、满族传统的游戏、渔业文化，建有满族文化博物馆。（3）文化遗产申报与传承人培养：第一批中国传统村落，载入中国传统村落名录；2021年11月10日，三家子村（水稻）被农业农村部认定为第十一批全国"一村一品"示范村镇；有满语非遗传承人16人。

---

① 张佳茜. 东北地区传统聚落演进中的人文、地貌、气候因素研究［D］. 西安：西安建筑科技大学，2016.

② 高荷红，石君广. 黑龙江省三家子村满语传承人调查研究［J］. 满语研究，2013（1）：65-74.

文化创新性调查。（1）创新性保护：三家子村落建筑在整体规划控制下呈原生态分布，传统满族建筑随机分布，基本无人居住，建筑破败严重，保护性利用措施需要创新。（2）创新性活化："满语活化石"作为文化瑰宝，传承工作正在进行，需要深度创新性活化。（3）创新性传播：三家子村网络资讯极少，相关资讯在市、县、乡官方网站鲜见；村落形象显示度低，传播意识薄弱，创新性传播不足。

2. 人居环境调查

地理区位现状调查。区位优势与交通：三家子村位于齐齐哈尔东北部，距齐齐哈尔市市区约 43 千米，在富裕县城西南方向约 22 千米处，东经 124.25 度、北纬 47.68 度，地处松嫩平原西北部，西临松花江上游的嫩江河套，地势平坦，周围无山脉，村落面积约为 109 公顷。属于中温带大陆性季风气候，四季分明，冬季寒冷漫长，冬季从 10 月中旬至来年的 3 月初，长达 5 个半月。其隶属于齐齐哈尔市富裕县友谊达斡尔族满族柯尔克孜族乡管辖。

自然环境保护调查：（1）自然生态保护度：齐齐哈尔市三家子村自然生态良好，地处松嫩平原西北部，西临松花江上游的嫩江河套，居于嫩江湿地的边缘地带，地势平坦，水草丰美，湿地江水清澈水质良好，有众多的水鸟栖息于此，河道蜿蜒波光粼粼，是典型的北方湿地景观带。湿地景观基本为原生态景观，有待深度开发。（2）田园景观规划：村落周围有开阔的农田，土壤类型为黑钙土，土壤肥沃，农作物以水稻为主，也有旱田，农作物长势良好，田园景观开发潜力大。

人工环境更新调查：（1）居民状况：依据田野调查统计，截至 2022 年 7 月，全村居民 365 户，共 1098 人，60 岁以上的老年人占 50% 以上；人口老龄化现象较为严重，留守儿童问题突出。（2）村落状况：村内典型的满族传统住宅较少，大多已经残破，基本无人居住，民居房屋多为独院住宅，砖瓦结构，形式多为典型的东北民居，室内采暖为火炕，也有火炕与地热或土暖气结合的综合采暖，显著的形式受传统满族文化与当代生活方式的综合影响（笔者定义其为当代东北典型民居形式，见图 4-6），住宅空置率较高，二次开发利用率极低。建筑形式不统一，遗存满族建筑分散，无法连片保护。（3）垃圾规范处理率：至 2021 年田野调查，生活垃圾集中排放集中处理率 100%。（4）生活生产污水处理率：生活生产污水处理工作需要进一步加强管理。（5）厕所革命完成率：全村厕所革命需要进一步完善。（6）自来水普及率：自来水普及率 100%。（7）道路硬化率：村中主干道路为水泥路面，村中次级道路硬化工作有待完善。（8）公共设施完善度：夜间照明等公共设施基本完善。（9）建筑环境协调性：

村内环境需要进一步规划，进一步清洁。

图 4-6　三家子村村落现状

3. 产业环境调查

产业多样性调查。（1）特色农业：自然条件的耦合形成了兼有农业、畜牧业、渔业的生产方式；该地区整体地势平坦，土壤肥沃，机械化程度高，适宜水稻种植，2021 年 11 月 10 日，三家子村（水稻）被农业农村部认定为第十一批全国"一村一品"示范村镇；捕鱼在三家子村满族文化中占有重要的地位，由于气候原因研究出了各种适宜冬捕的方法；其他农副产品有草莓、樱桃、韭菜花、大白菜、平菇、草菇、白花菜等。（2）乡村特色文化及旅游业：三家子村是第一批进入中国传统村落名录的东北满族传统村落，被誉为"满语活化石"，村落历史文献较为完整，毗邻嫩江湿地，自然生态良好，慕名而来的考察团体较多，偶有零散游客，目前该村应该属于原生态村落，相关的旅游耦合开发不足，基础设施与旅游配套设计建设滞后。（3）地域特色产业品牌：三家子大米被列为农业农村部与旅游部"一村一品"，可以包装成为特色产业品牌；冬捕也可打造为特色渔业，但是目前都有待开发。（4）网络共享经济比率：网络共享经济比率逐年增长，但是增长率的数据归纳困难。（5）跨界联盟运营创新比率：跨界联盟与产业运营模态创新比率较低，除政府相关投资外，域外资金投入很低，当地以农业种植为主，乡村精英流失严重。

产业组织与创新性调查。（1）文化与农业耦合：文化与农业业态耦合缺乏。（2）文化与旅游业耦合：文化与旅游业业态耦合有待开发。（3）文化与乡村服务业耦合：文化与乡村服务业业态耦合有待开发，村内目前有三家子村村委、三家子村超市、三家子村卫生院。（4）政策耦合建设：政策耦合建设有待加强。（5）产业创新人才：乡村精英流失严重。（6）年人均可支配收入：年人均可支配收入 13050 元，收入水平较低①。

---

① 齐齐哈尔市统计局 . 2021 年齐齐哈尔经济统计年鉴［EB/OL］. 齐齐哈尔市人民政府网，2021-12-03.

表 4-3　三家子满族传统村落综合调查数据统计表

序号 调查内容	一级指标	二级指标	数据来源	数据状况	问题与不足
1 村落文化保护	多样性	村落历史	文献与田野调查	康熙二十八年（1689 年）； 多处、破败、无人居住，两 处修缮	文献考证，缺少文物考证土坯 房，分散，文物与艺术价值不高
		传统民居与历史建筑	田野调查		
		非物质文化遗产	文献与田野调查	非物质文化遗产 3 项	传承人大多 60 岁以上
	组织性	村落文化挖掘与整理	田野调查	文献研究很充分	满语文化正在活化
		修复村落文化肌理与生态	田野调查	田野调查测量数据	建筑文化弱化
		文化遗产申报与传承人 培养	文献与田野调查	国家级传统村落，16 名传 承人	"满活化石"文化品牌打造不足
	创新性	创新性保护	田野调查	正在路径探索	需加快落地
		创新性活化	田野调查	正在路径探索	需加快落地
		创新性传播	田野调查	逐渐加强	需加大力度

续表

序号 调查内容	一级指标	二级指标	数据来源	数据状况	问题与不足
	地理区位	区位优势与交通	文献与田野调查	距离中心城区较远	交通不够便利
	自然环境保护	自然生态保护度	田野调查	嫩江水域生态良好	无
		田园景观规划	田野调查	田园景观自然优美	缺少景观规划
		居民状况	田野调查	共1098人，满族占50%	老龄化50%
		村落状况	田野调查	多当代东北典型民居	满族民居形式弱化
		垃圾规范处理率	田野调查	100%	无
2 人居环境		生活生产污水处理率	田野调查	需要加强管理	需规范管理
		厕所革命完成率	田野调查	进行过程中	进展较慢
	人工环境更新	自来水普及率	田野调查	100%	无
		道路硬化率	田野调查	主干道硬化完成，次级以下仍有沙土路	道路全面硬化完成度不够高
		公共设施完善度	田野调查	公共设施基本完善	需要加强
		建筑环境协调性	田野调查	建筑环境协调性较差，空置率较高	加强系统规划

108

续表

序号 调查内容	一级指标	二级指标	数据来源	数据状况	问题与不足
	产业多样性	特色农业	文献与田野调查	以水稻评为部级"一村一品"示范村镇	特色农业品类较少
		乡村特色文化及旅游业	文献与田野调查	原生态村落旅游	有待开发
		地域特色产业品牌	文献与田野调查	水稻	品牌影响力不足
		网络共享经济评价率	文献与田野调查	逐步增强，网络形象弱化	需加快建设
		跨界联盟运营创新比率	文献与田野调查	缺乏	弱化
3 产业环境	产业组织与创新性	文化与农业耦合	田野调查	有待开发	缺乏
		文化与旅游业耦合	田野调查	有待开发	有待开发
		文化与乡村服务业耦合	田野调查	有待开发	有待开发
		政策耦合建设	田野调查	有待加强	有待加强
		产业创新人才	田野调查	精英人才较少	精英流失问题突出
		年人均可支配收入	文献与田野调查	13050 元（2020 年）	收入水平较低

（二）齐齐哈尔市昂昂溪区水师营镇衙门满族村综合调查

1. 村落文化保护调查

文化多样性调查。（1）村落历史：水师营满族镇衙门村是一个历史悠久的村落，早在7000年前就有人在此居住，至今仍存有两处昂昂溪文化遗址。村内的满族先民于清朝初年抗击沙俄随军迁徙而来，在康熙二十八年（1689年）签订了中俄《尼布楚条约》后，定居于此。（2）传统民居与历史建筑：村内建筑几乎全部为受传统满族建筑风格影响的当代东北民居，建筑结构一般为砖瓦结构，房型一般为三间，也有两间或多间，起脊，悬山或硬山；院落一般为三合院，室内一般为火炕、地热、暖气混合采暖，室内墙面一般为大白，设吊棚，地面为水泥地面或铺装地砖、地板。门窗一般为木门窗、铝合金门窗或塑钢门窗（见图4-7）。（3）非物质文化遗产：衙门满族村2007年被黑龙江省政府正式确认为革命老区村；2021年，"衙门村"被中组部确定为全国"红色美丽村庄"建设试点村；第二批中国少数民族特色村寨；黑龙江省乡村旅游重点村；红色文化与满族传统文化是该村重要文化遗产，至今仍有满族人使用满语会话，保留着满族民族风俗，并开设了满语班，100个孩子开始了满语口语的学习。

图4-7　衙门满族村村落现状

文化组织性调查。（1）村落文化挖掘与整理：深入挖掘红色文化和满族文化特色，2012年，衙门村建成黑龙江省内唯一一座村级革命老区红色展馆；衙门村党史馆占地面积300平方米，以党的创建、土地革命战争、抗日战争、解放战争等为时间主线，通过实物、图文、影像相结合的方式，全面再现衙门村革命历史，展现和传承红色文化；齐齐哈尔市满族文化研究会也入驻衙门村，开展抢救、挖掘、打造特色满族村任务，积极推进水师历史文化的挖掘工作，成立满族文艺队伍10余个，排练满族扇子舞、宫廷舞、萨满舞、扭秧歌等满族舞蹈10余种，年均组织各类民族特色演出活动20余场。（2）修复村落文化肌理与生态：建设集红色文化展示、文化传承、爱国教育、文化体验、休闲等功能于一体的红色文化广场，广场总占地面积1700平方米，修复衙门村红色文化；规划村内满族风格建筑，力争将衙门村打造成满族特色村寨和乡村旅游三星级景区；修复满族民俗恢复满族风情，整理活化满族美食制作、满族织锦工艺、满族刺绣工艺、满族剪纸工艺、满族老八件食品工艺等。（3）文化遗产申报与传承人培养：正在培养各类满族非物质文化遗产传承人。

文化创新性调查。（1）创新性保护：与研究机构合作，邀请齐齐哈尔市满族文化研究会入驻衙门村，抢救、挖掘、打造特色满族村。（2）创新性活化：活化满族文化墙的民族风情与民俗绘画；衙门村从打造"满族风情游、民族村寨"品牌入手，拓展旅游产业；活化满族美食制作、活化满族织锦工艺、活化满族刺绣工艺、活化满族剪纸工艺、活化满族老八件食品工艺等。（3）创新性传播：把村规民约写成了三字经，朗朗上口；开展"文化惠民先锋行"；衙门村号召广大妇女以"五治""五净""五美"为标准，开展"乡村振兴巾帼行动"；有计划、有步骤地建设布局美、生态环境美、生活富裕美、乡风文明美的"四美"满族村落，加强线上线下多种宣传方式，助力环境卫生治理攻坚战，荣获黑龙江省美丽家园示范村、省级生态村、省级新农村建设先进村、市级文明村标兵村、市级绿化先进村等称号。

2. 人居环境调查

地理区位现状调查。区位优势与交通：衙门满族村隶属于齐齐哈尔市昂昂溪区水师营镇，村落位于齐齐哈尔市南部近郊，距离齐齐哈尔市市区9千米。西邻有三家子民航机场，北面不到3千米有高铁站，东侧是鹤城外环高速口，交通便利。地处松嫩平原西北部，属于中温带大陆性季风气候，四季分明，冬季寒冷漫长，从10月中旬至来年的3月初，长达5个半月。

自然环境保护调查。（1）自然生态保护度：齐齐哈尔市昂昂溪区水师营镇衙门满族村自然生态良好，西临松花江上游的嫩江湿地，地势平坦，有烟波浩渺的湖面水景、林茂草丰的森林公园，自然生态环境优美。生态绿化成效突出，新种植松树31500棵。（2）田园景观规划：村落周围有开阔的农田，土壤类型为黑钙土，土壤肥沃，农作物以水稻为主，也有旱田，农作物长势良好，水田和鱼塘交织，田园景观开发潜力大。

人工环境更新调查。（1）居民状况：依据田野调查统计，截至2022年7月，满族人口占总人口的40%，人口老龄化现象较为突出，人口外流现象依然存在，同时存在偏远地区人口流入现象，人口总量在减少。（2）村落状况：村内典型的满族传统住宅很少，村内建筑几乎全部为受传统满族建筑风格影响的当代东北民居，建筑结构一般为砖瓦结构，房型一般为三间，民居房屋多为独院住宅，室内采暖为火炕，也有火炕与地热或土暖气结合的综合采暖，有些房屋空置。（3）垃圾规范处理率：至2021年田野调查，生活垃圾集中排放集中处理率100%，衙门村配备垃圾箱45个，采取村收集、镇转运的农村生活垃圾处理模式，配备保洁人员对道路、边沟等重点部位进行全天候长效保洁，确保全村卫生环境整洁有序。（4）生活生产污水处理率：生活生产污水处理需要进一步完善。（5）厕所革命完成率：全村厕所革命完成占80%。（6）自来水普及率：自来水普及率100%，重新铺设了自来水管道，新增净水设备。（7）道路硬化率：村中主干道路为水泥路面硬化率100%，新修黑色路面8.3千米，建设硬化排水沟渠2000延长米。（8）公共设施完善度：夜间照明等公共设施基本完善，在主干道两侧安装了太阳能路灯；村内景观绿化进一步完善，生态绿化成效突出，新种植果树1000多棵；安装了光纤；满族文化墙的民族风情与民俗绘画；打造"魅力衙门新农村、满族风情新景区"满族文化街区的塔尔岱大街，主街道两侧修建了仿古院墙。（9）建筑环境协调性：衙门村结合美丽乡村建设推进环境卫生整治，狠抓基础设施建设，建立农村环境卫生管理长效机制，实施了村庄基础设施改造提升工程，充分依托衙门村红色资源，加强红色文化阵地及配套设施建设，彰显红色文化，改善村容村貌，创造优美的人居环境。

3. 产业环境调查

产业多样性调查。（1）特色农业：水稻种植。（2）乡村特色文化及旅游业：衙门村的乡村特色文化包括红色文化与满族民俗文化。特色旅游品类丰富，传统村寨满族民俗游，村落整体规划打造满族特色少数民族村寨，打造宽敞的塔尔岱将军大街，投资1000万元建设衙门满族风情园；温泉康养生态游，建设"养老+旅游"功能型、别墅化的14万平方米满族特色生态康养小镇，推广温泉养老度假，让衙门满族村的名片更亮丽；满族风情农庄体验游，满族风味的青园农庄等，体验满族民宿、满族餐饮、果蔬采摘、垂钓、户外烧烤、QQ农场、白领拓展露营等休闲乐趣，打造衙门满族村乡村休闲旅游基地。（3）地域特色产业品牌：衙门村特色旅游品牌正在形成。（4）网络共享经济比率：网络共享经济比率逐年增长，但是增长率的数据归纳困难。（5）跨界联盟运营创新比率：跨界联盟与产业运营模态创新比率较高，除政府相关投资外，有大量的域外资金投入，依靠当地资源正在形成有限责任的跨界联盟的产业运营格局。

产业组织与创新性调查。（1）文化与农业耦合：传统满族民俗文化、餐饮文化与休闲农业观光农业业态充分耦合，形成新的休闲农庄业态。（2）文化与旅游业耦合：正在打造传统村寨满族民俗游、温泉康养生态游、满族风情农庄体验游的文化与旅游业深度耦合的格局。（3）文化与乡村服务业耦合：建设集红色文化展示、文化传承、爱国教育、文化体验、休闲运动等功能于一体的红色文化运动广场，广场西侧是一面入党誓词文化墙，广场北侧建有一面历史文化墙，广场东侧是党建工作宣传栏；建有红色文化党史馆弘扬村落红色基因；满族文化与餐饮旅游、特色食品、文娱展演耦合，打造传统村落服务业态；建有村图书室；新建 1500 平方米的村卫生所。(4) 政策耦合建设：发挥党员先锋模范的红色文化传统，夯实环境整治主体责任，网格化管理落实环境卫生整治责任，设立党员志愿者义务卫生巡查员，加强辖区内环境卫生巡查，打造整洁美丽乡村；深入开展模范评选、最美庭院、最美的人等评选活动，充分发挥红白理事会和党员作用，在全村提倡新风，积极培育健康、科学的生活方式。(5) 产业创新人才：乡村精英作用突出，村支书刘衍斌及两委班子成员、"科技致富带头人"村民兵连长于春河都是优秀的乡村精英，对衙门村发展起到了带头人的引领作用。(6) 年人均可支配收入：年人均可支配收入 18057 元①。

---

① 齐齐哈尔市统计局 . 2021 年齐齐哈尔经济统计年鉴［EB/OL］. 齐齐哈尔市人民政府网，
2021-12-03.

表 4-4　衙门满族特色村寨村落综合调查数据统计表

序号 调查内容	一级指标	二级指标	数据来源	数据状况	问题与不足
1 村落文化保护	多样性	村落历史	文献与田野调查	康熙二十八年（1689 年）	文献考证，缺少文物考证
		传统民居与历史建筑	田野调查	传统民居与历史建筑缺失	传统满族性建筑缺失
		非物质文化遗产	文献与田野调查	非物质文化遗产正在整理	缺乏非遗传承人
		村落文化挖掘与整理	田野调查	学术性挖掘充分	无
	组织性	修复村落文化肌理与生态	田野调查	正在全面修复村落文化肌理与文化生态	无
	创新性	文化遗产申报与传承人培养	文献与田野调查	国家级满族特色村寨	缺乏非遗传承人
		创新性保护	田野调查	与研究机构合作，积极保护满族软文化	创新性保护对策需完善
		创新性活化	田野调查	活化满族非遗工艺	需加强活化与创新
		创新性传播	田野调查	网上网下多维传播	网络影响力不足

续表

序号调查内容	一级指标	二级指标	数据来源	数据状况	问题与不足
	地理区位	区位优势与交通	文献与田野调查	距离中心城区较近，优势明显	无
	自然环境保护	自然生态保护度	田野调查	自然生态资源优势不足	生态景观效应较低
		田园景观规划	田野调查	田园景观缺乏规划	缺少景观规划
		居民状况	田野调查	40%的满族人口	人口老龄化
		村落状况	田野调查	多为代表东北典型民居	满族民居形式弱化
2 人居环境	人工环境更新	垃圾规范处理率	田野调查	100%	无
		生活生产污水处理率	田野调查	需要加强管理	规范管理
		厕所革命完成率	田野调查	80%	无
		自来水普及率	田野调查	100%	无
		道路硬化率	田野调查	100%	无
		公共设施完善度	田野调查	公共设施完善	无
		建筑环境协调性	田野调查	建筑环境协调性需进一步规划	需要加强系统规划

115

续表

序号 调查内容	一级指标	二级指标	数据来源	数据状况	问题与不足
	产业多样性	特色农业	文献与田野调查	水稻	品类少
		乡村特色文化及旅游业	文献与田野调查	正在全面整理,旅游业正在全面开发	特色凝练与品牌影响力需加强
		地域特色产业品牌	文献与田野调查	正在打造	品牌影响力不足
		网络共享经济比率	文献与田野调查	逐步增强,网络形象弱化	需加快建设
		跨界联盟运营创新比率	文献与田野调查	跨界联盟创新正在开展,比率较高	需进一步拓展领域
3 产业环境	产业组织与创新	文化与农业耦合	田野调查	耦合度较低	有待开发
		文化与旅游业耦合	田野调查	耦合充分	提高品质
		文化与乡村服务业耦合	田野调查	耦合充分	无
		政策耦合建设	田野调查	耦合充分	无
		产业创新人才	田野调查	乡村精英率先引领	无
		年人均可支配收入	文献与田野调查	18057元(2020年)	无

116

（三）哈尔滨市双城区希勤乡希勤满族村综合调查

1. 村落文化保护调查

文化多样性调查。（1）村落历史：清代嘉庆年间晚期（1815—1820 年）移拨旗丁屯垦，设立"八旗营子"（亦称新营子），增设右屯，设佐领衙门（即西官所）。希勤乡内 18 个自然屯中有 16 个是旗屯，即镶红旗头屯、二屯、三屯、五屯，正黄旗头屯、四屯、五屯、六屯，正红旗头屯、五屯等。希勤村原名为八旗旗屯，1946 年改为正黄旗五屯，1956 年改为希勤村。满族人口占全乡总人口的 52% 以上。中国农业合作第一村。1954 年 8 月，省委农工部在希勤搞农业合作化发展规划的试点，其"全面规划、加强领导"的经验，受到毛泽东主席的《关于农业合作化问题》报告的肯定（1955 年 7 月 31 日）。后来，希勤村连同这次报告内容被收入《毛泽东选集》第五卷 190 页，成为全国农村学习的样板[①]。（2）传统民居与历史建筑：很少见到满族传统住宅，原有的土坯、拉核墙泥草房几乎都被拆除。村内建筑几乎全部为受传统满族建筑风格影响的当代东北民居，建筑结构一般为砖瓦结构，房型一般为三间，也有两间或多间，起脊，悬山或硬山，院落一般为三合院，室内一般为火炕、地热、暖气混合采暖，室内墙面一般为大白，设吊棚，地面为水泥地面或铺装地砖、地板。门窗一般为木门窗、铝合金门窗或塑钢门窗（见图 4-8）。（3）非物质文化遗产：红色文化遗产，1954 年希勤村农业合作化经验，得到毛泽东亲笔批示，并收录入《毛泽东选集》第五卷；荣获第二批全国乡村治理示范乡村称号、列入黑龙江省乡村振兴 100 个综合典型案例；第五届全国文明村镇、中国农业合作化第一村、全国道德模范村、全国少数民族特色村寨。

图 4-8　希勤满族村村落现状

文化组织性调查。（1）村落文化挖掘与整理：深入挖掘红色文化与满族文化，打造文化品牌；重点打造"德文化、合作化文化、友谊渠文化"三个文化品牌。定期举办纪念毛主席为希勤村题词暨"德文化节"活动；被誉为"中国农业合作第一村"，挖掘合作化红色文化资源，搜集整理大量历史文物资料、图片，建成了农业合作化社区纪念馆；挖掘友谊渠精神历史，谱写友谊渠诗篇；

[①]　康福柱．"合作化第一村"走出振兴新路子［N］．哈尔滨日报，2020-07-06（1）．

组织满族秧歌队，小剧团、广场舞蹈队。（2）修复村落文化肌理与生态：修建6000平方米的农业合作化广场；修建占地1800平方米的农业合作化社区纪念馆，馆藏大量历史文物资料、图片、弯钩犁、风车、石磨等二十世纪六七十年代农村生产生活老物件的实物，复原的村干部办公室和调研接待办公室；请村里老党员给大伙儿讲讲当年在合作社里发生的难忘往事；修建友谊渠广场；修建民俗文化墙；修建中国农业合作化第一村红旗阵地；修复村落红色文化肌理与生态，真实反映了我党探索社会主义农业发展道路的历史，展示宝贵的红色历史文化与满族民俗文化。（3）文化遗产申报与传承人培养：第二批全国乡村治理示范乡村；黑龙江省乡村振兴100个综合典型案例；第五届全国文明村镇；中国农业合作化第一村；全国道德模范村；全国少数民族特色村寨。正在培养各类文化传承队伍。

文化创新性调查。（1）创新性保护：修建乡村农业合作化纪念馆，保护乡村红色文化。（2）创新性活化："合作化典型村"的红色传统文化基因是希勤村的故事也是文脉，以思政教育基地的方式、以希勤村研学活动方式、以"德"文化节的形式、以红色文化展演创新性活化，建设红色旅游基地；满族文化通过秧歌、广场舞，乡村文化剧的方式创新性活化。（3）创新性传播：通过红色文化名片传播；通过文化创新名片传播；村里有自己的信息服务平台网页；以先进典型通过国家、省市各大媒体关注传播。

2. 人居环境调查

地理区位现状调查。区位优势与交通：希勤村位于黑龙江省哈尔滨市双城区西部，双万公路17千米处，距哈尔滨国际机场60千米，距102国道35千米，距双城区25千米，距哈尔滨市市区80千米。隶属双城区勤满族乡管辖。希勤村地处松嫩平原东部，地势东高西低，地形以平原为主。冬季气候寒冷、干燥，夏季气温温热。春季风大，降水少，易发生干旱，秋季降温急剧，常有霜冻。年最低气温-37℃，7月平均气温26.2℃，最高气温35.7℃。平均年降水量600毫米。

自然环境保护调查。（1）自然生态保护度：希勤村地处松嫩平原东部，以平原为主。域内多为平坦的农田，缺少自然山水。（2）田园景观规划：村落周围有开阔的农田，土壤肥沃，有耕地22433亩，林地1900亩，草原2000亩，主要农作物有玉米、大豆、高粱、水稻、亚麻、甜菜等。田园景观开发潜力大。

人工环境更新调查。（1）居民状况：依据田野调查统计，截至2022年7月，村内户籍人口810户，3340人，其中满族2600人，占80%，人口老龄化现象较为突出，人口外流现象依然存在，人口总量在减少。（2）村落状况：村内典型的满族传统住宅很少，村内建筑几乎全部为受传统满族建筑风格影响的当代东北民居，建筑结构一般为砖瓦结构，房型一般为三间，民居房屋多为独院住宅，室内采暖为火炕，也有火炕与地热或土暖气结合的综合采暖，部分房屋空置。村内景观绿化进一步完善，街道两边栽植了垂榆、银中杨、黄槐、云杉、丁香等树木，花木繁茂、修葺整齐。（3）垃圾规范处理率：至2021年田野调查，生活垃圾集中排放集中处理率100%。（4）生活生产污水处理率：生活生产污水处理基本完善，村里集中铺设污水管道。（5）厕所革命完成率：全村厕所革命完成占70%。（6）自来水普及率：自来水普及率100%。（7）道路硬化率：村中主干道路为水泥路面硬化率100%。（8）公共设施完善度：夜间照明等公共设施基本完善，在主干道两侧安装了太阳能路灯；满族文化墙的民族风情与民俗绘画凸显民族文化特色。（9）建筑环境协调性：希勤村街道整洁，村内街道景观设施完备，有文化广场；红色历史景观——中国农业合作化第一村红旗阵；合作化纪念馆；综合办公中心；体育健身器材，篮球场地等。村落民居基本为新式东北民居，建筑风格协调统一。

3. 产业环境调查

产业多样性调查。（1）特色农业：2008年起陆续成立了农机、玉米种植、水稻种植、西瓜等各类专业合作社9个。（2）乡村特色文化及旅游业：希勤村有红色传统文化、有红色故事，开发希勤村中国合作化第一村的历史文化资源，通过打造希勤村中国合作化第一村文化品牌，可以让游客走进农家院，到乡亲们家里吃一次派饭、体验一下农业生产乐趣，打造与众不同的乡村游。（3）地域特色产业品牌：希勤村有机农业品牌正在形成；西瓜品牌。（4）网络共享经济比率：网络共享经济比率逐年增长，但是增长率的数据归纳困难。（5）跨界联盟运营创新比率：2010年开始希勤村先后成立玉米、农机、西瓜种植、特色养殖等9个专业合作社，成为全国新型专业合作社的一面旗帜。2019年村里90%的土地都流转了出去，招来了一家大企业，在当地做农业全产业链经营，腾出身子的农民可以在企业上班也可以外出务工，或开发民宿乡村游等。

产业组织与创新性调查。（1）文化与农业耦合："中国农业合作化第一村"文化带动新型农业合作化，构建新型农业合作社，实现农业生产规模化品牌化，有效减低成本提高效益，解放农民生产力，增加农民收入。（2）文化与旅游业耦合：正在打造红色乡村文化旅游基地，推进乡村红色文化研学活动，2019年有2000余人参加研学活动，体验当年的合作社生活。（3）文化与乡村服务业耦合：建设红色文化广场，增加群众文化娱乐空间，建设合作化纪念馆，增强乡村红色旅游体验。（4）政策耦合建设：耦合乡村振兴产业兴旺、生态宜居、乡风文明、治理有效、生活富裕的战略目标，努力发展生态农业打造特色品牌，推行土地流转发展新型合作化道路，引企入村、跨界联盟，增加农民收入；积极推进生态村建设，不断改善村屯环境；丰富农民文化生活，举办各种各样的文体活动；弘扬红色文化，打造希勤村中国农业合作化第一村历史文化品牌。(5) 产业创新人才：乡村精英作用突出，村支书罗正龙带领村民探索新型农业合作化的发展路径，解放生产力增加农民收入，挖掘红色相关村文化基因，打造红色文化基地，被黑龙江省评为百名乡村好主任。(6) 年人均可支配收入：2019 年全村人均收入 16800 元①。

---

① 哈尔滨市统计局，国家统计局哈尔滨调查队. 哈尔滨统计年鉴 2020 [EB/OL]. 哈尔滨市人民政府网，2021-03-30.

表 4-5   希勤满族特色村寨村落综合调查数据统计表

序号调查内容	一级指标	二级指标	数据来源	数据状况	问题与不足
1 村落文化保护	多样性	村落历史	文献与田野调查	清代嘉庆年间晚期（1815—1820 年）	缺少文物考证
		传统民居与历史建筑	田野调查	传统民居与历史建筑缺失	传统满族文物性建筑缺失
		非物质文化遗产	文献与田野调查	满族文化不足，红色文化遗产较为典型	缺乏非遗传承人
	组织性	村落文化挖掘与整理	田野调查	满族文化缺乏整理，红色文化整理充分	满族传统文化弱化
		修复村落文化肌理与生态	田野调查	红色文化肌理修复完成	满族文化肌理弱化
	创新性	文化遗产申报与传承人培养	文献与田野调查	国家级满族特色村寨	缺乏传承人培养
		创新性保护	田野调查	乡村农业合作化纪念馆	满族文化创新性保护对策不足
		创新性活化	田野调查	教育基地，文化节，文化展演活化	满族文化活化不足
		创新性传播	田野调查	主流媒体传播	无

续表

序号调查内容	一级指标	二级指标	数据来源	数据状况	问题与不足
	地理区位	区位优势与交通	文献与田野调查	距离中心城区较远，区位优势不足	区位优势不足
	自然环境保护	自然生态保护度	田野调查	自然生态资源优势不足	生态景观效应较低
		田园景观规划	田野调查	田园景观缺乏规划	缺少景观规划
		居民状况	田野调查	户籍人口3340人，满族人口占80%	居住人口外流，人口老龄化
		村落状况	田野调查	基本为当代东北典型民居	缺少典型满族民居
2 人居环境	人工环境更新	垃圾规范处理率	田野调查	100%	无
		生活生产污水处理率	田野调查	100%	无
		厕所革命完成率	田野调查	70%	无
		自来水普及率	田野调查	100%	无
		道路硬化率	田野调查	100%	无
		公共设施完善度	田野调查	公共设施完善	无
		建筑环境协调性	田野调查	建筑环境协调性需进一步规划	需要加强

122

续表

序号 调查内容	一级指标	二级指标	数据来源	数据状况	问题与不足
	产业多样性	特色农业	文献与田野调查	成立新型农业合作社	无
		乡村特色文化及旅游业	文献与田野调查	红色乡村文化与红色乡村旅游	品牌影响力需加强
		地域特色产业品牌	文献与田野调查	西瓜品牌	品牌影响力不足
		网络共享经济比率	文献与田野调查	逐步增强	需加快建设
3 产业环境		跨界联盟运营创新比率	文献与田野调查	成立新型农业合作社,跨界联盟比率较高	无
	产业组织与创新	文化与农业耦合	田野调查	耦合度较低	有待开发
		文化与旅游业耦合	田野调查	耦合充分	提高品质
		文化与乡村服务业耦合	田野调查	耦合充分	无
		政策耦合建设	田野调查	耦合充分	无
		产业创新人才	田野调查	乡村精英率先引领	无
		年人均可支配收入	文献与田野调查	16800元(2019年)	无

（四）哈尔滨市双城区幸福街道办事处久援满族村综合调查

1. 村落文化保护调查

文化多样性调查。（1）村落历史：久援满族村历史悠久，清代嘉庆年间晚期（1815—1820年）移拨旗丁屯垦，从京城、盛京、吉林等地迁移而来的屯恳移民驻扎此地，设立"八旗营子"（亦称新营子），增设右屯，设佐领衙门（即西官所）。久援村为正白旗头屯，建屯时有28户旗人，故有"京旗屯田第一村"千古流芳的美誉。（2）传统民居与历史建筑：村内现存历史建筑及建筑遗迹有：女真遗址、玉历祠、满裔关家神堂、古井遗址等。久援满族村主街道两侧建有5300延长米的仿古文化墙。很少见到满族传统住宅，原有的土坯、拉核墙、泥草房几乎都被拆除。村内建筑几乎全部为受传统满族建筑风格影响的当代东北民居，建筑结构一般为砖瓦结构，房型一般为三间，也有两间或多间，起脊，悬山或硬山，院落一般为三合院，室内一般为火炕、地热、暖气混合采暖，室内墙面一般为大白，设吊棚，地面为水泥地面或铺装地砖、地板。门窗一般为木门窗、铝合金门窗或塑钢门窗。（3）非物质文化遗产：久援满族村在继承发扬京旗屯垦建设的风貌中，建设了许多具有满族文化特色的标志性建筑，有村口的牌楼，屯田肇兴地纪念碑、巴图鲁广场，将各街以满族原始街道名称命名，无论是基础建设还是民族文化建设，无不体现出京旗满族的文化符号。

文化组织性调查。（1）村落文化挖掘与整理：在久援满族村主街道两侧建有5300延长米的仿古文化墙，分为"追根溯源""历史回眸""满汉情缘"三部分内容，展示了满汉民族的发展沿革。村里还定期举办大型文化活动，如"颁金节"、京旗屯垦暨久援村建村周年庆典活动、"柳母节"祭祀活动、"索伦杆祭祀"活动等。挖掘久援满族村京旗屯田文化。满族原生态舞蹈《香神舞》，原创村歌《祝福久援、幸福久远》。（2）修复村落文化肌理与生态：2019年8月15日双城满族联谊会协助建设部门在双城区久援满族村（正白旗头屯）建设的《柳母亭》《京旗亭》和200米文化长廊，全部竣工。文化长廊的内容是以满族的源流和京旗移居的历史流程为主题，生动的图文并茂形式，展现了当年京旗移居的历史脉络和历史沿革。修建村口的牌楼、屯田纪念碑、巴图鲁广场，还将各街以满族原始街道名称命名。举办纪念久援村京旗屯垦200周年暨哈尔滨市双城区满族文化联谊会成立庆典。抢救濒临灭绝的满族语言和文字，久援村先后在中小学校开设了满语课程。（3）文化遗产申报与传承人培养：荣获第二批全国少数民族村寨称号。

文化创新性调查。（1）创新性保护：通过艺术家编排原生态满族舞蹈《香神舞》，通过作曲家谱写满族歌曲《祝福久援、幸福久远》，创新性保护满族文化。（2）创新性活化：久援村不断活化京旗文化，通过举办"颁金节""柳母节""满族丰收节""索罗杆祭祀""双城堡满族屯垦文化研讨会"等一系列工作活化满族文化，组建了农民文艺、体育队伍，广泛开展秧歌、舞蹈、射箭、珍珠球等具有浓郁民族特色的文体活动，使满族文化在民间真正地活起来。（3）创新性传播：央视 CCTV1 的专题节目在 2019 年春节播出了久援村的特色文化，向全国推介。

2. 人居环境调查

地理区位现状调查。区位优势与交通：久援满族村位于松嫩平原，距双城区 9 千米，距哈尔滨 23 千米，西邻 102 国道，是乡政府所在地村，区位优势明显，交通便利。

自然环境保护调查。（1）自然生态保护度：域内缺少自然山水。（2）田园景观规划：久援村拥有耕地 14000 亩，地势平坦，土质肥沃，田园景观开发潜力大。

人工环境更新调查。（1）居民状况：依据田野调查统计，截至 2022 年 7 月，村落辖区内有农户 780 户，人口 3200 人，人口老龄化现象较为突出。（2）村落状况：村内民居几乎全部为受传统满族建筑风格影响的当代东北民居，建筑结构一般为砖瓦结构，房型一般为三间，民居房屋多为独院住宅，室内采暖为火炕，也有火炕与地热或土暖气结合的综合采暖，部分房屋空置。2017 年被评为哈尔滨市级文明村，同年被国家民委命名为第二批"中国少数民族特色村寨"。（3）垃圾规范处理率：生活垃圾集中排放集中处理率 100%。（4）生活生产污水处理率：生活生产污水处理基本完善。（5）厕所革命完成率：全村厕所革命完成占 70%。（6）自来水普及率：自来水普及率 100%。（7）道路硬化率：村中道路硬化率 100%。（8）公共设施完善度：夜间照明等公共设施基本完善，村内景观绿化完善，满族文化墙的民族风情与民俗绘画增添了村内文化景观。（9）建筑环境协调性：希勤村街道整洁，村内街道景观设施完备，村落民居基本为新式东北民居，建筑风格协调统一。

3. 产业环境调查

产业多样性调查。（1）特色农业：产业以牧业养殖，农业为主。（2）乡村特色文化及旅游业：特色旅游业正在发展。（3）地域特色产业品牌：产业品牌正在培育。（4）网络共享经济比率：网络共享经济比率逐年增长，但是增长率的数据归纳困难。（5）跨界联盟运营创新比率：正在成立希勤农业合作社，村里入驻了雀巢牧业、格瑞发电等一些企业，但是与村里没有形成产业联系。

产业组织与创新性调查。（1）文化与农业耦合：文化与农业的耦合弱化。

（2）文化与旅游业耦合：文化与旅游业耦合正在发展。（3）文化与乡村服务业耦合：举办"颁金节"、京旗屯垦暨久援村建村周年庆典活动、"柳母节"祭祀活动、"索伦杆祭祀"活动等满族文化活动，打造满族文化品牌影响力。（4）政策耦合建设：耦合乡村振兴与国家传统村落保护政策。（5）产业创新人才：乡村精英作用突出，村主任南相金是一位精明强干的实干家，他一手抓村民生产致富，一手抓民族文化建设。（6）年人均可支配收入：2020年全村人均收入16030元①。

---

① 哈尔滨市统计局，国家统计局哈尔滨调查队．哈尔滨统计年鉴2021［EB/OL］．哈尔滨市人民政府网，2022-04-13.

表 4-6 久援满族特色寨村落综合调查数据统计表

序号调查内容	一级指标	二级指标	数据来源	数据状况	问题与不足
1 村落文化保护	多样性	村落历史	文献与田野调查	清代嘉庆年间晚期（1815—1820 年）	缺少文物考证
	组织性	传统民居与历史建筑	田野调查	传统民居缺失，历史建筑 1 处	传统满族民居建筑缺失
		非物质文化遗产	文献与田野调查	满族舞蹈、京旗屯田文化	缺乏非遗传承人
		村落文化挖掘与整理	田野调查	满族文化在不断被挖掘整理	文化的价值挖掘需要深化
		修复村落文化肌理与生态	田野调查	满族文化肌理正在修复	文化生态的内生动力不足
		文化遗产申报与传承人培养	文献与田野调查	国家级满族特色村寨	缺乏传承人培养
	创新性	创新性保护	田野调查	通过原生态舞蹈编排等行动创新创新性保护	创新路径不足需要拓展
		创新性活化	田野调查	组建了农民文艺队伍，举办满族节日	产业型活化不足
		创新性传播	田野调查	cctv 主流媒体传播	新媒体传播不足

127

续表

序号 调查内容	一级指标	二级指标	数据来源	数据状况	问题与不足
	地理区位	区位优势与交通	文献与田野调查	距离中心城区较近，区位优势明显	无
	自然环境保护	自然生态保护度	田野调查	自然生态资源优势不足	生态景观效应较低
		田园景观规划	田野调查	田园景观缺乏规划	景观效应较低
		居民状况	田野调查	户籍人口3200人，满族人口占40%	居住人口外流，人口老龄化
2 人居环境		村落状况	田野调查	基本为当代东北典型满族民居	缺少典型满族民居
	人工环境更新	垃圾规范处理率	田野调查	100%	无
		生活生产污水处理率	田野调查	100%	无
		厕所革命完成率	田野调查	70%	无
		自来水普及率	田野调查	100%	无
		道路硬化率	田野调查	100%	无
		公共设施完善度	田野调查	公共设施完善	无
		建筑环境协调性	田野调查	建筑环境协调性需进一步规划	需要加强

续表

序号 调查内容	一级指标	二级指标	数据来源	数据状况	问题与不足
	产业多样性	特色农业	文献与田野调查	牧业,养殖	特色农业需要加强
		乡村特色文化及旅游业	文献与田野调查	正在发展	旅游业经济贡献率低
		地域特色产业品牌	文献与田野调查	无	特色品牌缺失
		网络共享经济比率	文献与田野调查	逐步增强	需加快建设
		跨界联盟运营创新比率	文献与田野调查	成立新型农业合作社	发展滞后
3 产业环境	产业组织与创新性	文化与农业耦合	田野调查	耦合度低	有待开发
		文化与旅游业耦合	田野调查	耦合度低	有待开发
		文化与乡村服务业耦合	田野调查	与文化耦合较充分	多元耦合不足
		政策耦合建设	田野调查	耦合充分	无
		产业创新人才	田野调查	乡村精英主导	无
		年人均可支配收入	文献与田野调查	16030元(2020年)	无

（五）哈尔滨市南岗区红旗满族乡东升村综合调查

1. 村落文化保护调查

文化多样性调查。（1）村落历史：嘉庆二十年（1815年），吉林将军富俊调盛京（现沈阳）一带移民旗丁200人于双城创建40屯，其中包括镶红旗头屯（现东升村），这些满汉村落先后归属吉林将军、阿勒楚喀（阿城）副都统和双城府协领衙门管辖。（2）传统民居与历史建筑：很少见到满族传统住宅，原有的土坯、拉核墙泥草房几乎都被拆除。民居形式为楼房和东北当代典型民居，典型民居建筑结构一般为砖瓦结构，房型一般为三间，也有两间或多间，起脊，悬山或硬山，院落一般为三合院，室内一般为火炕、地热、暖气混合采暖，室内墙面一般为大白，设吊棚，地面为水泥地面或铺装地砖、地板。门窗一般为木门窗、铝合金门窗或塑钢门窗。（3）非物质文化遗产：金兀术运粮河，现已被打造为规划占地面积8.1万平方米运粮河农民公园；国家级满族特色村寨。

文化组织性调查。（1）村落文化挖掘与整理：挖掘萨满舞表演、格格舞表演以及满族婚庆等娱乐项目；复建满族村寨，举办满族民俗过大年体验活动；修建乡村满族博物馆，馆藏藏品上百件，包括躺柜、板柜、笸箩等，很多东西都是老物件，有着近百年的历史；规划建设占地面积8.1万平方米的金兀术运粮河农民公园；绘制1500米满族文化墙。（2）修复村落文化肌理与生态：修建满族村寨，满族村寨以传统泥草房满族住宅为主要建筑形式，泥草房以悬山式山墙为主要类型，墙体也多为十分厚重的草泥墙，房屋承重类型为满族传统的杦檩式木构架，五檩五杦带二坨式人字双坡屋面结构，屋面为覆草屋面。建筑一般为坐北朝南的合院式布局，院落外围以木篱笆环绕，正房一般为三开间，中间为厨房名为外屋，东西两间作为卧室，卧室名为里屋，万字炕格局，门窗为木质格栅门，偶有装饰，烟囱为土坯砌成上小下大的跨海烟囱。室内家具为传统的炕琴柜，万字炕上置一对箱子，箱子上陈设日用品、装饰品、家用摆件。每年在满族村寨内举办了满族民俗过大年体验活动，让参加活动的游客们感受了一次热闹的满族风情乡村文化游。运粮河农民公园，与东升村现有的荷花池、生态园、度假村、满族博物馆等旅游景点，形成一个总占地面积70万平方米的生态旅游度假区。村内还建八旗兵营、满族风情仿古街等满族文化景观。（3）文化遗产申报与传承人培养：荣获全国少数民族特色村寨。

文化创新性调查。（1）创新性保护：修建满族村寨，规划建设金兀术运粮河农民公园，修建满族博物馆、八旗兵营、满族风情仿古街、满族民俗文化墙等满族文化建筑景观。（2）创新性活化：举办了满族民俗过大年体验活动，活化原生态满族舞蹈秧歌等。（3）创新性传播：通过满族文化名片传播，通过国家、省、市各大媒体关注传播。

2. 人居环境调查

地理区位现状调查。区位优势与交通：东升村是黑龙江哈尔滨市南岗区红旗满族乡下辖的行政村，该村毗邻哈尔滨市市区，交通便利，区位优势显著，东升村附近有黑龙江省博物馆、东北烈士纪念馆、革命领袖纪念馆、欧亚之窗、百家姓生态园林等旅游景点，满族标志性景观"金兀术运粮河"生态旅游资源优势明显。

自然环境保护。（1）自然生态保护度：东升村规划建设运粮河农民公园，运粮河农民公园位于红旗满族乡东升村运粮河北岸，规划占地面积 8.1 万平方米，按照"珍稀树木造景、乔灌搭配点缀"的设计理念，沿运粮河畔的天然缓坡地势打造；将与东升村现有的荷花池、生态园、度假村、满族博物馆等旅游景点，形成一个总占地面积 70 万平方米的生态旅游度假区，为广大市民特别是农民朋友提供一处风光秀美的生态休闲场所，目前公园的生态效应已经凸显；全面禁止秸秆焚烧。（2）田园景观规划：发展都市休闲观光农业。

人工环境更新调查。（1）居民状况：依据田野调查统计，截至 2022 年 7 月，村内户籍人口 1770 人，实际居住人口超过 2000 人，其中满族人口占 40%。（2）村落状况：村内民居为楼房和典型东北当代民居，典型东北当代民居建筑结构一般为砖瓦结构，房型一般为三间，民居房屋多为独院住宅，室内采暖为火炕，也有火炕与地热或土暖气结合的综合采暖，满族村寨为传统满族泥草房，八旗兵营、满族风情仿古街为传统满族风格建筑。（3）垃圾规范处理率：至 2021 年田野调查，生活垃圾集中排放集中处理率 100%，庭院整治工作加强。（4）生活生产污水处理率：生活生产污水处理基本完善。（5）厕所革命完成率：全村厕所革命完成占 80%。（6）自来水普及率：自来水普及率 100%。（7）道路硬化率：村中主干道路为水泥路面硬化率 100%。（8）公共设施完善度：夜间照明等公共设施基本完善，村内景观绿化进一步完善，修建了 1500 米满族文化墙。（9）建筑环境协调性：东升村街道整洁，实施居民庭院综合性提档升级改造，推进村镇基础设施与环境建设，全面提升村屯硬件环境，村内街道景观设施完备，民居建筑风格不够统一需要进一步规划。

3. 产业环境调查

产业多样性调查。（1）特色农业：发展现代都市农业，聚力打造蔬菜、寒地水果、食用菌、大豆、玉米种子基地，发展休闲观光农业。（2）乡村特色文化及旅游业：以满族风情院、满族博物馆、八旗兵营、满族风情仿古街、满族村寨为依托，发展特色民俗旅游，效果突出，目前满族村寨占地面积 2 万平方米，形成规模经营；以运粮河农民公园为依托的乡村生态游；以东升村百果园产业为依托的农业观光游。（3）地域特色产业品牌：运粮河农民公园标志景观，满族村寨文化品牌。有地三鲜、正阳楼风干香肠、编结绣、飞龙汤、俄式大菜等特产品牌。（4）网络共享经济比率：网络共享经济比率逐年增长，但是对增长率的数据归纳困难。（5）跨界联盟运营创新比率：发展专业合作社，一二三产业融合发展，哈尔滨财顺米业有限公司等驻村企业有 100 余家，跨界产业联盟的基础雄厚。

　　产业组织与创新性调查。（1）文化与农业耦合：文化与农业耦合不足。（2）文化与旅游业耦合：以满族文化为依托，坚持"打文化牌、走生态路、发旅游财"，充分发挥运粮河资源优势，在民族风情游上做文章，打造满族村寨，扎实推进少数民族特色村寨保护与发展工作。文化与旅游业耦合充分。（3）文化与乡村服务业耦合：通过满族文化建设带动乡村服务业发展，第三产业在全村收入的比例越来越大，满族特色餐饮、满族特色文娱等业态红火。（4）政策耦合建设：耦合乡村振兴的产业兴旺、生态宜居、乡风文明、治理有效、生活富裕的战略目标，发展都市农业、观光农业，整治生态环境，注重乡风文明建设，发展民俗旅游产业，实现一二三产业耦合协同发展。（5）产业创新人才：村书记王洪伟等东升村两委干部拓思路敢创新，村里的发展吸引大学生回村，人才精英会聚。（6）年人均可支配收入：2019 年全村人均收入 19631 元①。

---

① 哈尔滨市统计局，国家统计局哈尔滨调查队.哈尔滨统计年鉴 2020［EB/OL］.哈尔滨市人民政府网，2021-03-30.

表 4-7 东升满族特色村寨村落综合调查数据统计表

序号 调查内容	一级指标	二级指标	数据来源	数据状况	问题与不足
1 村落文化保护	多样性	村落历史	文献与田野调查	嘉庆二十年(1815年)	缺少文物考证
		传统民居与历史建筑	田野调查	满族村寨、八旗兵营、满族风情街等仿古建筑	传统满族文物性建筑缺失
		非物质文化遗产	文献与田野调查	满族生活物件、满族故事	缺乏非遗传承人
		村落文化挖掘与整理	田野调查	文化挖掘充分需深化整理	需深化整理
	组织性	修复村落文化肌理与生态	田野调查	满族文化肌理不断修复	无
		文化遗产申报与传承人培养	文献与田野调查	国家级满族特色村寨	缺乏传承人培养
	创新性	创新性保护	田野调查	修建多个满族建筑景观	无
		创新性活化	田野调查	满族建筑、文娱、餐饮、食品传统工艺活化	无
		创新性传播	田野调查	主流媒体传播	无

续表

序号调查内容	一级指标	二级指标	数据来源	数据状况	问题与不足
	地理区位	区位优势与交通	文献与田野调查	距离中心城区很近，区位优势明显	无
	自然环境保护	自然生态保护度	田野调查	加强自然生态保护	无
		田园景观规划	田野调查	都市观光农业	田园景观规划不足
		居民状况	田野调查	户籍人口1770人，满族人口占40%	无
2 人居环境		村落状况	田野调查	建筑形式复杂：当代民居、楼房、仿古建筑	建筑形式不统一
	人工环境更新	垃圾规范处理率	田野调查	100%	无
		生活生产污水处理率	田野调查	100%	无
		厕所革命完成率	田野调查	80%	无
		自来水普及率	田野调查	100%	无
		道路硬化率	田野调查	100%	无
		公共设施完善度	田野调查	公共设施完善	无
		建筑环境协调性	田野调查	建筑环境协调性需进一步规划	需要加强

续表

序号 调查内容	一级指标	二级指标	数据来源	数据状况	问题与不足
3 产业环境	产业多样性	特色农业	文献与田野调查	现代都市农业、观光农业	无
		乡村特色文化及旅游业	文献与田野调查	满族民俗游、文化生态游、农业观光游	品牌影响力需加强
		地域特色产业品牌	文献与田野调查	特色食品	品牌影响力不足
		网络共享经济占比率	文献与田野调查	逐步增强	无
		跨界联盟运营创新比率	文献与田野调查	一、二、三产业耦合发展；	品牌影响力不足
	产业组织与创新性	文化与农业耦合	田野调查	耦合度较低	无
		文化与旅游业耦合	田野调查	耦合充分	有待开发
		文化与乡村服务业耦合	田野调查	耦合充分	提高品质
		政策耦合建设	田野调查	耦合充分	无
		产业创新人才	田野调查	乡村精英回归	无
		年人均可支配收入	文献与田野调查	19631元（2019年）	无

（六）黑龙江满族传统村落的综合调查小结

1. 村落文化保护调查小结

在文化多样性方面：黑龙江满族传统村落的历史一般为 200～300 年，村落的形成历史普遍较短，多文献考证，而文物考证缺失；传统民居与历史建筑遗存较少，村落整体状况为当代典型东北民居村落；非物质文化遗产与文化遗产传承人较少。在文化组织性方面：在满族传统村落中，普遍开展村落文化挖掘与整理工作，村落文化肌理与生态正在修复，但是村落的人口多元化，满族传统村落根性文化的村民文化认同不足；积极开展文化遗产申报，但文化传承人培养滞后。在创新性保护方面：复建满族建筑景观，创新满族文娱活动；普遍活化满族传统软文化，文化影响力与传播力普遍不足。

2. 人居环境调查小结

在地理区位方面：黑龙江满族传统村落大多分布在松嫩平原上，但是整体分布不均衡，经济与社会的整体发展状态与地理区位关系密切，临近中心城市的村落整体发展好于远离中心城市的村落。在自然环境保护方面：村落周围以平原农田为主，有小部分草原。在人居环境"更新"方面：村民人居环境改善的诉求与传统村落文化保护的矛盾突出，文化价值认同失衡，建筑形式多为当代东北典型民居。村落基础设施基本完善。远离中心城区的传统村落，人才流失严重，村落持续空心化，人口老龄化问题突出。

4. 产业环境调查小结

在产业多样性方面：远离中心城区的传统村落，产业结构单一，以农业为主，乡村特色文化旅游业发展缓慢，缺乏地域特色产业品牌；临近中心城区的传统村落，基本形成一二三产业耦合发展的形式，乡村特色文化旅游业发展较快，文化品牌正在形成。在产业组织与创新方面：黑龙江满族传统村落整体文化与农业耦合度低，文化与旅游业及乡村服务业耦合发展不均衡，产业创新人才较为匮乏，总体上乡村精英呈外流趋势，人均可支配收入整体不高。

四、吉林满族传统村落的综合调查

（一）通化市通化县东来乡鹿圈子村综合调查

1. 村落文化保护调查

文化多样性调查。（1）村落历史：鹿圈子地处长白山地区，早年这里自然生态良好野生动物很多，尤其野鹿恋居于此，当地满族人便在山中挖上一个个近 3 米深的鹿窖，内底安上硬杂木扦子，上面用杂草、树枝遮掩，用来捕鹿，据此得名鹿圈子①。据当地村书记口述，清光绪三十四年（1908 年），有 60 多人垦荒分散居住在现鹿圈子村和大西岔村，他们在山里挖一些地窨子造房饮炊，自那以后此地烟火渐旺，人口逐渐增加，发展成至今的鹿圈子村。（2）传统民居与历史建筑：鹿圈子村的传统民居与历史建筑集中在鹿圈子村西杨木桥沟的民俗村，村落建筑是满族传统民居土坯草泥房，保存有大量展现长白山满族木文化的井干式住宅，民居大多作为游客、艺术院校学生、剧组人员住宿餐饮场地所用，作为绘画写生与影视拍摄的背景资料。在地居民的民居普遍是东北当代典型民居住宅形式，典型民居建筑结构一般为砖瓦结构，房型一般为三间，也有两间或多间，起脊，悬山或硬山，院落一般为三合院，室内一般为火炕、地热、暖气混合采暖，室内墙面一般为大白，设吊棚，地面为水泥地面或铺装地砖、地板。门窗一般为木门窗、铝合金门窗或塑钢门窗（见图 4-9）。（3）非物质文化遗产：第二批国家级满族传统村落、全国生态文化村。

图 4-9　鹿圈子村村落环境

文化组织性调查。（1）村落文化挖掘与整理：鹿圈子满族民俗村挖掘整理了浓郁的满族文化，整理修缮满族传统民居建筑；整理满族生活生产用具，碾盘、渔舟、农具、牛皮靰鞡、辘轳井、煤油灯等；陈旧的牛皮靰鞡、辘轳井、煤油灯等一段段模糊的记忆；挖掘了长白山地域满族的饮食文化、文娱节日等，供游客体验与影视拍摄之用。挖掘鹿圈子周围的红色文化：辽宁民众自卫军第十六路军组建地旧址、东来乡无名革命烈士墓、中共辽东特别支部通化分支部委员会旧址等，为游客提供红色文化体验与红色教育体验。（2）修复村落文化肌理与生态：为达到保护传统民居与持续发展和谐共赢的目标，多年来鹿圈子村积极利用民俗资源，培育常态旅游产业，在辖区内打造白鸡峰东坡景区和关东民俗文化村景点。其中，关东民俗文化村占地五十亩，建造不同风格的满族传统房屋 40 余套。推出了以满族独有的房屋建筑、器皿、工具、服饰、礼仪、饮食等为特色的民俗体验游。为延伸旅游产业链，鹿圈子村依托民俗旅游项目，还推出了一系列具有地方特色、乡土文化内涵的休闲农业、农事体验游。（3）文化遗

---

① 吉林省新农村办. 曾为呦呦鹿鸣处 今朝魅力展新姿——通化县东来乡鹿圈子村［J］. 吉林农业，2017（21）：18-19.

产申报与传承人培养；获评第二批中国传统村落。

文化创新性调查。（1）创新性保护：打造集吃、住、游、购、娱为一体的满乡文化民俗游；美术写生基地；打造关东影视基地，《上阵父子兵》《远去的飞鹰》《民族魂杨靖宇》《铁血少年》等影视剧都在此取景拍摄。通过这些方式实现民俗村的保护。鹿圈子满族民俗村村落完整，独立于乡村居住区之外，就地乡村博物馆式保护。（2）创新性活化：通过影视剧活化传统满族村落的生活方式，民俗文化，生产方式。（3）创新性传播：通过《欢乐中国行》《城市1+1》《过大年》等电视节目，通过央视、吉林卫视、浙江卫视等频道进行创新性传播；抖音等平台的自媒体传播不断增强。

2. 人居环境调查

地理区位现状调查。区位优势与交通：鹿圈子村位于生态名城通化县东部，坐落在白鸡峰自然保护区东坡脚下。鹿圈子地理位置优越，交通便利，它东接白山市，南接集安市，是东北黄金旅游线路必经之地。村域范围包括鹿圈子村、前鹿圈子、后鹿圈子、半截子沟、臭李崴子和民俗村。

自然环境保护。（1）自然生态保护度：鹿圈子村村域面积31.52平方千米，山林面积为3259公顷，森林覆盖率达到90%以上，自然生态环境良好。鹿圈子村具有明显的长白山区的地貌特征，形成四季有清泉、春有花、夏有阴、秋有果、冬有青的独特长白山景观。（2）田园景观规划：耕地面积2860亩，目前已发展中药材和食用菌等特殊产业1000亩。

人工环境更新调查。（1）居民状况：依据田野调查统计，截至2022年7月，全村辖8个居民组5个自然屯，全村共385户，总人口1138人，常住人口890人，其中50%为满族，人口老龄化突出，中青年人口外流。（2）村落状况：鹿圈子村村内民居的住房大多为典型东北当代民居，建筑结构一般为砖瓦结构，房型一般为三间，民居房屋多为独院住宅，室内采暖为火炕，也有火炕与地热或土暖气结合的综合采暖。院落一般为三合院，围篱笆墙。（3）垃圾规范处理率：生活垃圾集中排放集中处理率100%。（4）生活生产污水处理率：生活生产污水处理基本完善。（5）厕所革命完成率：全村厕所革命正在进行，完成率75%。（6）自来水普及率：自来水普及率100%。（7）道路硬化率：村中道路硬化基本完善，主干道路为油漆黑路面，支路还有砂石路。（8）公共设施完善度：夜间照明等公共设施基本完善。（9）建筑环境协调性：鹿圈子村街道整洁，村内街道绿化及景观设施完备，民居建筑风格基本统一。（见图4-10）

图 4-10　鹿圈子村环境设施

3. 产业环境调查

产业多样性调查。（1）特色农业：发展特色农业合作社，发展花卉基地、中草药种植基地、林蛙养殖基地、林下参种植基地、山上特产采摘。（2）乡村特色文化及旅游业：鹿圈子村依靠传统村落品牌，打造民俗体验游、生态山地采摘游、艺术写生游学。（3）地域特色产业品牌：鹿圈子村依靠传统村落品牌与影视基地结合形成了体验旅游品牌。（4）网络共享经济比率：网络共享经济比率逐年增长，村里的电商服务站体现网络经济发展迅速，但是对增长率的数据归纳困难。（5）跨界联盟运营创新比率：当地以农业为主，跨界乡村民俗旅游，艺术写生游学，发展特色农业合作社，跨界联盟正在发展。

产业组织与创新性调查。（1）文化与农业耦合：文化与农业耦合欠缺。（2）文化与旅游业耦合：以鹿圈子国家级传统村落文化为依托，坚持打文化牌、走发展文化旅游、升级乡村产业结构。（3）文化与乡村服务业耦合：通过满族文化建设带动乡村服务业发展，满族特色文化景观体验、满族特色餐饮、满族特色文娱等乡村服务业不断发展，安排就业 100 多人，平均每人每年收入 10000元左右。村部设置了图书室、阅览室，定期组织村民参与扭秧歌、跳传统舞蹈，每年组织村民参加县乡级农民体育运动会，丰富农民的业余文化生活。（4）政策耦合建设：耦合乡村振兴的产业兴旺、生态宜居、乡风文明、治理有效、生活富裕的战略目标，山地栽松树、山沟养林蛙、平地种药材，打造关东民俗、挖掘历史、守护文化，吃青山饭、挣旅游钱。（5）产业创新人才：人才外流现象突出。（6）年人均可支配收入：2021 年鹿圈子村全村人均可支配收入17067 元[①]。

---

① 吉林省通化市统计局．通化统计年鉴 2021 年［EB/OL］．夏泽网，2022-02-15.

表4-8　鹿圈子村村落综合调查数据统计表

序号 调查内容	一级指标	二级指标	数据来源	数据状况	问题与不足
1 村落文化保护	多样性	村落历史	文献与田野调查	清光绪三十四年（1908年）	口述资料
		传统民居与历史建筑	田野调查	传统民居集中在民俗村	缺失文物级满族历史建筑
		非物质文化遗产	文献与田野调查	满族生活物件	缺乏非遗传承人
	组织性	村落文化挖掘与整理	田野调查	文化挖掘无力	需深化整理
		修复村落文化肌理与生态	田野调查	满族文化肌理不断修复	无
	创新性	文化遗产申报与传承人培养	文献与田野调查	第二批中国传统村落	缺乏传承人培养
		创新性保护	田野调查	就地整村乡村博物馆式保护	无
		创新性活化	田野调查	文化体验旅游、写生基地、影视基地	无
		创新性传播	田野调查	电视节目及自媒体	无

续表

序号调查内容	一级指标	二级指标	数据来源	数据状况	问题与不足
	地理区位	区位优势与交通	文献与田野调查	距离中心城区较远,区位优势不足	区位优势不足
	自然环境保护	自然生态保护度	田野调查	自然生态良好	无
		田园景观规划	田野调查	中草药景观	无
		居民状况	田野调查	户籍人口1138人,满族人口占50%	人口外流
		村落状况	田野调查	传统民居集中,当代民居风格统一	无
2 人居环境	人工环境更新	垃圾规范处理率	田野调查	100%	无
		生活生产污水处理率	田野调查	基本完成	无
		厕所革命完成率	田野调查	75%	无
		自来水普及率	田野调查	100%	无
		道路硬化率	田野调查	基本完成	无
		公共设施完善度	田野调查	公共设施完善	无
		建筑环境协调性	田野调查	建筑环境协调性良好	无

141

续表

序号 调查内容	一级指标	二级指标	数据来源	数据状况	问题与不足
	产业多样性	特色农业	文献与田野调查	农业合作社、中草药种植、林蛙养殖	无
		乡村特色文化及旅游业	文献与田野调查	满族民俗游、艺术写生游、影视基地游	品牌影响力不足
		地域特色产业品牌	文献与田野调查	影视基地品牌	品牌影响力不足
		网络共享经济比率	文献与田野调查	网络电商发展快速	无
		跨界联盟运营创新比率	文献与田野调查	跨界联盟正在发展	品牌影响力不足
3 产业环境	产业组织与创新	文化与农业耦合	田野调查	耦合度较低	无
		文化与旅游业耦合	田野调查	不断挖掘	无
		文化与乡村服务业耦合	田野调查	不断挖掘	无
		政策耦合建设	田野调查	耦合充分	无
		产业创新人才	田野调查	乡村精英流失量较大	不断流失
		年人均可支配收入	文献与田野调查	17067元（2020年）	无

142

（二）白山市抚松县漫江镇锦江木屋村综合调查

1. 村落文化保护调查

文化多样性调查。（1）村落历史：长白山素有"神山"之称，是女真族、满族兴起发展之源头，是女真族、满族人心目中的圣山。为保护这座圣山，清朝时期实行封山政策，禁止攀登、伐木和打猎。在康熙十六年（1677年），康熙决定来长白山祭山，遂派大臣武默讷率军队前往探索上山道路。探明道路后，留守部分猎户、护卫兵在此伐木建屋，等候皇帝到来，历年岁月等待，繁衍生息形成今天的古村落①。（2）传统民居与历史建筑：锦江木屋村，整个村庄是保存完好的木屋村。木屋村落的民居全部是井干式建筑，又名"木刻楞"。建造方法是根据建造的房屋大小，在房屋中间以及四角及山墙内外安装木柱，用来支撑墙面，将原木的两端凿刻成凹槽，使其在拐角处交叉咬合叠摞在一起，搭成房屋四壁的"木墙"，如此逐层垒筑，承重骨架做好后在其内外涂抹黄泥，在保护木材防止木头风化的同时又达到很好的保温效果。木屋山墙以悬山式为主，屋面多以木瓦覆盖，在门窗口部分的圆木与圆木之间，用"木蛤蟆"相连接，使其稳固。木屋开间一到五间不等，室内面积小的有10平方米左右，大的接近30平方米，房屋内部布置与传统满族老屋并无差别，用土炕取暖，木屋的烟囱则是选用林中木心腐烂枯倒的大树，其外涂以泥巴，立于檐外并在其下端用一空心短木与炕灶相连。一般为一合院或者二合院布局，院落用1米高左右的木樟子围合，内部有小菜园、玉米楼、柴火垛等附属设施。这种古朴的满族木屋在群山密林的环境中显现了浓郁的原始风情（见图4-11）。（3）非物质文化遗产：获评第二批国家级满族传统村落、省级重点文物保护单位，长白山满族木屋建造技艺也被列为省级非物质文化遗产。锦江木屋村作为长白山井干式民居文化是最为鲜明的文化景观，已被列为长白山非物质文化遗产，是满族传袭下来的长白山木文化的"活化石"。

图4-11 锦江木屋村井干式民居

文化组织性调查。（1）村落文化挖掘与整理：深入挖掘整理木屋村文化历

---

① 曹保明. 守望康熙300年［M］. 长春：吉林美术出版社，2017：10-24.

史，挖掘锦江木屋村历史、建筑、民俗等文化流源，挖掘在地居民的原生态生活；村民自愿成立了民俗文化展示合作社，设有豆腐坊、酒坊、煎饼坊、茶坊、豆包坊、木匠坊等东北传统生活工坊，开展原生态的生活展示，并生产原生态的乡村产品；以及开展剪纸、放山等东北民俗体验项目；充分展现了长白山区的人参文化、抗联文化、木屋文化；修房节是锦江木屋村特有的节日，每年五六月间，长白山雨季来临之前，村民都要对房屋进行修缮，主要是抹墙和串瓦，修房串瓦是一种集体劳动，不论修哪家的房子都要大家一起参与，铡草、插泥、上泥、上瓦，俗称"落忙"；木帮、狩猎、渔猎、挖参等地域文化；木屋村现留有放山人家、木屋人家等典型代表。（2）修复村落文化肌理与生态：从《三朝北盟会编》中记载的一段描述"依山谷而居，联木为栅，屋高数尺。无瓦，覆以木板或以桦皮或以草绸缪之，墙垣篱壁率皆以木，门皆东向。环屋为土床，炽火其下，与寝食起居其上，谓之炕，以取其暖"中看到，自金代以来，长白山井干式民居并未发生巨大变革，仍然延续着女真时期的传统①。清代满族入关后，清政府为保护本族龙兴之地以及独占长白山丰富的物产，这里曾在 200 年里一度被列为封禁之地。长白山地区的长期封禁在一定程度上使得该地区的满族文化变革的速度缓慢，文化扩散的时间增长，也使得长白山地区满族中本民族的传统文化积淀较为醇厚，因而在民居建造中能够保持早期的本原特征。锦江木屋村民居是"地窨子"和"马架子"发展演变而来，而这些都是利用长白山漫山遍野的林木作为房屋建造材料形成的建筑文化，由此可见，满族木屋文化景观的形成是人居环境与自然耦合的结果。锦江木屋民居文化是最为鲜明的文化景观，具有浓厚的民族特色与极高的美学价值，木屋村的文化肌理越来越清晰，其文化生态越来越健康。（3）文化遗产申报与传承人培养：获评第二批中国传统村落、省级重点文物保护单位；长白山满族木屋建造技艺被列为省级非物质文化遗产；传承人培养工作正在进行。

文化创新性调查。（1）创新性保护：建设乡村博物馆，开展整村保护，保护木屋村历史民俗软文化；开发原始村落满族文化体验等特色旅游项目；建有村落民俗博物馆；建立专家工作室，对村落文化深化整理，开展学术性保护，目前村中建有曹保明工作室、赵春江工作室。（2）创新性活化：成立了民俗文化展示合作社，设有豆腐坊、酒坊、煎饼坊、茶坊、豆包坊、木匠坊等东北传统生活工坊，开展原生态的生活展示并生产原生态的乡村产品；以及开展剪纸、放山等东北民俗体验项目；萨满文化、跳秧歌和森林号子表演；建设了占地近1

---

① 张佳茜. 东北地区传统聚落演进中的人文、地貌、气候因素研究［D］. 西安：西安建筑科技大学，2016.

万平方米的冰雪公园，并成功举办"首届锦江木屋村冰雪嘉年华"活动。（3）创新性传播：《人民日报》、人民网的宣传；中央电视台的"欢乐中国年"栏目现场直播蕴含东北年味的江木屋村新年喜庆迎春活动；抖音等平台的自媒体广泛传播。

2. 人居环境调查

地理区位现状调查。区位优势与交通：锦江木屋村隶属于抚松县漫江镇，位于漫江镇西北约 5 千米处锦江右岸的密林中，地处长白山西麓的森林腹地，长白山自然保护区内，居头道松花江上游，域内面积约为 42.89 平方千米，原始森林覆盖率达 78%。距抚松县城 62 千米，302 省级公路邻村而过。交通便利，依山傍水，地理位置优越，资源丰富。交通条件优越，位于长白山西景区至南景区核心节点，距离长白山机场和长白山西景区分别二十多千米，北邻长白山国际度假村，南邻长白山野鸭湖风景区。漫江镇锦江村属温带大陆性季风气候，为高寒山区，四季分明，冬季漫长寒冷，积雪深；夏季短暂温暖，雨量集中。

自然环境保护。（1）自然生态保护度：锦江木屋村地处长白山西麓的森林腹地，原始森林覆盖面积率达 78%，植被生长良好，物种多样性丰富，自然生态优势显著，是天然氧吧与避暑胜地。村域内有头道松花江、锦江、漫江、秃尾巴河等水系流过，依山傍水，森林葱郁，一年四季景色优美，是著名的长白山旅游景区民俗文化旅游景点。（2）田园景观规划：锦江木屋村并没有大片的农作物分布，全村共有土地面积 460 亩，耕地面积 430 亩，主要农作物为玉米、大豆，村子里的特色农业是人参种植，周边坡地上有大片的树林，是森林包裹的乡村。

人工环境更新调查。（1）居民状况：依据田野调查统计，截至 2022 年 7 月，木屋村人口稀少，整个村落共计 54 户人家，总人口 284 人，仅剩 12 户，村民多数已经自愿迁出或政策性迁出，人口外流严重，留下的村民主要从事与旅游相关的服务工作，或从事民俗保护的相关工作；空置民居大多用于旅游开发，做民宿或其他。（2）村落状况：木屋村整体保存完好，呈原生状态，锦江木屋村建筑为井干式结构，土木结合，建筑外立面极具地域特色，建筑内部设有以炕为中心兼具卧室和客厅功能为一体的起居空间，厨房比较原始，烧柴取暖做饭，卫生间多为旱厕，民宿和农家乐等具有商业空间性质的住宅才设有室内卫生间。建筑前后有园子，园中种植瓜果蔬菜或饲养一些小型家畜。村落中的基础公共设施不够完备，虽然水通、电通、网通，有硬质路面，但硬质化路面仅限于村里主路，辅路及村民庭院路面的硬化率不高，雨天行走不便。村落中没有路灯，但每座房屋前会挂大红灯笼，起到了一定的公共照明作用（见图 4-12）。（3）垃圾规范处理率：生活垃圾集中排放集中处理率 100%。（4）生活生产污水处理率：生活生产污水处理正在完善。（5）厕所革命完成率：全村厕所革命正在进行。（6）自来水普及率：自来水普及率100%。（7）道路硬化率：村中道路硬化基本完善，主干道路为毛石路面，支路还有砂石路。（8）公共设施完善度：夜间照明等公共设施基本完善。（9）建筑环境协调性：民居建筑全部为木屋，建筑风格统一。

图 4-12　锦江木屋村村落状况

3. 产业环境调查

产业多样性调查。（1）特色农业：人参种植业。（2）乡村特色文化及旅游业：木屋村满族民俗文化体验游；长白山生态观光游；特色民宿，农家乐等乡村旅游项目。（3）地域特色产业品牌：村子四季都是美景，木屋是原汁原味的满族特色，锦江木屋村成为满族民俗体验旅游品牌，影响力不断扩大。（4）网络共享经济比率：网络共享经济比率逐年增长，网络旅游订单逐年增加，但对增长率的数据归纳困难。（5）跨界联盟运营创新比率：成立了民俗文化展示合作社、文化旅游合作社。

产业组织与创新性调查。（1）文化与农业耦合：满族民俗文化与人参种植农业，自然采摘农业天然耦合。（2）文化与旅游业耦合：深入挖掘木文化、抗联文化、萨满文化等极具长白山地域特色的关东文化，探索出一条"文化+旅游"的乡村振兴路径。（3）文化与乡村服务业耦合：升级旅游服务基础设施，当地大力开展农村人居环境整治行动，建设水冲公共厕所等服务设施；将以省级重点文物保护单位锦江木屋村为依托，全力打造锦江新村，建设"民俗体验+度假+温泉康养+演艺+冰雪+避暑"全新旅游目的地；构建全域、全季、全业态的旅游发展格局，为游客提供休闲度假、森林康养等一站式服务。（4）政策耦合建设：耦合乡村振兴的产业兴旺、生态宜居、乡风文明、治理有效、生活富裕的战略目标，挖掘木屋村历史、守护长白山木文化，构建生态、文明、兴旺的东北木屋第一村。（5）产业创新人才：随着旅游业的兴旺，返乡青年逐年增加。（6）年人均可支配收入：2021年锦江木屋村全村人均可支配收入17385元，高于全国、全省平均水平①。

---

① 白山市 2022 年政府工作报告［EB/OL］．白山市人民政府网，2023-05-06．

表4-9 锦江木屋村村落综合调查数据统计表

序号调查内容	一级指标	二级指标	数据来源	数据状况	问题与不足
1 村落文化保护	多样性	村落历史	文献与田野调查	康熙十六年(1677年)	文物考证缺乏
		传统民居与历史建筑	田野调查	木屋民居保存良好,村落保护完整,省级文保单位	无
		非物质文化遗产	文献与田野调查	满族木屋,满族民俗	无
	组织性	村落文化挖掘与整理	田野调查	木屋村历史、建筑文化、民俗文化	需深化整理
		修复村落文化肌理与生态	田野调查	满族文化肌理完整	无
	创新性	文化遗产申报与传承人培养	文献与田野调查	第二批中国传统村落、省级重点文保单位、省级非物质文化遗产	缺乏传承人培养
		创新性保护	田野调查	就地整体乡村博物馆式保护、学术性保护	无
		创新性活化	田野调查	成立民俗文化合作社、民俗产业活化	无
		创新性传播	田野调查	主流媒体、电视节目、自媒体	无

续表

序号 调查内容	一级指标	二级指标	数据来源	数据状况	问题与不足
	地理区位	区位优势与交通	文献与田野调查	距离长白山中心景区较近，区位优势明显	无
	自然环境保护	自然生态保护度	田野调查	自然生态良好，生态优势凸显	无
		田园景观规划	田野调查	缺乏规划	无
		居民状况	田野调查	54户284人，满族居住人口12户，占50%	人口外迁
2 人居环境		村落状况	田野调查	村落保护完整，木屋保护完好	无
	人工环境更新	垃圾规范处理率	田野调查	100%	无
		生活生产污水处理率	田野调查	正在完成	无
		厕所革命完成率	田野调查	正在完成	无
		自来水普及率	田野调查	100%	无
		道路硬化率	田野调查	基本完成	无
		公共设施完善度	田野调查	公共设施基本完善	无
		建筑环境协调性	田野调查	建筑环境协调性良好	无

续表

序号调查内容	一级指标	二级指标	数据来源	数据状况	问题与不足
3 产业环境	产业多样性	特色农业	文献与田野调查	人参种植	特色不够显著
		乡村特色文化及旅游业	文献与田野调查	满族民俗体验游、木屋景观游、冬季冰雪游	无
		地域特色产业品牌	文献与田野调查	木屋村落品牌	无
		网络共享经济比率	文献与田野调查	网络旅游快速发展	无
		跨界联盟运营创新比率	文献与田野调查	文化展示合作社、文化旅游合作社	无
	产业组织与创新性	文化与农业耦合	田野调查	天然耦合	无
		文化与旅游业耦合	田野调查	耦合充分	无
		文化与乡村服务业耦合	田野调查	不断挖掘	无
		政策耦合建设	田野调查	耦合充分	无
		产业创新人才	田野调查	大学生返乡创业	无
		年人均可支配收入	文献与田野调查	17385元（2020年）	无

（三）临江市花山镇珍珠村松岭屯综合调查

1. 村落文化保护调查

文化多样性调查。（1）村落历史：20世纪30年代，日本侵占东北，为了大肆掠夺长白山的矿产、木材资源，从山东等地招募了大量劳工，用以修建从通化经浑江到临江的铁路。后来，幸存的山东劳工与当地的满族在地居民在白山黑水间聚居生活，形成今天的松岭雪村。（2）传统民居与历史建筑：民居风貌多保持着东北林区的原生态结构，尚存有众多古朴的乡土建筑，一般是土坯或叉泥墙，瓦顶、门窗已经换成现代式，室内仍然是口袋房万字炕，分里外屋，外屋为厨房，里屋为卧室兼起居室。室内陈设仍然古朴，炕琴柜、一对箱子是标准陈设，箱子上是日用品及相框等。（3）非物质文化遗产：获评第三批国家级满族传统村落。

文化组织性调查。（1）村落文化挖掘与整理：该村以关东木把文化遗风而著称，挖掘木把文化历史，木把节，木把号子等；挖掘满族文化；挖掘闯关东移民文化。（2）修复村落文化肌理与生态：修复满族传统民居；新建井干式建筑修复文化肌理；保护原生态民俗，包括饮食、生活方式、生产方式等；通过摄影、绘画、影视专题片等记录村落文化生态；挖掘整理东北林区的冰雪文化。（3）文化遗产申报与传承人培养：第三批中国传统村落。

文化创新性调查。（1）创新性保护：将村中传统民居打造为旅游民宿，目前村内共有"雪村人家""雪村之恋"、中医艾草山村艺术民宿等75家民宿，家家户户都有一块招牌，依靠民宿体验传统民俗与原生态的生活方式，使得村落得到持续保护，实现保护、活化、产业、经济、持续的创新性保护状态。（2）创新性活化：打造吉林省特色民宿；以"中国传统村落""中国最美休闲乡村""水墨松岭冬季冰雪景观"为品牌吸引力，打造中国艺术摄影协会创作基地、吉林省摄影家协会创作基地、白石摄影工作室、赵春江摄影工作室、吉林省青年摄影家协会艺术沙龙、赵英杰中医艾草基地等工作室13个；打造松岭冰雪观光文化，增强村落整体的文化性保护（见图4-13）；联合长春电影制片厂打造影视基地，截至田野考察结束，已有《陈云在临江》《五朵金花》《林海雪原》《四保临江》等二十多部影视片中的部分片段在这里拍摄；开发红色旅游、书画研学、旅游摄影教学、松花石文化传播、农耕文化研学、工艺品代理销售等一系列极富东北乡村旅游特色的项目。（3）创新性传播：中央电视台七套《乡土》栏目组也将其作为取景地；依靠《人民日报》、央视、省市电视台等主流媒体以及抖音等自媒体广泛传播。

图 4-13 水墨松岭冰雪文化

2. 人居环境调查

地理区位现状调查。区位优势与交通：松岭屯雪村坐落在吉林省东南部临江市花山镇 20 千米处的偏僻山上，距临江市市区西北部 24 千米，距珍珠门风景区 5 千米，地理位置优越，平均海拔 900~1100 米。这里是长白山支脉松岭山脉的深处，群山环绕、地势陡峭、梯田遍布，但因交通欠发达，保留了大量的原始农业景观。松岭区域属北寒温带大陆性季风气候，是长白山较为寒冷的地区，冬季漫长且寒冷，雪情好，雪质纯净，10 月中旬至次年 4 月中旬，积雪深度在 0.5~2 米，近半年的积雪期，使冰雪景观成为当地最具特色的乡土景观之一。

自然环境保护。（1）自然生态保护度：松岭屯雪村地处深山，森林资源得天独厚，植物种类丰富、长势良好，森林覆盖率达 83% 以上，绿化率较高，自然环境优美，自然生态保持完好；四季景观特色分明，春季山花烂漫、夏季翠绿温凉、秋季绚烂多彩、冬季白雪皑皑，享有"关东雪村——水墨松岭"的美誉。（2）田园景观规划：松岭屯的田园景观是山地农田景观，主要农作物有玉米、大豆，特色种植物有中草药、草莓等。

人工环境更新调查。（1）居民状况：依据田野调查统计，截至 2022 年 2 月，松岭屯区域面积 11 平方千米，共 150 余户村民。（2）村落状况：村落整体依地形山势随机分布，呈现自然耦合的村落肌理。目前村落建筑大体分为三类，第一类是满族乡土建筑，一般是土坯或叉泥墙，瓦顶，门窗已经换成现代式，室内仍然是口袋房万字炕，分里外屋，外屋为厨房，里屋为卧室兼起居室，室内陈设仍然古朴，炕琴柜、一对箱子是标准陈设，箱子上是日用品及相框等；第二类是典型民居建筑，结构一般为砖瓦结构，房型一般为三间，也有两间或多间，起脊，悬山或硬山，院落一般为三合院，室内一般为火炕、地热、暖气混合采暖，室内墙面一般为大白，设吊棚，地面为水泥地面或铺装地砖、地板，门窗一般为木门窗、铝合金门窗或塑钢门窗；第三类是井干式民居，多是新修建的建筑。村内缺少具有文物价值的历史建筑。（3）垃圾规范处理率：生活垃圾集中排放集中处理率 100%。（4）生活生产污水处理率：生活生产污水处理正在完善。（5）厕所革命完成率：全村厕所革命正在进行。（6）自来水普及率：自来水普及率100%。（7）道路硬化率：村中道路硬化基本完善。（8）公共设施完善度：夜间照明等公共设施基本完善。（9）建筑环境协调性：民居建筑色彩与风格统一。

3. 产业环境调查

产业多样性调查。（1）特色农业：山野菜采集、中草药种植、生态草莓和红松树籽等特色农业。（2）乡村特色文化及旅游业：打造特色冰雪文化、村落传统生活方式与民俗文化，以"水墨松岭"为文化品牌，大力发展冬季旅游，冰雪体验游、冰雪摄影游、冰雪写生游等；形成集住宿、餐饮、土特产销售、民俗生活体验服务等为一体的乡村旅游产业链；目前全村的民宿75家，景区年接待游客4万余人次，营业额达450万元以上。（3）地域特色产业品牌：水墨松岭的冬季冰雪生态景观成为冬季旅游产业品牌。（4）网络共享经济比率：松岭屯的旅游业发展越来越依靠互联网传播，网络旅游订单逐年增加，但是增长率的数据归纳困难。（5）跨界联盟运营创新比率：成立了民俗文化展示合作社、文化旅游合作社。

产业组织与创新性调查。（1）文化与农业耦合：木把文化与林区的冬季木业生产耦合。（2）文化与旅游业耦合：深入挖掘木把文化、民俗文化、冰雪文化、摄影文化、艺术绘画，耦合冰雪体验游、冰雪摄影游、冰雪写生游、乡村民俗游等。（3）文化与乡村服务业耦合：发展地域文化特色民宿，形成住宿、餐饮、土特产销售、民俗生活体验服务乡村服务业产业链；创新雪地游乐设施；完善道路桥梁、冲水公共厕所等村落公共设施；保护牛爬犁、东北大花棉袄、旱烟袋、羊皮袄等民俗生活场景，服务原生态摄影，提升游客满意度；通过统一规划、统一经营，推动共建共营、共营共享、共享共赢，实现村级集体经济和村民收入增加；进一步规范松岭雪村秩序，完善松岭雪村服务体系，完善设施配套、氛围营造、服务提升，打造风景如画，干净整洁的美丽乡村。（4）政策耦合建设：耦合乡村振兴的产业兴旺、生态宜居、乡风文明、治理有效、生活富裕的战略目标，挖掘冰雪景观资源、振兴松岭乡村。（5）产业创新人才：先后入驻十多位艺术家与吉林省非物质文化遗产传承人，有摄影、国画、书法、油画、松花石雕刻、木雕根艺、鹿皮画、芦苇画、铁皮画、面塑、长白石微雕等艺术家；珍珠门村党支部书记范建超也被乡亲们称为"雪村超人"，带领村民打造了松岭屯品牌。（6）年人均可支配收入：2020年松岭屯村全村人均可支配收入16002元①。

---

① 临江市2021年政府工作报告［EB/OL］. 凡人图书馆网，2021-03-19.

表4-10 松岭屯村落综合调查数据统计表

序号 调查内容	一级指标	二级指标	数据来源	数据状况	问题与不足
1 村落文化保护	多样性	村落历史	文献与田野调查	20世纪30年代	缺乏文物考证
		传统民居与历史建筑	田野调查	满族乡土建筑及东北当代民居	缺乏文物建筑
		非物质文化遗产	文献与田野调查	在地居民与山东移民混合文化	文化典型性欠缺
	组织性	村落文化挖掘与整理	田野调查	挖掘满族、木把、移民、冰雪文化	文化影响力不足
		修复村落文化肌理与生态	田野调查	新建井干式建筑、修复原生态民俗	无
		文化遗产申报与传承人培养	文献与田野调查	第三批国家级传统村落	缺乏传承人培养
	创新性	创新性保护	田野调查	通过民宿产业进行文化保护,现有民宿75家	无
		创新性活化	田野调查	通过冰雪景观、摄影基地、影视拍摄等活化	无
		创新性传播	田野调查	主流媒体、电视节目、自媒体	无

续表

序号 调查内容	一级指标	二级指标	数据来源	数据状况	问题与不足
	地理区位	区位优势与交通	文献与田野调查	距临江市区 24 千米，区位优势较明显	无
	自然环境保护	自然生态保护度	田野调查	自然生态良好，生态优势凸显	无
		田园景观规划	田野调查	山地梯田景观	缺乏规划
		居民状况	田野调查	共 150 余户村民，满族人口占 30%	无
2 人居环境		村落状况	田野调查	自然肌理分布的原生态村落	人口外流
	人工环境更新	垃圾规范处理率	田野调查	100%	无
		生活生产污水处理率	田野调查	正在完成	进展缓慢
		厕所革命完成率	田野调查	正在完成	进展缓慢
		自来水普及率	田野调查	100%	无
		道路硬化率	田野调查	基本完成	部分沙土路
		公共设施完善度	田野调查	公共设施基本完善	无
		建筑环境协调性	田野调查	建筑环境协调良好	无

续表

序号 调查内容	一级指标	二级指标	数据来源	数据状况	问题与不足
	产业多样性	特色农业	文献与田野调查	中草药种植、生态草莓	特色不够显著
		乡村特色文化及旅游业	文献与田野调查	冰雪游产业链	无
		地域特色产业品牌	文献与田野调查	"水墨松岭"冰雪景观	无
		网络共享经济比率	文献与田野调查	网络旅游快速发展	无
		跨界联盟运营创新比率	文献与田野调查	文化展示与文化旅游合 作社	无
3 产业环境	产业组织与创新性	文化与农业耦合	田野调查	木把文化与林业生产耦合 充分	无
		文化与旅游业耦合	田野调查	耦合充分	无
		文化与乡村服务业耦合	田野调查	耦合充分	无
		政策耦合建设	田野调查	耦合充分	无
		产业创新人才	田野调查	入驻产业创新新村民	无
		年人均可支配收入	文献与田野调查	16002 元(2021 年)	无

（四）吉林市龙潭区乌拉街满族镇韩屯村综合调查

1. 村落文化保护调查

文化多样性调查。（1）村落历史：乌拉街镇是满族的发祥地之一，五千年以前的新石器时代至秦汉时期，满族先民肃慎人就生活于此。汉元封三年（前108年），置辽东四郡，乌拉街满族镇属玄菟郡上殷台县。4世纪初，东晋王朝在东北地区设护东夷校尉，以管理包括乌拉街镇韩屯村在内的东夷等部族。辽天显元年（926年），属东丹国州。元代，属咸平府。明嘉靖四十年（1561年），海西女真的乌拉部主布颜，征服了乌拉诸部，建立"乌拉国"，万历四十一年（1613年），建州女真首领努尔哈赤率兵灭亡了乌拉国，乌拉街满族镇归属盛京。清康熙元年（1662年），隶属宁古塔将军管辖。韩屯村由清代打牲人家聚集而成，开屯之户为康熙年间乌拉打牲韩姓人家①。（2）传统民居与历史建筑：村内建筑几乎全部为受传统满族建筑风格影响的当代东北民居，建筑结构一般为砖瓦结构，房型一般为三间，也有两间或多间，起脊，悬山或硬山；院落一般为三合院；室内一般为火炕、地热、暖气混合采暖，室内墙面一般为大白，有吊棚，地面为水泥地面或铺装地砖、地板；门窗一般为木门窗、铝合金门窗或塑钢门窗（见图4-14）。（3）非物质文化遗产：2015年韩屯村雾凇岛被评为国家3A级旅游景区；2016年韩屯村被评为全国乡村旅游示范村；2017年获"中国旅游总评榜年度人气美丽乡村"荣誉称号；同年被国家民委命名为"中国少数民族特色村寨"；2019年入选全国乡村旅游重点村名录；获"中国雾凇仙境第一村"的美誉。

图4-14　韩屯村民居建筑

文化组织性调查。（1）村落文化挖掘与整理：挖掘整理萨满祭司、鹰猎、满族餐饮、满族体育娱乐等满族民俗传统文化；挖掘冬季冰雪景观，打造国家3A级景区与"中国雾凇仙境第一村"的文化景观品牌。（2）修复村落文化肌理与生态：修复原生态民俗，包括饮食、满族服饰的大秧歌、珍珠球、嘎啦哈、满族婚礼等文娱项目；修复传统冰雪娱乐，通过雾凇景观与雾凇摄影的融合，

① 张林，曹友竹. 吉林乌拉满族历史文化资源保护利用的思考［J］. 北华大学学报（社会科学版），2015，16（4）：60-63.

打造"卧龙岛"摄影基地；培育"雾凇岛"地域特色景观文化品牌，形成以满族的历史文化为积淀，以雾凇岛为依托的满族特色村落。（3）文化遗产申报与传承人培养：第二批中国少数民族特色村寨。

文化创新性调查。（1）创新性保护：韩屯村的民俗文化广场建有当年满族村民居住的地窖子穴式房屋、马架子式满族村传统民居、土墙茅草房满族民居建筑、满族传统院落格局及家畜圈舍、满族传统农具、满族传统的打谷场及谷垛等；开展节庆活动保护民俗。（2）创新性活化：通过吉林国际雾凇冰雪节—乌拉满族过大年活动，满族文化艺术节等活动，活化满族舞蹈、满族餐饮（乌拉满族火锅等）等民俗，积极打造富有特色的满族文化品牌；活化传统冬季运动；通过冬季雾凇景观活化冰雪文化，白雪变白银。（3）创新性传播：景区先后承办了"韩屯现象"论坛研讨会、"世界四大自然奇观"推介峰会、中央电视台"东南西北过大年"、中法纪录片《粉雪奇遇》等众多会议活动，加强文化传播；央视、省市电视台等主流媒体以及抖音等自媒体广泛传播。

2. 人居环境调查

地理区位现状调查。区位优势与交通：乌拉街镇韩屯村距吉林市市区40千米，村落位于乌拉街满族镇北6千米处，地处第二松花江畔，地处凤凰山、九泉山、团山的峰峦环抱中，形成所谓"峰呈东岭，屏列一方，水漾松花"的乌拉形胜。贯通南北交通的主要陆路及辉发河、松花江、黑龙江的水路交通枢纽。气候类型属于温带半湿润大陆性季风气候，四季分明，日照充足。昼夜温差相对较大，春季干燥多风，夏季温热多雨，秋季凉爽多晴，冬季寒冷漫长。

自然环境保护。（1）自然生态保护度：韩屯村在松花江边，境内有三条江道通过，自然生态良好，雾凇岛位于吉林市乌拉街镇韩屯村，为保护冬季雾凇奇观，当地加强江边绿化，以提高"中国雾凇仙境第一村"冬季雾凇景观品质。（2）田园景观规划：韩屯村共有耕地350公顷，多为自然农田，缺乏规划。

人工环境更新调查。（1）居民状况：依据田野调查统计，截至2022年2月，韩屯村现有居民360户，1360人。其中50%是满族人。（2）村落状况：村落位于松花江边，地势平坦，民居规划齐整，村内道路宽敞，有环村道路与村外连接；村内典型民居建筑结构一般为砖瓦结构，房型一般为三间，也有两间或多间，起脊，悬山或硬山，院落一般为三合院，室内一般为火炕、地热、暖气混合采暖，室内墙面一般为大白，设吊棚，地面为水泥地面或铺装地砖、地板，门窗一般为木门窗、铝合金门窗或塑钢门窗；传统的满族泥草房少见，村内缺少具有文物价值的历史建筑。（3）垃圾规范处理率：生活垃圾集中排放集中处理率100%。（4）生活生产污水处理率：生活生产污水处理基本完善。（5）厕所革命完成率：全村厕所革命正在进行。（6）自来水普及率：自来水普及

100%。(7) 道路硬化率：道路硬化基本完善，景区周边 16.9 公里道路全部绿化，通往景区的 5 条线路达到了县级公路标准，实现景区环路。(8) 公共设施完善度：夜间照明等公共设施基本完善，新建游客服务中心、停车场等设施。(9) 建筑环境协调性：基本协调。

3. 产业环境调查

产业多样性调查。(1) 特色农业：主要农作物有玉米、水稻、大豆、马铃薯、花生。(2) 乡村特色文化及旅游业：随着第二批中国少数民族特色村寨、第一批全国乡村旅游重点村、国家 3A 级景区、"中国雾凇仙境第一村"等村落品牌及村落影响力的提升与推广，游客和摄影爱好者日益增加，每年接待游客 60 多万人次，旅游收入达到 3000 多万元；韩屯村先后开起了 86 家农家小院客栈，有的是传统民房，内部为火烧的炕、报纸糊的墙，也有不少这几年盖的新房，都有独立卫生间和太阳能热水器，民宿经营红火。(3) 地域特色产业品牌："中国雾凇仙境第一村"的冬季旅游产业品牌。(4) 网络共享经济比率：韩屯村的旅游业发展越来越依靠互联网传播，网络旅游订单逐年增加，但是增长率的数据归纳困难。(5) 跨界联盟运营创新比率：数据不详。

产业组织与创新性调查。(1) 文化与农业耦合：打牲文化（东珠、人参、鲟鳇鱼等珍稀物资作为向朝廷进贡之物）与农业生产耦合需要组织深化。(2) 文化与旅游业耦合：满族文化、冰雪文化、摄影文化与旅游业深度耦合。(3) 文化与乡村服务业耦合：发展地域文化特色民宿，目前村内有民宿 86 家，形成集住宿、餐饮、土特产销售、文娱体验、雾凇景观旅游为一体的乡村服务业产业链；创新雪地游乐设施，完善道路、完善村落公共设施；以满族民俗文化为灵魂，整合文、岛、林、田、村、物产等全域资源，全面融入节庆文化、萨满文化、渔猎文化、打牲文化、民居文化、满族饮食文化，做深满族民俗文化文章；做美村屯风光，做大生态休闲业态，创新发展模式，着力打造文化体验、生态康养、休闲度假、设施农业等旅游主体环境；形成精品民俗文化旅游产品体系，将韩屯村发展成为具有鲜明满族特色的旅游胜地。(4) 政策耦合建设：吉林市计划投资 4.5 亿元，利用 3~5 年分期进行韩屯村满族民俗文化旅游项目建设，耦合乡村振兴的产业兴旺、生态宜居、乡风文明、治理有效、生活富裕的战略目标，挖掘冰雪景观资源、持续打造"中国雾凇仙境第一村"等村落品牌。(5) 产业创新人才：韩屯村党支部书记胡彦带领全村村民共同创业。(6) 年人均可支配收入：2019 年韩屯村全村人均可支配收入 30000 元①。

---

① 乡村旅游吉林行　吉林市龙潭区乌拉街满族镇韩屯村 ［EB/OL］. 吉林市文化广播电视和旅游局网站，2020-07-22.

表 4-11 韩屯村村落综合调查数据统计表

序号 调查内容	一级指标	二级指标	数据来源	数据状况	问题与不足
	多样性	村落历史	文献与田野调查	清朝康熙年间	缺乏文物考证
		传统民居与历史建筑	田野调查	东北当代民居	缺乏文物建筑
		非物质文化遗产	文献与田野调查	打造文化与冰雪文化	满族文化影响力不足
		村落文化挖掘与整理	田野调查	满族宗教、民俗、文娱文化,冰雪文化	文化挖掘深度不够
	组织性	修复村落文化肌理与生态	田野调查	修复满族建筑文化,民俗文化,打造冰雪文化品牌	加快修复进度
1 村落文化保护		文化遗产申报与传承人培养	文献与田野调查	第二批中国少数民族特色村寨	缺乏传承人培养
	创新性	创新性保护	田野调查	民俗文化广场修复文化记忆	无
		创新性活化	田野调查	节庆活动,满族民宿餐饮,活化满族文化	无
		创新性传播	田野调查	主流媒体、电视节目、自媒体	无

续表

序号 调查内容	一级指标	二级指标	数据来源	数据状况	问题与不足
	地理区位	区位优势与交通	文献与田野调查	距吉林市区 40 千米	距离中心城区较远
	自然环境保护	自然生态保护度	田野调查	自然生态良好，冰雪景观优势凸显	无
		田园景观规划	田野调查	缺乏规划	景观效应较低
		居民状况	田野调查	1360 人，满族人口占 50%	无
		村落状况	田野调查	当代东北民居，村落建筑整齐	无
2 人居环境	人工环境更新	垃圾规范处理率	田野调查	100%	无
		生活生产污水处理率	田野调查	基本完成	无
		厕所革命完成率	田野调查	正在完成	无
		自来水普及率	田野调查	100%	无
		道路硬化率	田野调查	基本完成	无
		公共设施完善度	田野调查	公共设施基本完善	无
		建筑环境协调性	田野调查	建筑环境协调性良好	无

续表

序号 调查内容	一级指标	二级指标	数据来源	数据状况	问题与不足
	产业多样性	特色农业	文献与田野调查	玉米、大豆	特色不够显著
		乡村特色文化及旅游业	文献与田野调查	冰雪旅游产业链	无
		地域特色产业品牌	文献与田野调查	"中国雾凇仙境第一村"	无
		网络共享经济比率	文献与田野调查	网络旅游快速发展	无
		跨界联盟运营创新比率	文献与田野调查	相关数据不足	数据不足
3 产业环境	产业组织与创新性	文化与农业耦合	田野调查	打造文化与农业耦合不足；	耦合不足
		文化与旅游业耦合	田野调查	耦合充分	无
		文化与乡村服务业耦合	田野调查	耦合充分	无
		政策耦合建设	田野调查	耦合充分	无
		产业创新人才	田野调查	乡村精英活跃	无
		年人均可支配收入	文献与田野调查	30000 元（2019 年）	无

（五）四平市铁东区叶赫满族镇永合村综合调查

1. 村落文化保护调查

文化多样性调查。（1）村落历史：叶赫在满语中意为"河边的太阳"，是满族重要的发祥地之一。明代海西女真人在这里建立叶赫部落。叶赫部先民原居地在松花江北岸塔鲁木卫，16世纪初，部落首领褚孔革率领部下南迁，来到叶赫河畔以河为名，称叶赫部。1573年前后，褚孔革的孙子清佳努、扬吉奴，征服了周围的一些小部落，在叶赫河两岸的山头上，选择险要之地筑起两座城堡。兄弟二人当政时，叶赫国最为强大，为海西女真扈伦四部之盟主。1619年初叶赫部被清太祖皇帝努尔哈赤所灭。叶赫满族镇是清初孝慈高皇后（清太宗皇太极的生母）的出生地和清末慈禧太后及隆裕太后（光绪帝的皇后孝定景皇后）的祖籍地，素以"三代皇后的故乡"著称。2005年3月，叶赫满族镇划归四平市铁东区管辖，永合村位于赫满族镇核心区，距镇中心3千米①。（2）传统民居与历史建筑：村内建筑几乎全部为受传统满族建筑风格影响的当代东北民居，建筑结构一般为砖瓦结构，房型一般为三间，也有两间或多间，起脊，悬山或硬山，院落一般为三合院，室内一般为火炕、地热、暖气混合采暖，室内墙面一般为大白，设吊棚，地面为水泥地面或铺装地砖、地板。门窗一般为木门窗、铝合金门窗或塑钢门窗。（3）非物质文化遗产：获评第二批中国少数民族特色村寨；叶赫古城是满族文化的重要遗产，是省级重点文物保护单位，成为远近闻名的访古旅游胜地，虽然不属于永合村，但是对永合村文化的影响较为深远。

文化组织性调查。（1）村落文化挖掘与整理：叶赫满族镇清初皇太极生母孝慈高皇后的出生地和清末慈禧太后、隆裕皇后的祖籍地，素以"三代皇后的故乡"而闻名于世；境内现在的东、西两座古城遗址是国家级文物保护单位，古城文化区内，有叶赫东西二城和商简府城遗址、古驿站、伽蓝寺、娘娘庙、虫王庙等文化古迹。（2）修复村落文化肌理与生态：距永合村12千米的转山湖东山上新建的"叶赫那拉城"再现了昔日古城风采，来此寻根、访古、体验满族民俗文化风情。（3）文化遗产申报与传承人培养：获评第二批中国少数民族特色村寨。

文化创新性调查。（1）创新性保护：通过建设叶赫吉林省级旅游风景区，对文化进行创新性保护。（2）创新性活化：新建的"叶赫那拉城"再现了昔日古城风采。（3）创新性传播：通过省市电视台等主流媒体以及抖音等自媒体广

---

① 翟英顺. 挖掘满族民俗资源 打造叶赫文化品牌［N］. 四平日报，2018-11-30（5）.

泛传播。

2. 人居环境调查

地理区位现状调查。区位优势与交通：永合村位于素有"皇后故里、凤起之地"美誉的满族重要发祥地和祖居地之一的铁东区叶赫满族镇。该村距离四平市市区 30 多千米，交通便利。

自然环境保护调查。（1）自然生态保护度：永合村地处半山区的叶赫镇核心区，这里山川秀美，转山湖静水环山、长松绕岭，这里是国家林业和草原局命名的 100 个天然森林公园之一；附近有叶赫那拉古城、二郎山庄风景区、山门风景区、四平烈士陵园、四平山门火山地质公园等旅游景点，自然生态良好。（2）田园景观规划：永合村耕地面积 570 公顷，林地面积 1200 公顷。这些年来，永合村因地制宜，凭借优美的自然环境发展种植业与林果业，呈现自然田园景观。

人工环境更新调查。（1）居民状况：依据田野调查统计，截至 2022 年 2 月，永合村人口 2780 人，其中满族人口约占总人口的 41%。（2）村落状况：永合村地处四平市叶赫镇南 2 千米处，两面靠山，绿水环绕，有着丰富的山地资源，6 个自然屯，村内典型民居建筑结构一般为砖瓦结构，房型一般为三间，也有两间或多间，起脊，悬山或硬山，院落一般为三合院，室内一般为火炕、地热、暖气混合采暖，室内墙面一般为大白，设吊棚，地面为水泥地面或铺装地砖、地板，门窗一般为木门窗、铝合金门窗或塑钢门窗；传统的满族泥草房少见；村内缺少具有文物价值的历史建筑。（3）垃圾规范处理率：生活垃圾集中排放集中处理率 100%。（4）生活生产污水处理率：生活生产污水处理正在完善。（5）厕所革命完成率：全村厕所革命正在进行。（6）自来水普及率：自来水普及率 100%。（7）道路硬化率：道路硬化基本完善。（8）公共设施完善度：夜间照明等公共设施基本完善，新建游客服务中心。（9）建筑环境协调性：基本协调。

3. 产业环境调查

产业多样性调查。（1）特色农业：主要农作物为玉米、稻谷、苹果、特产榛子、山楂、白蘑等。（2）乡村特色文化及旅游业：凭借优美的自然环境和特有的民族风情，大力发展林果业和农家乐，成为远近闻名的旅游名村；有"叶赫人家"等农家乐 10 余家。（3）地域特色产业品牌：果园采摘、生态农业种植基地、水果基地、旅游基地、矿泉水开发基地，发展名牌农产品。（4）网络共享经济比率：永合村的旅游业发展越来越依靠互联网传播，网络旅游订单逐年增加，但是增长率的数据归纳困难。（5）跨界联盟运营创新比率：2011 年下半年由村社干部牵头成立了叶赫兴民林果专业合作社，目前已吸纳社员 180 户；2012 年 12 月，成立叶赫人家乡村旅游发展专业合作社，注册资本为 420 万元人民币，法定代表人为李耀明，经营范围包括旅游项目建设、劳务人员输出、乡村旅游、住宿、餐饮、农产品加工、手工草编、传统酒坊、绿色果蔬采摘服务及销售；2013 年，成立叶赫镇永合村君伟生态园；2016 年 1 月 5 日成立香果满园农民专业合作社，经营范围包括种植业、发展果品品质、培植优良品种、农业生产资料、果品苗木销售运输及农业机械作业、乡村民俗旅游、红果采摘、新品种引进、推广、培训等；赤芍白玉中草药种植农民专业合作社，主要提供中草药种植，药材，苗木，种子统购统销，田间管理，组建互联网交易平台，病虫害防治防控，药材种植管理技术咨询，村民互助帮扶，市场信息服务等；2019 年 1 月 28 日，成立叶赫满族镇绿色大地果树榛子园；四平市铁东区于 2022 年 5 月 27 日成立叶赫满族镇孙明果园。

产业组织与创新性调查。（1）文化与农业耦合：文化与农业耦合力弱化。（2）文化与旅游业耦合：依靠叶赫镇的文化资源，以满族文化古迹与果园采摘带动旅游，以旅游带动农家乐餐饮服务，大大增加了村民的收入。（3）文化与乡村服务业耦合：每年举办叶赫红果采摘节；成立叶赫人家农家乐旅游服务管理中心，这是一个连接村民和游客的平台；2016 年在吉林省民委的大力支持下，永合村引进 220 万元资金建起水果集散中心，配备了水果分选设备；农产品的加工业和农区牧业、生态旅游业，将永合村建成农、牧、林、旅游、商贸型生产与生态保护区。（4）政策耦合建设：耦合乡村振兴的产业兴旺、生态宜居、乡风文明、治理有效、生活富裕的战略目标。（5）产业创新人才：村委会班子成员田亚波是当地的乡村精英，是合作社带头人之一，带头开展农家乐、打造旅游服务管理中心。（6）年人均可支配收入：2019 年永合村全村人均可支配收入 14475 元[①]。

---

① 政府工作报告［EB/OL］．四平市人民政府网，2020-01-15.

表 4-12 永和村落综合调查数据统计表

序号调查内容	一级指标	二级指标	数据来源	数据状况	问题与不足
1 村落文化保护	多样性	村落历史	文献与田野调查	16 世纪初	无
		传统民居与历史建筑	田野调查	东北当代民居	缺乏文物建筑
		非物质文化遗产	文献与田野调查	叶赫文化遗产	镇域文化遗产，非本村文化遗产；
		村落文化挖掘与整理	田野调查	"三代皇后的故乡"古城遗址	镇域文化
	组织性	修复村落文化肌理与生态	田野调查	新建的"叶赫那拉城"	镇域文化
		文化遗产申报与传承人培养	文献与田野调查	第二批中国少数民族特色村寨	缺乏传承人培养
	创新性	创新性保护	田野调查	建设叶赫吉林省级文化旅游区	镇域文化保护
		创新性活化	田野调查	活化古城风采	镇域文化活化
		创新性传播	田野调查	主流媒体、自媒体	无

165

续表

序号 调查内容	一级指标	二级指标	数据来源	数据状况	问题与不足
	地理区位	区位优势与交通	文献与田野调查	距四平市市区 30 千米	距离中心城区较远
	自然环境保护	自然生态保护度	田野调查	天然森林公园	无
		田园景观规划	田野调查	自然田园景观	无
		居民状况	田野调查	户籍人口 2780 人，满族人口占 41%	人口外流与老龄化
		村落状况	田野调查	当代东北民居，村落规整，无历史建筑	无
2 人居环境	人工环境更新	垃圾规范处理率	田野调查	100%	无
		生活生产污水处理率	田野调查	正在完善	无
		厕所革命完成率	田野调查	正在完成	无
		自来水普及率	田野调查	100%	无
		道路硬化率	田野调查	基本完成	无
		公共设施完善度	田野调查	公共设施基本完善	无
		建筑环境协调性	田野调查	建筑环境协调性良好	无

续表

序号 调查内容	一级指标	二级指标	数据来源	数据状况	问题与不足
	产业多样性	特色农业	文献与田野调查	果园采摘	无
		乡村特色文化及旅游业	文献与田野调查	文化及乡村体验游	旅游体验影响力不够丰富
		地域特色产业品牌	文献与田野调查	水果基地	品牌影响力不足
		网络共享经济比率	文献与田野调查	网络经济快速发展	无
		跨界联盟运营创新比率	文献与田野调查	成立多项专业合作社	无
3 产业环境	产业组织与创新生	文化与农业耦合	田野调查	耦合不足	耦合不足
		文化与旅游业耦合	田野调查	耦合不足	耦合不足
		文化与乡村服务业耦合	田野调查	耦合不足	耦合不足
		政策耦合建设	田野调查	耦合不足	无
		产业创新人才	田野调查	乡村精英流失	精英流失
		年人均可支配收入	文献与田野调查	14475元（2019年）	较低

（六）吉林满族传统村落的综合调查小结

1. 村落文化保护调查小结

（1）文化多样性方面：吉林满族传统村落的历史一般为 100～300 年，村落的形成历史普遍较短，多文献考证，文物考证不足；传统民居与历史建筑遗存不均衡，大多村落整体为当代典型东北民居，个别村落整体为满族传统建筑，整村保存完好；村落建筑文化遗产与文娱文化得到不同程度的保护，文化遗产传承人不足令人担忧。（2）文化组织性方面：村落文化挖掘与整理工作的开展参差不齐，整体行动滞后；村落文化肌理与文化生态正在修复，但是整体进展缓慢，多数村落的人口多元化，满族文化的典型性不足，满族传统村落根性文化的村民文化认同不足；文化遗产申报积极开展，但文化传承人培养滞后。（3）创新性保护方面：充分应用地域文化资源，结合影视拍摄基地，促进文化创新性活化；文化影响力需要不断扩大。

2. 人居环境调查小结

（1）地理区位方面：吉林满族传统村落大多分布在长白山脉区域内，村落分布整体远离区域中心城市，但是都有自然生态与满族文化的依托，都属于资源依托型村落。（2）自然环境保护方面：吉林满族传统村落都依托于长白山山脉的森林及江河资源，拥有良好的自然生态，农业景观多为自然种植业、山区果业、中草药种植业等。（3）人工环境更新方面：村民人居环境改善的诉求与传统村落文化保护的矛盾突出，文化价值认同失衡，除锦江木屋村整体保护完好外，其余村落的建筑形式多为当代东北典型民居，传统满族茅草屋存量稀少。村落基础设施普遍较为完善。精英人才不足，青壮年流失严重，村落持续空心化，人口老龄化问题突出。

3. 产业环境调查小结

（1）产业多样性方面：产业结构基本为"农业+旅游业"模式，主要依托自然生态景观资源开展旅游，文化旅游深度挖潜不够，特色旅游品牌正在形成，旅游产业链不断完善。网络经济发展较快，跨界联盟的合作社经济普遍开展。（2）产业组织与创新性方面：满族传统古村落文化品牌力较弱，文化品牌与农业耦合度降低，文化与旅游业及乡村服务业耦合发展不均衡，产业创新人才较为匮乏，总体上乡村精英成外流趋势，人均可支配收入整体不均衡。

五、辽宁满族传统村落的综合调查

（一）新宾满族自治县永陵镇赫图阿拉村综合调查

1. 村落文化保护调查

文化多样性调查。（1）村落历史：赫图阿拉村被誉为"中华满族第一村"，通过对传统村落的实地调查可知，赫图阿拉村的一部分是因旅游开发需要，从赫图阿拉城内迁出而形成的村落，还有一部分是原来老城村外城的居民聚焦而成；村落由四部分组成，皇寺新村与老城新村修建于1999年，同期对赫图阿拉古城进行修缮，北关屯、河北屯为赫图阿拉村原城外自然屯；现如今赫图阿拉城成为国家4A级景区，坐落于村中平顶山上；赫图阿拉村的历史与赫图阿拉古城的历史一脉相承，至今已有400余年，赫图阿拉古城始建于明万历三十一年（1603年），明万历四十四年（1616年）努尔哈赤于此建立了大金政权，史称后金；赫图阿拉古城除了是后金开国的第一都城，也是中国历史上最后一座山城式都城，更是迄今保存最完善的女真族山城；山上是赫图阿拉古城，清太祖努尔哈赤的出生地、后金的都城，山下则是如今的赫图阿拉村。（2）传统民居与历史建筑：从赫图阿拉城迁出的新建村落，其民居形式基本都是典型的金包银式，风格统一，建筑质量很好。其建筑，除作为民宿经营的之外，室内大多遵循当代东北民居室内标准，一般为火炕、地热、暖气混合采暖，室内墙面一般为大白，设吊棚，地面为水泥地面或铺装地砖、地板，门窗一般为木门窗、铝合金门窗或塑钢门窗（见图4-15）；原老城村旧村落的建筑现状较为复杂，建筑风格不够统一，有以砖石结构建造的，也有砖木结构混合建造的，还有以砖土建造的，建筑整体风格是东北当代民居形式（见图4-16）；除赫图阿拉城外，村中无历史建筑。（3）非物质文化遗产："满族地秧歌""满族剪纸""满绣""八碟八碗"非物质文化遗产；2014年9月，入选"首批中国少数民族特色村寨"；2014年11月，被列入"第三批中国传统村落名录"；2016年10月，推介为"2016年中国美丽休闲乡村"；2019年7月，入选"第一批全国乡村旅游重点村"；2019年12月，入选"第一批国家森林乡村"；2010年新宾满族剪纸被评为世界级文化遗产。

图4-15　赫图阿拉老城新村传统民居与村落肌理

图 4-16　赫图阿拉老城旧村传统民居与村落肌理

　　文化组织性调查。（1）村落文化挖掘与整理：宗教文化方面，萨满教作为满族的原始宗教，一直沿袭至今，赫图阿拉城内萨满教舞蹈依旧以表演形式存在；满族文娱方面，村落内满族艺术文化内容为萨满舞、满族舞蹈、满族传统戏剧三种，村落内的满族舞蹈形式为祭祀舞、民间舞、旗袍舞、男子舞，多以景区表演形式对外展现，满族传统戏剧八角鼓戏在村落内已鲜为人知，但依旧被部分老一辈居民所掌握，村落内满族艺术文化种类多样，但文化现状呈现边缘化，文化活化成为村落建设的当务之急；满族工艺文化方面，新宾满族剪纸2010 年被评为世界级文化遗产，赫图阿拉被誉为旗袍故里，是旗袍的发源之地；满族建筑文化，民居建筑中的"四大怪"最具代表性，满族民居建筑遵照"口袋房、万字炕、烟囱竖在地面上、窗户纸糊在外"的形式建造，传达了满族先人的智慧，赫图阿拉村内还存有清朝前期许多的地下遗址，如铠甲制造厂、仓廒区等；满族习俗文化方面，满族习俗文化包括日常生活习俗文化、传统节庆及婚丧习俗文化，日常生活习俗文化包括日常礼仪习俗、日常饮食习俗，奉行"以西为尊，以右为大"的习俗文化，传统节庆及婚丧习俗文化包括：添仓节、药香节、满族婚俗、满族丧俗等。（2）修复村落文化肌理与生态：修复建筑文化方面，从赫图阿拉城迁出的新建村落形成的传统民居基本都是典型的金包银式建筑，风格统一，建筑质量很好，形成典型的满族建筑民居村落；修复民俗文化方面，修复满族服饰文化、居住文化、餐饮文化、礼俗文化、传统文娱、工艺美术、生产文化等。（3）文化遗产申报与传承人培养：入选第三批中国传统村落名录；有"满族地秧歌""满族剪纸""满绣""八碟八碗"非物质文化遗产；传承人培养缓慢。

　　文化创新性调查。（1）创新性保护：先后建成了中华满族民俗风情园、满族历史博物馆、旗袍博物馆、人参博物馆、前清历史博物馆和满族民俗博物馆，中华满族民俗风情园是我国目前唯一展示满族民族发展历史的综合性游览区，五处博物馆展现的项目从历史文化史料展示、古董的陈列发展到民俗的介绍以及活态的体验。（2）创新性活化：产业活化是赫图阿拉村创新活化的主要特征；文娱产业，村落内的满族舞蹈形式为祭祀舞、民间舞、旗袍舞、男子舞、萨满舞，多以景区表演形式对外展现；民间刺绣、满族剪纸等创新活化，一批"老技艺"正在变成村里的新产业；满族旗袍成为新时尚，村里建起了满韵手工坊，专门定制旗袍，年收入 100 多万元；一户一品一特色的精品民宿，以清代四大功臣家族四合院为原型打造功臣府邸特色民宿，扈尔汉府、费英东府、额亦都府等，以满族文化打造特色民宿，"阿克达春客栈""额勒赫客栈""额腾伊客栈"等，目前各色民宿有 20 多家；日常饮食习俗活化，如满族火锅、八碟八碗等；民居建筑文化活化，满族建筑"四大怪"最具代表性，传达了满族先人的建筑智慧①。（3）创新性传播：主流媒体与抖音等自媒体广泛传播。

2. 人居环境调查

地理区位现状调查。区位优势与交通：赫图阿拉村位于新宾满族自治县永陵镇 2 千米处，东临白硅山，南靠羊鼻子山，西止嘉洽河，北抵苏子河，201、104 省道由此经过，是通往新宾满族自治县的必经之地。距离新宾县约 18.5 千米，距离抚顺市约 110 千米，距离沈阳市约 150 千米。

自然环境保护调查。（1）自然生态保护度：永陵镇赫图阿拉村地处长白山系边缘龙岗山南脉地带，四周群山环绕，自然环境优美，全村林地面积 1866.7 公顷，森林覆盖率 73%。清澈的苏子河河水自东向西穿流而过，自然生态良好。（2）田园景观规划：田园景观呈现生态农业景观。

人工环境更新调查。（1）居民状况：依据田野调查统计，截至 2022 年 3 月，赫图阿拉村，全村 628 户人家，人口 2105 人，满族人口占村落总人口的 90%，满族文化成为村落文化的主体。（2）村落状况：从 2011 年开始，政府加大力度对赫图阿拉村进行整治规划，村落内新建秸秆气化站一座，完成村落内 95% 以上村民的新型燃料供给；新建污水处理设施，提高村落污水处理效率；对村落内 308 户厕所实行更新改造，修建室内卫生设施，方便村民生活；铺筑村路 20 千米，提高交通通行度；村落内基础设施完成翻新，其中太阳能路灯安置 100 盏；对苏子河村村内流域进行水渠硬化与河堤护砌的相关工作，其长度为 1400 米。但通过田野调查发现，皇寺新村与老城新村环境相对较好，基础设施较为完善，居民保护意识相对较强；北关屯、河北屯为赫图阿拉村原城外自然屯，设立年代较为久远，外加当地居民保护意识淡薄，环境问题尤为凸显。（3）垃圾规范处理率：村落内设有垃圾定点收治点，会有清洁人员定时进行垃圾处理工作，垃圾规范处理率 100%。（4）生活生产污水处理率：污水处理率达

---

① 周明，崔振波. 新宾县赫图阿拉村大力发展满族特色文旅产业带动村民致富——端好旅游金饭碗　鼓起增收钱袋子［N］. 辽宁日报，2020-10-19（1）.

到74%，已达到过滤后排放标准。（5）厕所革命完成率：2019年村落内厕所革命完成率达到85.34%。（6）自来水普及率：自来水普及率100%。（7）道路硬化率：村落内道路实现100%硬化。（8）公共设施完善度：夜间照明等公共设施基本完善，村落内公共卫生情况相对较好，但仍有很大的提升空间。（9）建筑环境协调性：古村落建筑风格统一。

3. 产业环境调查

产业多样性调查。（1）特色农业：村落耕地面积253公顷，人均0.1公顷，土壤肥力较好，以水稻、玉米为主要种植作物；发展休闲农业和观光农业；村里先后创建了御果种植专业合作社、启运湖生态园、黑木耳产业基地、水稻深加工等产业；1000多亩的药园产值逐年递增，效益十分可观。（2）乡村特色文化及旅游业：依托世界级物质文化遗产清永陵和国家4A级旅游景区赫图阿拉城的优势，大力发展满族特色文旅产业，开发满族特色旅游产品，致力于打造一园、二节、四遗、五馆的乡村旅游；赫图阿拉村依托旅游服务业带动村落第三产业发展；通过田野考察得知，赫图阿拉村拥有个人独资企业8家、个体工商户52家，其经营形式多以民宿、农家乐、采摘园为主。（3）地域特色产业品牌：满族文化特色旅游、满族文化特色民宿、满族八大碗餐饮、满族旗袍。（4）网络共享经济比率：成立赫图阿拉村的旅游业发展越来越依靠互联网传播，网络旅游订单逐年增加，但是增长率的数据归纳困难。（5）跨界联盟运营创新比率：成立御果种植专业合作社；村里成立了赫图阿拉满族民俗旅游产业发展有限公司，实行"公司+农户"共建民宿的模式，头三年，公司采取租赁村民闲置房屋的形式，三年后村民可以房屋作为资产入股，村集体享有80%的经营利润分红，村民享有20%的分红，既发展壮大了集体经济，又为村民增收开辟一条新路。

产业组织与创新性调查。（1）文化与农业耦合：文化正在与农业农产品加工业耦合。（2）文化与旅游业耦合：以满族民俗文化为核心、开发满族特色旅游产品，创新乡村旅游规划，带动一二三产业融合发展，让一产围绕旅游提升，二产支撑旅游做强，三产融合旅游延展。（3）文化与乡村服务业耦合：赫图阿拉村已形成以民宿产业为基础，集景区、民俗、文化、餐饮、休闲农业、文创于一体的特色文旅经济，年接待游客超百万人次。赫图阿拉村打造的"满族农庄过大年"丰富游客体验，探索深度乡村游。（4）政策耦合建设：耦合乡村振兴的产业兴旺、生态宜居、乡风文明、治理有效、生活富裕的战略目标。（5）产业创新人才：村党支部书记罗天成带领赫图阿拉村两委班子发展旅游服务业。（6）年人均可支配收入：2020年赫图阿拉村全村人均可支配收入20600元（田野调查数据）。

表4-13　赫图阿拉村村落综合调查数据统计表

序号调查内容	一级指标	二级指标	数据来源	数据状况	问题与不足
1 村落文化保护	多样性	村落历史	文献与田野调查	明万历三十一年（公元1603年）	无
		传统民居与历史建筑	田野调查	金包银式满族民居，当代东北民居，无历史建筑	无
	组织性	非物质文化遗产	文献与田野调查	4项非物质文化遗产，第三批中国传统村落名录	无
		村落文化挖掘与整理	田野调查	宗教文化，满族文娱文化，满族建筑文化，满族习俗文化	无
		修复村落文化肌理与生态	田野调查	修复建筑文化，修复民俗文化	无
	创新性	文化遗产申报与传承人培养	文献与田野调查	4项非遗，第三批中国传统村落名录	传承人正在培养
		创新性保护	田野调查	5处博物馆	无
		创新性活化	田野调查	产业活化，文娱产业，旗袍刺绣民宿建筑	无
		创新性传播	田野调查	主流媒体，自媒体	无

续表

序号 调查内容	一级指标	二级指标	数据来源	数据状况	问题与不足
2 人居环境	地理区位	区位优势与交通	文献与田野调查	距抚顺市约110千米	区位优势不显著
	自然环境保护	自然生态保护度	田野调查	森林覆盖率73%	无
		田园景观规划	田野调查	生态农业景观	无
		居民状况	田野调查	人口2105人，满族人口占90%	老龄化
		村落状况	田野调查	古村落建筑形式统一	无
	人工环境更新	垃圾规范处理率	田野调查	100%	无
		生活生产污水处理率	田野调查	74%	需要加强完善
		厕所革命完成率	田野调查	85.34%	需要加快改建
		自来水普及率	田野调查	100%	无
		道路硬化率	田野调查	100%	无
		公共设施完善度	田野调查	基本完善	需全面完善
		建筑环境协调性	田野调查	古村落建筑风格统一	无

续表

序号 调查内容	一级指标	二级指标	数据来源	数据状况	问题与不足
	产业多样性	特色农业	文献与田野调查	休闲农业和观光农业	无
		乡村特色文化及旅游业	文献与田野调查	满族特色文旅产业	无
		地域特色产业品牌	文献与田野调查	满族特色旅游、满族文化 民宿、八大碗餐饮、满族 旗袍	无
		网络共享经济比率	文献与田野调查	网络经济快速发展	无
3 产业环境	产业组织与创新性	跨界联盟运营创新比率	文献与田野调查	产业合作社、"公司+农 户"共建民宿	无
		文化与农业耦合	田野调查	正在耦合	耦合不足
		文化与旅游业耦合	田野调查	耦合充分	无
		文化与乡村服务业耦合	田野调查	耦合不足	耦合不足
		政策耦合建设	田野调查	耦合充分	无
		产业创新人才	田野调查	村支两委	无
		年人均可支配收入	文献与田野调查	20600元(2020年)	无

（二）抚顺市新宾满族自治县上夹河镇腰站村综合调查

1. 村落文化保护调查

文化多样性调查。（1）村落历史：康熙二十五年（1686年）山西巡抚阿塔被康熙贬回家乡，看守祖陵思过，授永陵副尉。其乃携家带子由京城赴永陵上任，途经新宾上夹河腰站村时，见此地山清水秀，即将家小安置于该村，逐渐形成今天的腰站村。腰站村是辽东地区唯一的清皇族后裔聚居村落，97%的村民是满族，约三分之一人口是爱新觉罗后裔—肇氏居民。这里是清朝皇帝13次东巡住过的村落，是回兴京祭永陵的"御路"必经的驿站。是第一个建立了"中国满族基因库"的村落①。（2）传统民居与历史建筑：村内典型民居建筑结构一般为砖瓦结构，房型一般为三间，也有两间或多间，起脊，悬山或硬山，院落一般为三合院，室内一般为火炕、地热、暖气混合采暖，室内墙面一般为大白，设吊棚，地面为水泥地面或铺装地砖、地板，门窗一般为木门窗、铝合金门窗或塑钢门窗；村内现存少量满族泥草房建筑，但是已经无人居住；村内有少量皇族遗留具有文物价值的历史建筑，但因缺乏修缮已经破败；皇家驿站"东、西安乐堂"遗址。（3）非物质文化遗产：2014年腰站村被列入"中国传统村落名录"。

文化组织性调查。（1）村落文化挖掘与整理：挖掘腰站村满族村落历史与满族肇姓皇族历史；爱新觉罗家祭；中国传统村落腰站村爱新觉罗氏（肇姓）家族满族颁金节；腰站村爱新觉罗氏新修的家谱；腰站村爱新觉罗氏属于皇室旁系子孙，系红腰带，所以有"腰站红带子"之称；肇宗华的老宅"尹登古居"已经列入县级文物保护单位。（2）修复村落文化肌理与生态：修复腰站村皇族肇姓家族宗亲文化及家族宗亲文化生态；修复满族礼俗，饮食礼俗、行路礼俗、待客礼俗、年节礼俗等。（3）文化遗产申报与传承人培养：第三批中国传统村落名录。

文化创新性调查。（1）创新性保护：缺乏创新性保护。（2）创新性活化：活化满族宗亲文化；活化满族文娱"鞑子秧歌"。（3）创新性传播：通过主流媒体与抖音等自媒体广泛传播。

2. 人居环境调查

区位现状调查。区位优势与交通：腰站村距离抚顺市60千米，距离新宾镇赫图阿拉都城30千米。紧邻沈吉高速，交通便利。

自然环境保护调查。（1）自然生态保护度：腰站村位于莲花山南麓，五龙河从村前潺潺流过，这里山清水秀，自然生态良好。（2）田园景观规划：田园景观呈现生态农业景观。

---

① 孙相适. 爱新觉罗·阿塔考辨［EB/OL］. 玄菟明月网，2013-10-28.

人工环境更新调查。（1）居民状况：依据田野调查统计，截至 2022 年 5 月，村民 324 户，人口 1193 人。其中清朝皇室后裔肇姓 109 户、409 人（男性 216 人，女性 193 人），分别占该村总户数和总人口的 33.6% 和 34.28%。（2）村落状况：腰站村依山傍水，村落的布局尊重自然肌理，按照地势、山川、河流的自然走向，按照东北地区的居住习俗向阳而居，以一条古老的御路"罕王路"为村内主轴线，民居依罕王路南北两侧逐级延展。（3）垃圾规范处理率：全国垃圾分类示范村，垃圾规范处理率 100%。（4）生活生产污水处理率：生活生产污水处理正在完善。（5）厕所革命完成率：厕所革命正在完成。（6）自来水普及率：100%。（7）道路硬化率：村落内道路硬化基本完善。（8）公共设施完善度：夜间照明等公共设施基本完善。（9）建筑环境协调性：村落建筑基本协调（见图 4-17）。

图 4-17　腰站村村落环境现状

3. 产业环境调查

产业多样性调查。（1）特色农业：以玉米种植为主。（2）乡村特色文化及旅游业：依托中国传统村落和世界物质文化遗产清永陵和国家 4A 级旅游景区赫图阿拉城的满族风情游线路优势，满族特色文旅产业正在发展，但发展速度迟缓。（3）地域特色产业品牌：缺少。（4）网络共享经济比率：构建腰站村互联网经济体系，发展较快。（5）跨界联盟运营创新比率：成立腰站村集体股份经济合作社。

产业组织与创新性调查。（1）文化与农业耦合：不足。（2）文化与旅游业耦合：缓慢。（3）文化与乡村服务业耦合：缓慢。（4）政策耦合建设：耦合乡村振兴的产业兴旺、生态宜居、乡风文明、治理有效、生活富裕的战略目标。（5）产业创新人才：产业精英匮乏。（6）年人均可支配收入：2020 年腰站村全村人均可支配收入 15644 元①。

---

① 2021 年新宾满族自治县政府工作报告［EB/OL］.新宾满族自治县人民政府网，2021-01-18.

表 4-14 腰站村村落综合调查数据统计表

序号 调查内容	一级指标	二级指标	数据来源	数据状况	问题与不足
1 村落文化保护	多样性	村落历史	文献与田野调查	康熙二十五年(1686 年)	无
		传统民居与历史建筑	田野调查	当代东北民居,少量历史建筑	无
		非物质文化遗产	文献与田野调查	第三批中国传统村落名录;	无
	组织性	村落文化挖掘与整理	田野调查	家族宗亲文化,满族建筑文化	无
		修复村落文化肌理与生态	田野调查	修复家族宗亲文化,修复满族礼俗	无
		文化遗产申报与传承人培养	文献与田野调查	第三批中国传统村落名录	传承人缺失
	创新性	创新性保护	田野调查	缺乏创新性保护	缺乏创新性保护
		创新性活化	田野调查	活化家族宗亲文化,活化满族文娱	产业活化欠缺
		创新性传播	田野调查	主流媒体及自媒体	传播力不足

续表

序号 调查内容	一级指标	二级指标	数据来源	数据状况	问题与不足
	地理区位	区位优势与交通	文献与田野调查	距抚顺市 60 千米	区位优势不显著
	自然环境保护	自然生态保护度	田野调查	自然生态良好	无
		田园景观规划	田野调查	生态农业景观	无
		居民状况	田野调查	324 户,共 1193 人,满族人口占 34.28%	老龄化
		村落状况	田野调查	沿主路自然肌理分布	无
2 人居环境	人工环境更新	垃圾规范处理率	田野调查	100%	无
		生活生产污水处理率	田野调查	正在完善	加强完善
		厕所革命完成率	田野调查	正在完成	需要加快改建
		自来水普及率	田野调查	100%	无
		道路硬化率	田野调查	基本完善	需全面完善
		公共设施完善度	田野调查	基本完善	需全面完善
		建筑环境协调性	田野调查	古村落建筑风格统一	无

续表

序号 调查内容	一级指标	二级指标	数据来源	数据状况	问题与不足
	产业多样性	特色农业	文献与田野调查	玉米种植	缺乏特色
		乡村特色文化及旅游业	文献与田野调查	发展速度迟缓	发展速度迟缓
		地域特色产业品牌	文献与田野调查	缺乏特色产业品牌	缺乏特色产业品牌
		网络共享经济比率	文献与田野调查	网络经济快速发展	无
3 产业环境		跨界联盟运营创新比率	文献与田野调查	产业合作社	数量较少
	产业组织与创新性	文化与农业耦合	田野调查	耦合不足	耦合不足
		文化与旅游业耦合	田野调查	耦合不足	耦合不足
		文化与乡村服务业耦合	田野调查	耦合不足	耦合不足
		政策耦合建设	田野调查	耦合充分	无
		产业创新人才	田野调查	人才缺乏	人才外流
		年人均可支配收入	文献与田野调查	15644（2020 年）	无

（三）锦州市北镇市大市镇华山村综合调查

1. 村落文化保护调查

文化多样性调查。（1）村落历史：华山村有着近四百年的村史。据村民们的家谱记载，该村建于清顺治年间。（2）传统民居与历史建筑：村内有传统民居 203 栋，其中清代建筑 5 处、"民国"时期建筑 169 处；建筑形式多是囤顶式民居，民居一般设前后两院，前院为传统的二合院或三合院，一般由高 1.5 米左右的石砌围墙围合，有些民居还保留着从事生产的石碾、石磨，后院往往在正房内厨房的后墙开门进出，院内菜园种植一些蔬菜，同时后院的围墙往往比较低矮，有的甚至直接利用道路与房屋的高差而不设围墙；民居开间多为三间到五间不等，进户门一般开在东侧，形成传统口袋房格局；有的在正房一侧增设耳房，耳房一般用作储物；民居外墙均用当地盛产的花岗岩砌筑而成，白色的石墙与在檐口处叠砌的红砖形成了鲜明的对比；部分民居还保留着古朴的支摘窗；同时烟囱不同于传统的跨海烟囱，而是直接砌在山墙部位；室内采用南北炕布局而不用万字炕，地面主要用素土夯实。（3）非物质文化遗产：2016 年北镇市华山村被列入第四批中国传统村落保护单位名录。

文化组织性调查。（1）村落文化挖掘与整理：特殊的地理位置使这里历史上不断发生战乱、移民等现象，形成了独特的移民文化圈；可以说辽西地区的满族构成是东北整个地区源流最为复杂的，他们在融合到满族群体的过程中也把各自的文化带进了满族的机体，反映在民居建造上为文化的涵化现象要远明显于东北其他文化区，这也使得辽西地区的满族民居在建造方面与其临近的华北平原更为接近，但保留了满族老屋很多的典型特征，如火坑的使用、口袋房的布局、支摘窗的样式等；文化的融合最终形成了独具一格的辽西满族囤顶民居文化景观；手工研磨豆腐最具特色，还有杏仁豆腐、花生豆腐民间工艺。（2）修复村落文化肌理与生态：古村落现有古井 180 多个；现有梧桐、黄榆等古树 70 多棵；现有老宅存量占 85%左右，古村落文化在长期的文明传承中逐步形成，一直延续至今，这两年通过修旧如旧的方式，维修 60 户、翻建 10 户，修复古墙1200 延长米。（3）文化遗产申报与传承人培养：列入第四批中国传统村落名录。

文化创新性调查。（1）创新性保护：修旧如旧原貌保护传统村落，形成就地博物馆式保护。（2）创新性活化：深度融合文化旅游，以华山村传统村落义化、自然生态资源优势，依托森林、高山、村落美景，实现文化业富民兴村，打造华山村区域旅游示范区的新名片；梨花节活动与满族民俗活动结合，活化村落文化；华山村获评"天门山古村落国家 3A 级旅游景区"；修建露营基地。

（3）创新性传播：依靠主流媒体与抖音等自媒体传播。

2. 人居环境调查

地理区位现状调查。区位优势与交通：华山村坐落在医巫闾山北山脉脚下，位于北镇市大市镇西南方向7千米处。辽西在大陆性季风环境下，形成了典型的风沙半干旱气候。

自然环境保护调查。（1）自然生态保护度：村庄的自然资源以山、林、水为主，有天仙湖景区以及由山石自然形成的12处奇特景观。（2）田园景观规划：面积为21.5平方公里，林地面积26223亩，耕地面积288亩，自然田园景观。

人工环境更新调查。（1）居民状况：依据田野调查统计，截至2022年5月，全村共有4个自然屯，5个村民组，199户，553人，全村满族人口占90%以上。（2）村落状况：整体来看，华山村依山就势顺应地形，空间层次十分丰富，整体布局依循地形沿着等高线呈带状式分布，形成了与自然环境十分和谐的格局，道路蜿蜒起伏，房屋布局顺应地势错落有致。曲折的道路，错落的房屋，高矮的院墙构成了生动的村落景观。（3）垃圾规范处理率：生活垃圾基本完成集中排放。（4）生活生产污水处理率：生活生产污水处理正在完善。（5）厕所革命完成率：全村厕所革命正在进行，完成率67%。（6）自来水普及率：自来水普及基本完成。（7）道路硬化率：道路硬化基本完善。（8）公共设施完善度：夜间照明等公共设施基本完善。（9）建筑环境协调性：古村落建筑风格统一，整体保护良好，环境协调性需要进一步加强。

3. 产业环境调查

产业多样性调查。（1）特色农业：葡萄、辽西白梨、杨桃、透明包菜、白花菜。（2）乡村特色文化及旅游业：华山村打造了天门山古村落国家3A级旅游景区，还有天仙湖景区，是全域旅游区。春季梨花赏花游，每年举办梨花节；夏季避暑登山游，观诸峰环列、山灵竞秀、奇峰异石、古木参天；百年古村落民俗游；"天仙湖"观光游，游华山十二景。每年于4月末到5月初在华山村举办主题为"祈福华山村、花海梦托邦"的华山村满族风情祈福大会，游客除了游览漫山遍野的梨花花海以外，观赏萨满民俗舞蹈。华山村正在天仙湖建设以自然风光为主题的原生态休闲旅游度假风景区，风景区以水上乐园为主，以滑沙、滑草、滑索等娱乐项目为辅，集旅游观光、休闲娱乐、食宿购物、养老度假于一体。村里还鼓励村民利用现有资源开办"农家乐"和葡萄采摘园等。（3）地域特色产业品牌：华山村天门山古村落是国家3A级旅游景区旅游品牌。（4）网络共享经济比率：华山村的旅游业发展越来越依靠互联网传播，网络旅游订单逐年增加。（5）跨界联盟运营创新比率：北镇市大市镇华山村龙湾中药材种植专业合作社；北镇市华山蜂业蜜蜂养殖专业合作社；北镇市大市镇华山畜禽养殖专业合作社；华山村华山果业果蔬种植专业合作社；北镇市华山村葡萄酒厂，葡萄酒厂实现年销售收入 600 万元，增加就业 56 人，人均年收入将增收 6500 元。项目还带动了华山村包装、运输等多个产业的发展。

　　产业组织与创新性调查。（1）文化与农业耦合：文化与农业耦合力弱化。（2）文化与旅游业耦合：依托于天门山古村落与天仙湖景区，春季梨花赏花游、夏季避暑登山游、百年古村落民俗游、"天仙湖"观光游、文化与旅游业的耦合充分。（3）文化与乡村服务业耦合：旅游服务、农家乐服务发展较好，但与文化的耦合不充分。（4）政策耦合建设：耦合乡村振兴的产业兴旺、生态宜居、乡风文明、治理有效、生活富裕的战略目标。（5）产业创新人才：村党支部书记刘建国带领华山村"两委"班子决定把葡萄酿酒深加工项目做大做强，发展各种合作社，努力拓展全域旅游。（6）年人均可支配收入：2019 年华山村全村人均可支配收入 16817 元①。

---

①　2020 年锦州市政府工作报告［EB/OL］．辽宁省人民政府网，2020-03-02.

表 4-15 华山村村落综合调查数据统计表

序号 调查内容	一级指标	二级指标	数据来源	数据状况	问题与不足
1 村落文化保护	多样性	村落历史	文献与田野调查	清代	无
		传统民居与历史建筑	田野调查	满族阿顶式建筑	无
		非物质文化遗产	文献与田野调查	满族阿顶式建筑古村落	无
	组织性	村落文化挖掘与整理	田野调查	清代建筑 5 处、"民国"建筑 169 处	无
		修复村落文化肌理与生态	田野调查	整村保护，修旧如旧	无
	创新性	文化遗产申报与传承人培养	文献与田野调查	第四批中国传统村落名录	缺乏传承人培养
		创新性保护	田野调查	就地博物馆式保护	无
		创新性活化	田野调查	古村落国家 3A 级旅游景区	无
		创新性传播	田野调查	主流媒体、自媒体	传播力不足

续表

序号 调查内容	一级指标	二级指标	数据来源	数据状况	问题与不足
2 人居环境	地理区位	区位优势与交通	文献与田野调查	距大市镇 7 千米	无
	自然环境保护	自然生态保护度	田野调查	医巫闾山山脚下，生态良好	无
		田园景观规划	田野调查	自然田园景观	无
		居民状况	田野调查	人口 553，满族人口占 90%	老龄化
		村落状况	田野调查	古村落建筑形式统一	无
	人工环境更新	垃圾规范处理率	田野调查	基本完成集中排放	需要加强管理
		生活生产污水处理率	田野调查	正在完善	需要加强完善
		厕所革命完成率	田野调查	完成率 67%	需要加快改建
		自来水普及率	田野调查	基本完成	需全面完善
		道路硬化率	田野调查	基本完成	需全面完善
		公共设施完善度	田野调查	基本完善	需全面完善
		建筑环境协调性	田野调查	需进一步协调	需进一步协调

续表

序号 调查内容	一级指标	二级指标	数据来源	数据状况	问题与不足
	产业多样性	特色农业	文献与田野调查	葡萄、辽西白梨	无
		乡村特色文化及旅游业	文献与田野调查	古村落是国家3A级景区	无
		地域特色产业品牌	文献与田野调查	葡萄酒	品牌影响力不足
		网络共享经济比率	文献与田野调查	网络经济快速发展	无
		跨界联盟运营创新比率	文献与田野调查	产业合作社	无
3 产业环境	产业组织与创新性	文化与农业耦合	田野调查	耦合不足	耦合不足
		文化与旅游业耦合	田野调查	耦合充分	无
		文化与乡村服务业耦合	田野调查	耦合不足	耦合不足
		政策耦合建设	田野调查	耦合充分	无
		产业创新人才	田野调查	村支两委	无
		年人均可支配收入	文献与田野调查	16817元（2019年）	无

（四）鞍山市岫岩满族自治县石庙子镇丁字峪村综合调查

1. 村落文化保护调查

文化多样性调查。（1）村落历史：丁字峪村是一个历史悠久的传统村落，它是爱国将领、东北义勇军缔造者之一的黄显声将军的诞生地，2005年4月，黄显声将军故居被列为省级红色旅游基地。（2）传统民居与历史建筑：丁字峪村依然完好地保存着古屋、古树、古井等景观，这一切与村庄的记忆串联并延续；村内建筑几乎全部为受传统满族建筑风格影响的当代东北民居，建筑结构一般为砖瓦结构，房型一般为三间，也有两间或多间，起脊，悬山或硬山，院落一般为三合院，室内一般为火炕、地热、暖气混合采暖，室内墙面一般为大白，设吊棚，地面为水泥地面或铺装地砖、地板。门窗一般为木门窗、铝合金门窗或塑钢门窗；村内历史建筑主要是黄显声将军故居，目前已经修缮完工。（3）非物质文化遗产：2019年6月，被列入第五批中国传统村落名录；2019年12月，丁字峪村被认定为全国乡村治理示范村；2020年11月，丁字峪村被授予第六届全国文明村镇称号；2022年入选辽宁建设红色美丽村庄试点名单；黄显声将军故居成为非物质文化遗产。

文化组织性调查。（1）村落文化挖掘与整理：丁字峪是满族传统村落，满族人数居多，至今仍保留着传统萨满宗教信仰，展现萨满信仰的形式主要是萨满歌舞；村民还保留着每年供奉自家先祖的习俗；随着时代的发展和娱乐方式的丰富，村落还组建了秧歌队、广场舞团等娱乐团体；挖掘黄显声将军的革命事迹，打造红色文化。（2）修复村落文化肌理与生态：弘扬乡村振兴文化，修建村口"不忘初心、牢记使命"和"绿水青山就是金山银山"的手绘文化墙；修复满族文化生态，修建文化长廊，绘制岫岩农民画与岫岩满族剪纸墙画，挖掘满族秧歌与舞蹈；修复红色文化，挖掘黄显声将军的革命事迹；修复传统文化，文化广场的文化墙用《论语》《中庸》和《弟子规》等古代文化著作中的经典名句进行绘制，营造了浓厚的传统文化氛围。（3）文化遗产申报与传承人培养：第五批中国传统村落名录；文化遗产传承人培养缓慢。

文化创新性调查。（1）创新性保护：以墙绘的形式保护传统文化。（2）创新性活化：活化黄显声将军故居文化遗产，活化黄显声将军革命事迹；2022年入选辽宁建设红色美丽村庄试点名单。（3）创新性传播：依靠抖音等自媒体传播。

2. 人居环境调查

地理区位现状调查。区位优势与交通：满族丁字峪传统村落位于辽宁省鞍山市岫岩满族自治县石庙子镇，距离岫岩县城68千米，距离鞍山市市区99.6

千米。

自然环境保护调查。（1）自然生态保护度：村落四面环山，森林密布，村落依溪而建，呈枕山抱水的风貌格局，整体村落地形北面以及西面地势较高，东面和南面较低，自然生态良好。（2）田园景观规划：平地以玉米、水稻种植为主，山地以苹果、梨等水果种植为主，整体呈现自然肌理的田园景观。

人工环境更新调查。（1）居民状况：依据田野调查统计，截至2022年5月，全村现有560户，1890人，村内大约80%的人口为满族人，人口老龄化问题突出；村落人口从业结构比较单一，集中在务农和外出打工，中老年村民多留在村落务农，外出务工人口多为青壮年，村落人口收入整体较低。（2）村落状况：村落按自然肌理呈丁字形分布，村内街道整洁；民居仍然承袭着满族传统民居的一进制合院形式，其控制轴线为南北方向，院落尺寸较大，但居住空间规模较小，建筑依据材料可分为石头建筑、砖石建筑或者砖石木建筑，建筑屋顶是满族典型的坡屋顶，墙体多为砖石材质，白墙灰瓦；村民居住密集的地方修建了两处文化广场（见图4-18）。（3）垃圾规范处理率：生活垃圾集中排放集中处理率100%。（4）生活生产污水处理率：生活生产污水处理正在完善。（5）厕所革命完成率：全村厕所革命正在完善。（6）自来水普及率：自来水普及率100%。（7）道路硬化率：基本完善。（8）公共设施完善度：夜间照明等公共设施基本完善。（9）建筑环境协调性：村落整体环境基本协调。

图4-18　丁字峪村村落现状

3. 产业环境调查

产业多样性调查。（1）特色农业：目前第一产业以传统农作物种植和果蔬种植为主，传统农作物种植种类以水稻、玉米为主。果蔬种植种类以梨、苹果为主，还有部分居民养殖蘑菇。（2）乡村特色文化及旅游业：其满族文化产业并未开发；村落唯一的旅游产业是依托省级红色教育基地，以黄显生将军爱国主义文化为主导的旅游业，但发展优势并不明显。（3）地域特色产业品牌：特色产业品牌弱化。（4）网络共享经济比率：网络共享经济发展较快。（5）跨界联盟运营创新比率：数据不详。

产业组织与创新性调查。（1）文化与农业耦合：文化与农业耦合力弱化。（2）文化与旅游业耦合：红色文化与红色旅游有一定的耦合基础，但耦合力不足。（3）文化与乡村服务业耦合：满族文化与群众文娱耦合。（4）政策耦合建设：耦合乡村振兴的产业兴旺、生态宜居、乡风文明、治理有效、生活富裕的战略目标。（5）产业创新人才：乡村精英外流。（6）年人均可支配收入：2019年丁字峪村全村人均可支配收入 16268 元。①

---

① 2020 年岫岩满族自治县政府工作报告 ［EB/OL］．岫岩满族自治县人民政府网，2020-03-12.

表 4-16 丁字域村村落综合调查数据统计表

序号 调查内容	一级指标	二级指标	数据来源	数据状况	问题与不足
1 村落文化保护	多样性	村落历史	文献与田野调查	年代不详	无
		传统民居与历史建筑	田野调查	满族风格为当代民居，黄显声将军故居	无
		非物质文化遗产	文献与田野调查	第二批中国少数民族特色村寨，黄显声将军故居	文化遗产不足
	组织性	村落文化挖掘与整理	田野调查	满族文娱，黄显声红色文化，传统文化	挖掘深度不够
		修复村落文化肌理与生态	田野调查	红色文化，满族文化	文化生态弱化
		文化遗产申报与传承人培养	文献与田野调查	第五批中国传统村落名录	缺乏传承人培养
	创新性	创新性保护	田野调查	创新性保护不足	创新性保护不足
		创新性活化	田野调查	活化红色文化	无
		创新性传播	田野调查	主流媒体，自媒体	传播力不足

续表

序号 调查内容	一级指标	二级指标	数据来源	数据状况	问题与不足
	地理区位	区位优势与交通	文献与田野调查	距鞍山市市区 99 千米	区位缺乏优势
	自然环境保护	自然生态保护度	田野调查	自然生态良好	无
		田园景观规划	田野调查	自然肌理田园景观	无
		居民状况	田野调查	560 户 1890 人, 满族人口占 80%	老龄化
		村落状况	田野调查	建筑风格统一, 街道整洁	无
2 人居环境	人工环境更新	垃圾规范处理率	田野调查	100%	无
		生活生产污水处理率	田野调查	正在完善	无
		厕所革命完成率	田野调查	正在完善	无
		自来水普及率	田野调查	100%	无
		道路硬化率	田野调查	基本完善	无
		公共设施完善度	田野调查	基本完善	无
		建筑环境协调性	田野调查	建筑环境协调性良好	无

191

续表

序号 调查内容	一级指标	二级指标	数据来源	数据状况	问题与不足
3 产业环境	产业多样性	特色农业	文献与田野调查	水稻、玉米	特色不足
		乡村特色文化及旅游业	文献与田野调查	红色旅游	缺乏优势
		地域特色产业品牌	文献与田野调查	产业品牌缺失	产业品牌缺失
		网络共享经济比率	文献与田野调查	网络经济快速发展	数据不详
		跨界联盟运营创新比率	文献与田野调查	数据不详	数据不详
	产业组织与创新性	文化与农业耦合	田野调查	耦合不足	耦合不足
		文化与旅游业耦合	田野调查	耦合不足	耦合不足
		文化与乡村服务业耦合	田野调查	耦合不足	耦合不足
		政策耦合建设	田野调查	耦合充分	无
		产业创新人才	田野调查	人才缺乏	人才缺乏
		年人均可支配收入	文献与田野调查	16268 元(2019 年)	无

（五）沈阳市棋盘山开发区望滨街道闫家村综合调查

1. 村落文化保护调查

文化多样性调查。（1）村落历史：闫家村原名闫家窝棚，村落形成于清朝初年；相传闫家村满族人的先辈是努尔哈赤手下的一名闫姓报信官，有一次这位报信官身受箭伤，被附近修行的居士相救，数年后，闫姓报信官来此报恩，却寻恩人不得，便搭建窝棚定居此地，闫家窝棚由此得名。经过历代繁衍和外姓人的加入，逐渐形成现在的闫家满族村。（2）传统民居与历史建筑：典型的满族青砖建筑风格，村内民居整齐划一，都以青砖青瓦白山墙造型展现，前后左右有机衔接，屋顶以曲线鱼尾为脊，悬山或硬山，房型一般为三间，也有两间或多间，院落一般为三合院，院落一般用水泥或红砖铺装，每户庭院都有菜园和果树，院门样式考究，形式统一协调；室内一般为火炕、地热、暖气混合采暖，室内墙面一般为大白，设吊棚，地面为水泥地面或铺装地砖、地板。门窗一般为木门窗、铝合金门窗或塑钢门窗（见图4-19）。（3）非物质文化遗产：获评第二批中国少数民族特色村寨、国家级生态村、沈阳市农村环境整治示范村、省综合能源示范村、省市旅游名村；省民族团结进步示范村、市区精神文明建设先进村。

图4-19 闫家村传统民居与历史建筑

文化组织性调查。（1）村落文化挖掘与整理：村里几乎每家每户都保留着具有满族特色的老物件，最常见的就是渍着酸菜的大缸小缸，满族火炕；有的村民家还保存着始于努尔哈赤时代的家谱，每到除夕，村民都会祭拜家谱，传颂家族的历史。（2）修复村落文化肌理与生态：闫家村村落进行了整体规划与建设，建筑统一按照满族金包银式青砖瓦房统一翻新，院落统一规划，院门统一形式；村落景观环境充分融入满族文化；满族民俗文化墙，以漫画的形式融入满族文化元素，描绘满族传统生活场景——"草山房、土坯墙、两个烟囱立两旁"。窗户纸糊在外，体现着满族人的性格特点；在文化广场前修建6根满族图腾柱寓意吉祥，民族气息已经十分浓郁；利用宣传栏以及文化墙宣传主流价值观。（3）文化遗产申报与传承人培养：入选第二批中国少数民族特色村寨。

文化创新性调查。（1）创新性保护：村落建设融入了民族元素，村落在发展中自然担负起传承民族文化的重任。（2）创新性活化：满族建筑复建；满族民俗景观；满族风情游；满族大秧歌。（3）创新性传播：抖音等自媒体传播。

2. 人居环境调查

地理区位现状调查。区位优势与交通：闫家村位于沈阳市浑南区沈抚新城管委会望滨街道办事处东北部，是浑南区确定的重点"美丽乡村"规划建设村之一。该村毗邻棋盘山风景区，距离沈阳市市区 25 千米，交通便利，区位优势明显。

自然环境保护调查。（1）自然生态保护度：闫家村四面环山，北与国家森林公园隔道相邻，森林覆盖率 90%，主要为针阔混交林，自然生态良好。（2）田园景观规划：全村总面积 3020 亩，其中耕地面积 812 亩、林地面积 902 亩、果园面积 300 亩。

人工环境更新调查。（1）居民状况：依据田野调查统计，截至 2022 年 8 月，全村现有农户 85 户，人口 281 人，其中满族人口 93 人，占比三分之一。（2）村落状况：闫家村村落管理井然有序，建筑规划风格统一，村内道路系统完善；景观休闲设施完备，有休闲运动广场、休息长廊景亭、太阳能路灯、政策宣传栏、公共垃圾箱等一应俱全；村落干净整洁，街道绿化美化；村内典型民居建筑结构一般为青砖黑瓦结构，房型一般为三间，也有两间或多间，起脊，悬山或硬山，院落一般为三合院，院落干净整洁，院门统一规划；村内缺少具有文物价值的历史建筑（见图 4-20）。（3）垃圾规范处理率：生活垃圾集中排放集中处理率 100%。（4）生活生产污水处理率：2015 年，浑南区建设局和环保局投了 500 多万元，建了污水处理站，污水处理站处理能力为每天 90 吨，经过净化后达到《城镇污水处理厂污染物排放标准》（GB18918-2002）二级标准，全村污水处理利用率达到 100%。（5）厕所革命完成率：全村厕所革命全面完成。（6）自来水普及率：自来水普及率 100%。（7）道路硬化率：道路硬化 100%。（8）公共设施完善度：夜间照明等公共设施十分完善。（9）建筑环境协调性：村落整体环境协调。

图 4-20　闫家村村落环境景观

3. 产业环境调查

产业多样性调查。(1)特色农业：农业主产玉米、苹果、梨等；采摘大棚。种植了红莓、蓝莓；少儿科普农场。(2)乡村特色文化及旅游业：闫家村毗邻棋盘山，依托棋盘山旅游功能定位和资源优势，建设了花果山神秘谷项目，神秘谷占地面积约100万平方米，是一个集旅游、度假、商务、娱乐、拓展训练于一体的、以原生态和古朴文化相结合的旅游景区，景区内森林茂密，鸟语花香，风景宜人，建筑奇特，风情各异。还拥有乡村采摘、农家院、度假村等多个项目。(3)地域特色产业品牌：花果山神秘谷旅游品牌。(4)网络共享经济比率：闫家村的旅游业发展越来越依靠互联网传播，网络旅游订单逐年增加。(5)跨界联盟运营创新比率：数据不详。

产业组织与创新性调查。(1)文化与农业耦合：文化与农业耦合力弱化。(2)文化与旅游业耦合：依托棋盘山旅游功能定位和资源优势，闫家村建设了花果山神秘谷项目，总体是自然生态游，农业体验游，文化与旅游业的耦合有待深入。(3)文化与乡村服务业耦合：旅游服务，农家乐服务，但与文化的耦合度较低。(4)政策耦合建设：耦合乡村振兴的产业兴旺、生态宜居、乡风文明、治理有效、生活富裕的战略目标。(5)产业创新人才：村干部齐国胜、王忠红等人带领村民一起致富，带头建设美丽村寨。(6)年人均可支配收入：2021年闫家村全村人均可支配收入20795元。①

---

① 沈阳市 2022 年政府工作报告［EB/OL］. 沈阳市人民政府网，2022-01-13.

表 4-17　闫家村落综合调查数据统计表

序号 调查内容	一级指标	二级指标	数据来源	数据状况	问题与不足
1 村落文化保护	多样性	村落历史	文献与田野调查	清朝初年	无
		传统民居与历史建筑	田野调查	满族风格当代民居	缺乏文物建筑
		非物质文化遗产	文献与田野调查	第二批中国少数民族特色村寨	典型满族文化遗产缺失
	组织性	村落文化挖掘与整理	田野调查	满族特色的老物件、满族家谱	无
		修复村落文化肌理与生态	田野调查	满族村落整体规划、满族民俗	无
		文化遗产申报与传承人培养	文献与田野调查	建筑整体修复、满族景观融合 文化与村落景观特色 第二批中国少数民族特色村寨	缺乏传承人培养
	创新性	创新性保护	田野调查	村落建设融入了民族元素	无
		创新性活化	田野调查	满族民俗景观	活化不分
		创新性传播	田野调查	主流媒体、自媒体	传播力不足

续表

序号调查内容	一级指标	二级指标	数据来源	数据状况	问题与不足
	地理区位	区位优势与交通	文献与田野调查	距沈阳市市区 25 千米	无
	自然环境保护	自然生态保护度	田野调查	森林公园,风景区	无
		田园景观规划	田野调查	自然田园景观	缺乏规划
		居民状况	田野调查	人口 281 人,满族人口占 33%	老龄化
		村落状况	田野调查	建筑规划风格统一,街道整洁	无
2 人居环境	人工环境更新	垃圾规范处理率	田野调查	100%	无
		生活生产污水处理率	田野调查	100%	无
		厕所革命完成率	田野调查	全面完成	无
		自来水普及率	田野调查	100%	无
		道路硬化率	田野调查	全面完成	无
		公共设施完善度	田野调查	公共设施完善	无
		建筑环境协调性	田野调查	建筑环境协调性良好	无

续表

序号 调查内容	一级指标	二级指标	数据来源	数据状况	问题与不足
	产业多样性	特色农业	文献与田野调查	果园采摘	无
		乡村特色文化及旅游业	文献与田野调查	花果山神秘谷	满族文化特征不足
		地域特色产业品牌	文献与田野调查	神秘旅游品牌	品牌影响力不足
		网络共享经济比率	文献与田野调查	网络经济快速发展	无
		跨界联盟运营创新比率	文献与田野调查	数据不详	数据不详
3 产业环境	产业组织与创新性	文化与农业耦合	田野调查	耦合不足	耦合不足
		文化与旅游业耦合	田野调查	耦合充分	耦合充分
		文化与乡村服务业耦合	田野调查	耦合不足	耦合不足
		政策耦合建设	田野调查	耦合充分	无
		产业创新人才	田野调查	村支两委	无
		年人均可支配收入	文献与田野调查	20795元（2021年）	无

（六）辽宁满族传统村落的综合调查总结

1. 村落文化保护调查小结

（1）在文化多样性方面：辽宁满族传统村落的历史一般形成于清代早期，村落的形成历史相对久远；传统民居与历史建筑遗存不均衡，满族建筑文化特征明显，但历史建筑较少；皇族宗亲文化特色突出；地域特色文化特征明显，红色文化遗产与满族传统文化融合；满族非物质文化遗产较少，文化遗产传承面临困难。（2）在文化组织性方面：村落文化挖掘与整理工作的开展参差不齐，整体行动滞后；村落文化肌理与文化生态正在修复，但是整体进展缓慢；村落的人口多元化，但是满族人口仍占绝对优势；满族文化的典型特征明显，满族传统村落根性文化的村民文化认同基础较好；积极开展文化遗产申报，但文化传承人培养滞后。（3）在创新性保护与创新性活化方面：挖掘满族历史文化与自然山水资源；构建复建满族各类博物馆及历史景观；提升满族文化与地域风情综合体验感；活化满族宗亲文化、红色文化、民俗文化；活化非物质文化遗产；活化满族历史与民间故事；加强文化媒体影响力。

2. 人居环境调查小结

（1）在地理区位方面：辽宁满族传统村落大多分布在辽东、辽南、辽西地区，村落分布整体远离区域中心城市，属于以自然资源为依托的资源依托型村落。（2）在自然环境保护方面：辽宁满族传统村落多分布在辽东南长白山余脉的各个山区与辽西的医巫闾山地区，森林资源与自然生态普遍良好；农业景观多为生态农业景观。（3）在人工环境更新方面：传统村落的人工环境更新基本完成，在人工环境更新过程中，满族传统建筑与语言符号的融合较协调；少数村落满族传统建筑保护较好（华山村），可以采用修旧如旧的整体保护，但要协调好村民人居环境改善的诉求与传统村落文化保护的矛盾；垃圾规范处理、生活生产污水处理、厕所革命、自来水、道路硬化、公共设施、建筑环境协调性等村落环境建设方面普遍较为完善；精英人才不足，青壮年流失严重，村落持续空心化，人口老龄化问题突出。

3. 产业环境调查小结

（1）在产业多样性方面：产业多样性发展不均衡，自然资源以及传统满族文化资源较好的村落，产业结构基本为"农业+旅游业+乡村服务业+文化特色产业"模式；文化资源深度挖潜不够，文化与产业的深度耦合不足；地域特色产业品牌较少，品牌影响力不足；网络经济发展较快，跨界联盟的合作社经济普遍运行，但发展缓慢。（2）在产业组织与创新性方面：产业组织与创新性弱化；文化与农业耦合度弱化；文化与旅游业及乡村服务业耦合发展不均衡；产业创新人才较为匮乏，总体上乡村精英呈外流趋势；人均可支配收入整体不均衡。

第三节　东北满族传统村落耦合度协调度测量

一、评价指标及权重

依据对东北满族传统村落文化保护（Village Culture）、人居环境（Human Settlement）、产业环境（Industrial Environment）三方面的调查，及其 8 个一级指标内容分解与 32 个二级指标内容分解，以乡村振兴战略主导性原则、《传统村落评价认定指标体系（试行）》①、《中国少数民族特色村寨评价指标体系》《全国乡村治理示范村评价指标体系》《全国生态文化村遴选命名管理办法》《乡村旅游示范村等级划分与评价的评分细则》的相关评价条款权重为基本准则，借鉴相关研究成果以客观赋权法（熵值法）为主，并参考专家的经验，依据客观性、科学性、现实性的原则，建立东北满族传统村落系统耦合评价指标体系（见表 4-18）。

---

① 住房城乡建设部 文化部 国家文物局 财政部关于开展传统村落调查的通知建村〔2012〕58 号［EB/OL］. 中华人民共和国住房和城乡建设部门户网站，2012-04-16.

表4-18　东北满族传统村落耦合测量指标体系

耦合要素指标（调查内容）	一级指标	二级指标	变量	单位	性质	权重
1 村落文化保护	多样性	历史久远度丰富度稀缺度	x_1	年代	+	0.080
		传统民居与历史建筑丰富度、完整度、文化审美价值	x_2	—	+	0.150
	组织性	村落物质与非物质文化遗产	x_3	项	+	0.100
		村落文化挖掘与整理	x_4	—	+	0.150
		修复村落文化肌理与生态	x_5	—	+	0.150
		文化遗产申报与传承人培养	x_6	项、位	+	0.080
	创新性	创新性保护	x_7	—	+	0.100
		创新性活化	x_8	—	+	0.120
		创新性传播	x_9	—	+	0.070
2 人居环境	地理区位	区位优势与交通	y_1	—	+	0.080
	自然环境保护	自然生态保护度	y_2	—	+	0.15
		田园景观规划	y_3	—	+	0.050
	人工环境更新	居民状况	y_4	人	+	0.100
		村落状况	y_5	—	+	0.120
		垃圾规范处理率	y_6	%	+	0.060
		生活生产污水处理率	y_7	%	+	0.060
		厕所革命完成率	y_8	%	+	0.100
		自来水普及率	y_9	%	+	0.080
		道路硬化率	y_{10}	%	+	0.050
		公共设施完善度	y_{11}	%	+	0.070
		建筑环境协调性	y_{12}	—	+	0.080
3 产业环境	产业多样性	特色农业	z_1	万元	+	0.05
		乡村特色文化及旅游业	z_2	万元	+	0.100
		地域特色产业品牌	z_3	万元	+	0.07
		网络共享经济比率	z_4	%	+	0.080
		跨界联盟运营创新比率	z_5	%	+	0.050
	产业组织与创新性	文化与农业耦合	z_6	%	+	0.050
		文化与旅游业耦合	z_7	%	+	0.100
		文化与乡村服务业耦合	z_8	%	+	0.100
		政策耦合建设	z_9	%	+	0.100
		产业创新人才	z_{10}	位	+	0.100
		年人均可支配收入	z_{11}	万元	+	0.150

完成赋权之后，采用线性加权法对村落文化保护、人居环境、产业环境综合评价指数进行测算，方法如下：设 $C_u(x)$ 为村落文化保护综合评价函数，可表示为：

$$C_u(x) = \sum_{i=1}^{9} w_i \cdot x_i \tag{4-1}$$

设 $H_u(y)$ 为人居环境综合评价函数，可表示为：

$$H_u(y) = \sum_{i=1}^{12} w_i \cdot y_i \tag{4-2}$$

设 $I_n(z)$ 为产业环境综合评价函数，可表示为：

$$I_n(z) = \sum_{i=1}^{11} w_i \cdot z_i \tag{4-3}$$

式中：w_i 表示各子系统指标权重；x_i、y_i、z_i 分别表示村落文化保护、人居环境、产业环境子系统各指标标准化处理后的评价分值。

二、耦合协调度模型

耦合协调度模型包括耦合度模型与协调度模型。耦合度是描述系统或要素彼此相互作用影响的程度，不分利弊。协调度是在耦合度基础上度量系统或要素间的协同作用的程度，体现系统的协调有序发展程度。本书参考借鉴瓦莱利（1996）[①] 的做法，考虑到村落文化保护、人居环境、产业环境子系统的关联性与差异性，借用物理学中的容量耦合概念和容量耦合系数模型，结合传统村落文化保护与人居环境"更新"耦合的系统特征，通过演绎推理得到多系统耦合度模型：

$$C = \left\{ \frac{C_u(x) \times H_u(y) \times I_n(z)}{\left[\frac{C_u(x) + H_u(y)}{2} \right] \times \left[\frac{H_u(y) + I_n(z)}{2} \right] \times \left[\frac{C_u(x) + I_n(z)}{2} \right]} \right\}^{\frac{1}{3}} \tag{4-4}$$

其中，C 为耦合度，$0 \leqslant C \leqslant 1$，$C$ 值越大耦合度越高，C 值越小耦合度越低；$C_u(x)$、$H_u(y)$、$I_n(z)$ 为各子系统的评价指数。参考刘耀彬等（2005）[②] 关于耦合度与耦合类型的分类方法，将村落文化保护、人居环境、产业环境系统耦合度及对应耦合类型划分为四大类（见表4-19），简称 CHI 系统耦合类型。

[①] VALERIE I. The penguin dictionary of physics ［M］. Beijing：Penguin Books，1991：92-93.

[②] 刘耀彬，李仁东，宋学峰. 中国城市化与生态环境耦合度分析 ［J］. 自然资源学报，2005（1）：105-112.

表4-19　CHI 系统耦合类型划分

耦合度区间	耦合类型	系统特点
0.00<C≤0.09	离散阶段	资源要素间处于离散状态
0.09<C≤0.49	拮抗阶段	资源要素间关联性逐渐增强，处于拮抗状态
0.49<C≤0.79	磨合阶段	资源要素间向联动互促发展，良性共振，进入良性耦合阶段
0.79<C≤1	高度耦合阶段	系统趋向有序发展状态

耦合协调度模型：

$$D=\sqrt{C\times T}, \quad T=\alpha C_u(x)+\beta H_u(y)+\gamma I_n(z) \tag{4-5}$$

其中，D 为耦合协调度，C 为耦合度，T 为 CHI 系统耦合加权指数，α、β、γ 为待定权数，$\alpha+\beta+\gamma=1$，考虑到满族传统村落文化保护与人居环境"更新"耦合的价值分布特点，将村落文化保护、人居环境、产业环境子系统权重分别取为 0.45、0.3、0.25。参考廖重斌（1999）[①] 关于耦合协调度与耦合协调水平的分类方法，CHI 系统耦合协调度类型划分为：3 个等级区间、10 个类型（见表4-20）。

表4-20　CHI 系统耦合协调度等级划分

失调区间 （0≤D<0.4）				向协调发展 过渡区间 （0.4≤D<0.6）		协调发展区间 （0.6≤D≤1）			
极度失调	严重失调	中度失调	轻度失调	濒临失调	勉强协调	初级协调	中级协调	良好协调	优质协调
0~0.1	0.1~0.2	0.2~0.3	0.3~0.4	0.4~0.5	0.5~0.6	0.6~0.7	0.7~0.8	0.8~0.9	0.9~1

注：尾行范围区间除最右端一个区间外均为左闭右开，最右端区间为左右全闭区间。

三、数据来源

通过典型抽样的方法，从东北地区抽取 15 个满族传统村落为课题研究样本，按地理分布，黑龙江省 5 个满族传统村落分别是齐齐哈尔市富裕县友谊乡三家子村；齐齐哈尔市昂昂溪区水师营镇衙门满族村；哈尔滨市双城区希勤乡

[①] 廖重斌．环境与经济协调发展的定量评判及其分类体系——以珠江三角洲城市群为例［J］．热带地理，1999（2）：76-82.

希勤满族村；哈尔滨双城区幸福街道办事处久援满族村；哈尔滨市南岗区红旗满族乡东升村。吉林省 5 个满族传统村落分别是通化市通化县东来乡鹿圈子村；白山市抚松县漫江镇锦江木屋村；临江市花山镇珍珠村松岭屯；吉林市龙潭区乌拉街满族镇韩屯村；四平市铁东区叶赫满族镇永合村。辽宁省 5 个满族传统村落分别是抚顺市新宾满族自治县永陵镇赫图阿拉村；抚顺市新宾满族自治县上夹河镇腰站村；锦州市北镇市大市镇华山村；鞍山市岫岩满族自治县石庙子镇丁字峪村；沈阳市棋盘山开发区望滨街道闫家村。

数据来源于田野调查、各个地区 2019 年以后的统计年鉴、各个地区 2019 年以后的政府工作报告、新闻报道、政府网站文献等。由于各个耦合指标数量级差异以及各指标量纲单位的不同，对各项耦合评价指标的数据进行标准化处理，均采用处理后的相对指标。本书采用标准化方法，其计算公式为：

$$X_i = \frac{x_i}{x_{max}} ; \quad Y_i = \frac{y_i}{y_{max}} ; \quad Z_i = \frac{z_i}{z_{max}} \tag{4-6}$$

式中：x_i、y_i、z_i 分别为村落文化保护、人居环境、产业环境子系统的原始指标值；X_i、Y_i、Z_i 为变换后的相对指标值；x_{max}、y_{max}、z_{max} 为对应《传统村落评价认定指标体系（试行）》《中国少数民族特色村寨评价指标体系》《全国乡村治理示范村评价指标体系》《全国生态文化村遴选命名管理办法》《乡村旅游示范村等级划分与评价的评分细则》等相关评价指标取值的最大函数。

四、实证结果与分析

依据"东北满族传统村落耦合测量指标体系"，结合村落文化保护综合评价函数、人居环境综合评价函数、产业环境综合评价函数，测算得出东北满族传统村落的 CHI 综合评价指数。运用综合评价指数测算结果，结合村落文化保护、人居环境、产业环境系统耦合度模型〔公式（4-4）〕测算，得到 2021 年东北三省研究样本的 CHI 系统的耦合度及耦合类型指标。运用东北三省研究样本的 CHI 系统的耦合度及耦合类型指标（见表 4-21），结合村落文化保护、人居环境、产业环境系统协调度模型〔公式（4-5）〕进行测算，得到 2021 年东北三省研究样本的 CHI 系统的耦合协调度及协调类型指标（见表 4-22）。

研究结果显示：对标 2021 年东北三省满族传统村落的样本数据，黑龙江省的 5 个研究样本耦合度指标为 0.581~0.782，耦合类型均为磨合阶段，协调度为 0.584~0.784，协调类型在勉强协调与中级协调之间，耦合协调度较低的是三家子村，耦合协调度较高的是东升村。吉林省的 5 个研究样本耦合度指标为 0.628~0.832，耦合类型均在磨合阶段与高度耦合阶段之间，协调度为 0.629~0.833，协调类型在初级协调与良好协调之间，耦合协调度较低的是永合村，耦合协调度较高的是锦江木屋村和韩屯村，锦江木屋村和韩屯村都已到达良好协调阶段。辽宁省的5个研究样本耦合度指标为0.666~0.813，耦合类型均在磨合阶段与高度耦合阶段之间，协调度为0.665~0.815，协调类型在初级协调与良好协调之间，耦合协调度较低的是腰站村，耦合协调度较高的是闫家村，闫家村已到达良好协调阶段。

依据村落文化保护、人居环境、产业环境三个耦合子系统田野调查的实际，结合东北传统村落的文化保护与人居环境"更新"的耦合数据，东北传统村落的文化保护与人居环境"更新"的现状为：（一）东北区域的满族传统村落大多属于资源耦合型村落，村落的整体发展受到地理区位、自然风景、土地状况、村落文化价值的影响较为明显。（二）村落文化保护、人居环境、产业环境耦合协同的整体水平不高，且耦合协调度分布不均衡。（三）在传统村落文化保护方面，具有文物价值的传统建筑较少，多数村落整村基本形成砖瓦结构的当代东北民居村落，只有锦江木屋村、华山村等极少数村落整体村落保护较完整，具有整体保护价值。（四）人居环境的整体水平较高，大多村落的道路硬化、垃圾规范及污水处理都得到很好的改善、厕所革命积极推进、公共设施越来越完善，但是人口老龄化突出，村落空心化问题突出。（五）多数村落农业依然是主导产业，农产品加工业发展缓慢，乡村旅游业正在发展，产业还需要深度拓展，村民的整体收入水平不均衡，大多村落收入水平不高。（六）政策耦合度较高，土地流转与产业合作化正在开展，村落文化保护、人居环境、产业环境深度耦合协同的持续挖潜仍有空间。（七）网络经济发展迅速，合作经济正在完善，跨界创新不断探索。

表4-21　2021年东北三省研究样本的CHI系统的耦合度及耦合类型

2021年黑龙江省	三家子村	衙门满族村	希勤满族村	久援满族村	东升村
耦合度 耦合类型	0.581 磨合阶段	0.711 磨合阶段	0.665 磨合阶段	0.683 磨合阶段	0.782 磨合阶段
2021年吉林省	鹿圈子村	锦江木屋村	珍珠村松岭屯	韩屯村	永合村
耦合度 耦合类型	0.715 磨合阶段	0.809 高度耦合阶段	0.694 磨合阶段	0.832 高度耦合阶段	0.628 磨合阶段

2021 年辽宁省	赫图阿拉村	腰站村	华山村	丁字峪村	闫家村
耦合度 耦合类型	0.782 磨合阶段	0.666 磨合阶段	0.762 磨合阶段	0.682 磨合阶段	0.813 高度耦合阶段

表 4-22　2021 年东北三省研究样本的 CHI 系统的耦合协调度及协调类型

2021 年黑龙江省	三家子村	衙门满族村	希勤满族村	久援满族村	东升村
协调度 协调类型	0.584 勉强协调	0.707 中级协调	0.664 初级协调	0.685 初级协调	0.784 中级协调
2021 年吉林省	鹿圈子村	锦江木屋村	珍珠村松岭屯	韩屯村	永合村
协调度 协调类型	0.719 中级协调	0.819 良好协调	0.691 初级协调	0.833 良好协调	0.629 初级协调
2021 年辽宁省	赫图阿拉村	腰站村	华山村	丁字峪村	闫家村
协调度 协调类型	0.783 中级协调	0.665 初级协调	0.771 中级协调	0.685 初级协调	0.815 良好协调

第四节　基于综合调查与耦合测评数据的系统分析

东北满族传统村落综合调查分析与耦合协调度测评。通过对东北满族传统村落综合调查获得的一手数据，结合地方统计年鉴的统计数据对东北满族传统村落文化保护与人居环境"更新"耦合的现状进行系统分析。调查挖掘并整理东北满族传统村落文化符号，分析东北满族传统村落文化保护与人居环境"更新"的耦合格局；分析东北满族传统村落文化保护与人居环境"更新"的耦合肌理；分析东北满族传统村落文化保护与人居环境"更新"的耦合度协调度；系统整理东北满族传统村落文化保护与人居环境"更新"耦合的问题与矛盾。

一、东北满族传统村落文化保护与人居环境"更新"的宏观环境分析

（一）东北乡村地域环境分析

地形：东北三省地理特征明显，整体区域呈东北至西南走势，地势中间低两边高，中间为东北平原，平原的西南部主要是辽河流域及其支流流域，平原的中部是松花江流域及其支流流域，平原的东北部主要是黑龙江流域及其支流流域，东南部为长白山山脉及其丘陵山地，西北部为大兴安岭山脉及其丘陵山地。气候：东北地区属于温带季风气候，四季分明，夏季暖热多雨，冬季寒冷并且持续时间较长，一般 5~6 个月，降雨量 400~1000 毫米。东北地区森林覆盖率较高，辽宁省 31%、吉林省 42.5%、黑龙江省 42.9%。生态景观：东北地区的长白山与大兴安岭地区广布自然森林景观，主要生态群落有长白山地区的针阔混交林群落，大兴安岭地区的落叶松、红松群落，物种多样性丰富，生态景观、地理景观优美丰富，冬季冰雪景观独特，风景名胜区广布。东北平原是全国重要的商品粮基地，农业开发程度较高，主要农作物有玉米、大豆、水稻、春小麦、高粱、杂粮等。东北地区的地域环境形成满族传统村落的生活生产方式与村落肌理建筑形式以及文化民俗。

（二）东北满族的历史环境分析

东北是满族文化的发祥之地，最早可以追溯到 2000 多年前先秦时期的肃慎，之后逐渐发展为挹娄、勿吉、靺鞨、女真，东北满族历史悠久。明朝中期以后，东北女真族形成建州女真、海西女真和野人女真三大部落，广布在辽东至俄罗斯滨海地区浑河流域、辉发河流域、松花江流域、黑龙江流域的广大地区。其中建州女真最为强盛，1583 年，建州左卫首领努尔哈赤起兵逐渐统一建州女真各部，1635 年，皇太极改族名为满洲。清朝入关以后东北地区长期封关，不准关内人口流入，满族长期保持渔猎的生产方式，生产力发展滞后，人口增长缓慢。咸丰年间允许关内移民后，东北地域文化又广泛受到移民文化的影响，文化趋于多元化，所以目前满族传统村落的数量不多，典型纯粹的满族传统村落较少。东北地域环境特点培育满族人独特的渔猎生产方式，形成特色鲜明的满族文化特征，表现在建筑、服饰、工艺美术、文娱、节日礼俗与民间文学、传统工艺技术等方面。但是由于渔猎生产方式的生产力局限，满族传统村落建筑呈现：拉核墙、土坯墙、叉泥墙民居形式；井干民居形式；石材砌筑及砖石混砌筑民居形式；石材砌筑及砖石混砌圈顶民居形式；青砖青瓦结构的"金包银"民居形式。其中拉核墙、土坯墙、叉泥墙民居形式最为广泛，广布于辽宁、

吉林、黑龙江地区,这类民居由于建筑质量差,留存时间有限,除特殊保护与复建外,一般留存很少,多被当代民居取代。井干式民居是林区特有的民居形式,一般分布在长白山与大兴安岭林区。石材砌筑及砖石混砌筑民居形式分布于辽南地区。石材砌筑及砖石混砌囤顶民居形式分布于降雨量较少的辽西地区。青砖青瓦结构的"金包银"民居形式等级较高,一般是满族贵族民居,历史留存建筑较少,但是在辽东地区有少量历史遗存,复建的青砖青瓦民居较多。在建筑空间布局上,传统民居由于气候等原因一般为口袋房,万字炕,但随着现代生活方式、建筑技术、建筑材料的进步,这种传统的空间布局形式已经发生改变。

（三）东北满族传统村落的政策环境分析

东北满族传统村落的发展,是与国家乡村振兴政策不断耦合发展的,整体的政策耦合度很高。传统村落保护的相关政策;美丽乡村建设的相关政策;乡村振兴的具体政策,土地流转、厕所革命、乡村环境治理、危房改造、村村通、田园综合体开发、农村合作社发展、乡村旅游开发等相关政策,引领了东北满族传统村落的发展路径,形成了发展对策。

二、东北满族传统村落文化保护现状分析

综合调查的 15 个研究样本的数据显示,东北满族传统村落文化保护的多样性、组织性、创新性基本呈现明确的规律性,可以概括为三种类型,并呈现明显的优势与不足。

（一）多样性方面

东北地区满族传统村落的形成历史普遍较短,多数村落的历史为 100~300 年,只有辽宁村落的形成历史相对久远,形成于清代早期,文献考证众多,文物考证较少。多数村落现状为具有典型东北特征（满族特征）的当代东北民居,传统民居与历史建筑遗存较少。个别村落整体为满族传统建筑,整村保存完好（例如,吉林的锦江木屋村、辽宁的华山村）,适合露天博物馆式保护。村落建筑文化、皇族宗亲文化、工艺美术文化、文娱文化等非物质文化遗产近年来得到了不同程度上不同方式的保护,红色文化遗产越来越受到关注。

（二）组织性方面

东北地区满族传统村落普遍开展村落文化挖掘与整理工作,但村落文化挖掘与整理工作开展的广度与深度参差不齐。多数村落的人口多元化,但满族文化的典型性不足,满族传统村落根性文化的村民文化认同不足。只有少数村落

满族人口仍占绝对优势，满族文化的典型特征明显，满族传统村落根性文化的村民文化认同基础较好。村落文化肌理与文化生态正在修复，但是整体进展缓慢。积极开展文化遗产申报，但文化传承人培养滞后。

（三）创新性方面

复建满族建筑景观与历史场景，挖掘满族历史文化与自然山水资源。创新满族文娱活动，增强地域风情综合文化体验，结合多种方式普遍活化满族传统文化，活化满族宗亲文化、红色文化、民俗文化，活化非物质文化遗产，活化满族历史与民间故事。但文化影响力与传播力普遍不足。

三、东北满族传统村落人居环境"更新"现状分析

（一）地理区位方面

东北满族传统村落整体分布不均衡，发展状态与地理区位关系密切，属于资源依托型村落，临近中心城市或风景名胜生态景区的村落整体发展水平较高。

（二）自然环境保护方面

东北满族传统村落的自然环境生态整体良好，多数村落位于长白山山脉的森林及江河自然生态良好的地区，少数村落位于东北平原地区与辽西山地地区；农业景观为粮食种植业、山区果业、中草药种植业等。

（三）人工环境"更新"方面

居民状况：东北地区满族传统村落的实际满族人口分布不够均衡，占30%～90%，平均满族人口比例占50%左右，整体看来人口结构呈现多元化趋势，人口老龄化问题突出，远离中心城区的传统村落，人口流失严重，"人走屋空"村落持续空心化，满族文化价值认同不统一，村民人工环境改善的诉求与传统村落文化保护的矛盾依然突出。村落状况：在人工环境"更新"过程中，满族传统建筑语言符号的融合较协调；部分传统村落居住环境老旧不能满足现代生活的需求，部分村落的建筑年久失修、闲置废弃，随着时间风化衰败甚至面临消失；少数村落满族传统建筑保护较好，如锦江木屋村、华山村，可以采用修旧如旧的整体保护，但要协调好村民人居环境改善的诉求与传统村落文化保护的矛盾。垃圾规范处理率：生活垃圾集中排放集中处理工作较为完善，个别依然存在不足。生活生产污水处理率：生活生产污水处理正在完善。厕所革命完成率：区域内厕所革命正在完善。自来水普及率：自来水普及率100%。道路硬化率：道路硬化基本完善。公共设施完善度：村落公共设施差异较大，但整体看来基本完善。建筑环境协调性：村落整体环境基本协调，有些村落把面向主路的村落

建筑墙壁进行统一的覆盖,原始建筑肌理的"化妆式"刷新,趋于雷同化。

四、东北满族传统村落产业环境"更新"现状分析

（一）产业多样性方面

远离中心城区的传统村落,产业结构单一以农业为主,乡村特色文化旅游业发展缓慢,缺乏地域特色产业品牌。临近中心城区的传统村落,基本形成一二三产业耦合发展的局面,乡村特色文化旅游业发展较快,文化品牌正在形成。自然景观资源依托型村落、传统满族文化依托型村落的旅游产业链不断完善,特色旅游品牌正在形成。总体上东北满族传统村落以农业为主,潜在发展模式为"农业+旅游业"模式,网络经济发展较快,跨界联盟的合作社经济普遍运行,但发展缓慢。存在问题:文化旅游深度挖潜不够,产业多样性发展不均衡,地域特色产业品牌较少,品牌影响力不足,文化与产业的深度耦合不足。

（二）产业组织与创新性方面

整体文化与农业耦合度低。文化与旅游业及乡村服务业耦合发展不均衡。满族传统村落文化品牌力较弱。产业组织与创新性弱化。产业创新人才较为匮乏,总体上乡村精英呈外流趋势。人均可支配收入整体不高且发展不均衡。

五、东北满族传统村落耦合现状分析

综合调查的 15 个研究样本的数据显示,东北满族传统村落文化保护与人居环境"更新"耦合现状为:耦合度指标区间为 0.581～0.832,耦合类型均在磨合阶段与高度耦合阶段之间;协调度指标区间为 0.584～0.833,协调类型在初级协调与良好协调之间。

东北满族传统村落耦合现状分析:（一）东北区域的满族传统村落大多属于资源耦合型村落,村落的整体发展受地理区位、自然风景、土地状况、村落文化价值的影响较为明显。（二）文化保护、人居环境、产业环境耦合协同的整体水平不高,且耦合协调度分布不均衡。（三）在传统村落文化保护方面,具有文物价值的传统建筑较少,多数村落整村基本形成砖瓦结构的当代东北民居村落,只有锦江木屋村、华山村等极少数村落整体保护较完整,具有整体保护价值。（四）人居环境的整体水平较高,大多村落的道路硬化、垃圾规范及污水处理都得到很好的改善、厕所革命积极推进、公共设施越来越完善,但是人口老龄化突出,村落空心化问题突出。（五）多数村落农业依然是主导产业,农产品加工业发展缓慢,乡村旅游业正在发展,产业的深度挖潜还需要深度拓展,村民的

整体收入水平不均衡，大多村落收入水平不高。（六）政策耦合度较高，土地流转与产业合作化正在开展，村落文化保护、人居环境、产业环境深度耦合协同的持续挖潜仍有空间。

依据耦合优势与规律，东北满族村落整体分为三种类型：（一）类似研究样本的锦江木屋村、韩屯村、闫家村，耦合度及耦合协调度均在0.8以上，自然资源生态禀赋与文化资源禀赋高，村落文化保护、人居环境、产业环境耦合协同的整体水平高，传统村落文化保护或村落文化复建完整，人居环境的整体水平高，"农业+旅游业"耦合模式发展完善，村民整体收入水平高。（二）类似研究样本的衙门满族村、东升村、鹿圈子村、赫图阿拉村、华山村，耦合度及耦合协调度均在0.7以上，地理区位优势较为显著，文化资源禀赋较高，村落文化保护、人居环境、产业环境耦合协同的整体水平较高，传统村落文化保护与活化进展较快，人居环境的整体水平较高，"农业+旅游业"耦合模式发展较快，村民整体收入水平较高。（三）类似研究样本的三家子村、希勤满族村、久援满族村、松岭屯、永合村、腰站村、丁字峪村，耦合度及耦合协调度均在0.7以下，地理区位优势、村落文化资源禀赋、自然生态禀赋均没有明显优势，村落文化保护、人居环境、产业环境耦合协同的整体水平一般，传统村落文化保护资源不足，人居环境的整体水平一般，"农业+旅游业"耦合模式没有完全形成，村民整体收入水平一般。

第五节　国内外优秀案例对东北满族传统村落耦合发展的启示

一、国外案例比较的启示

（一）美国案例研究的启示

通过对纽约库柏斯敦、马萨诸塞州斯特布里奇村、密歇根州格林菲尔德村的案例研究，归纳其方法经验，以此为东北满族传统村落保护与人居环境"更新"提供经验与方法的启示。

方法经验：（1）传统村落保护与更新的动因，精英人物的理想价值追求与商业目标。（2）耦合的目标，是通过保护乡村历史文化与自然生态环境，形成相关商业、旅游业态，激发人们学习传统智慧的动力及创新力，最终实现商业目的。（3）挖掘整理耦合资源，挖掘传统文化价值与文化资源，整理地方艺术与工业文化、历史建筑、人力资源、自然生态环境资源。（4）耦合方法，空间耦合，文化保护与建筑环境空间规划重构耦合；要素耦合，促进优美的自然环境与传统文化资源、地方艺术与工业文化的耦合，物质空间、产业业态与商业耦合；精英人物、在地居民、协会组织、企业等共同参与者的利益耦合；精英人物的村落保护理想价值追求与商业目的耦合。（5）方法特征，具有典型组织性耦合与创新性耦合的特征。

对东北满族传统村落的启示：（1）商业目标与文化保护目标耦合的产业经营性活化的启示。（2）文化保护与建筑环境空间规划重构，服务于多目标耦合的启示。（3）精英人物、在地居民、协会组织、企业等共同参与者的利益耦合，关注在地居民的利益获得与参与能力的提升的启示。（4）注重组织性耦合与创新性耦合的启示。

（二）日本案例比较的启示

通过对日本越后妻有村、世罗町村、熊本县城边村、白山村、黑松内町村、合掌村等传统村落的相关研究，归纳其方法经验，以此为东北满族传统村落保护与人居环境"更新"提供经验与方法的启示。

方法经验：（1）耦合动因，传统村落发展的动因是扭转乡村衰败，以保持传统村落文化的多样性，构建"一村一品"，打造农村环境，恢复乡村的文化信仰与文明，活跃乡村经济，发展乡村产业，打造特色乡村。（2）耦合要素，有自然资源与森林生态、温泉水源、历史文化、传统的日式古建筑、原始乡村农业。（3）耦合方法，发掘自然森林生态与环境更新耦合，历史文化与建筑更新耦合，历史文化与传统的日式古建筑、温泉水源与旅游业耦合，原始乡村农业与企业合作耦合，"一村一品"的政策与建筑更新重建耦合，建筑师、艺术家、政府组织、协会、村民、企业的利益耦合。（4）方法特征，具有典型政策性耦合、资源性耦合、文化性耦合、组织性耦合、创新性耦合、产业性耦合的特征。

对东北满族传统村落的启示：（1）保持传统村落文化的多样性，构建"一村一品"的启示。（2）深度挖掘文化资源与自然资源（温泉、森林）的启示。（3）建筑师与艺术家的乡村建设融入的启示。（4）建筑师、艺术家、政府组织、协会、村民、企业的利益耦合的启示。

（三）韩国案例比较的启示

通过对甘川文化村、Heyri艺术村、礼谈村、河回村、长水郡进行案例比较研究，归纳其方法经验，以此为东北满族传统村落保护与人居环境"更新"提供经验与方法的启示。

方法经验：（1）耦合动因，实施"新村运动"，解决村落生产、生活、文化的发展困境，提升村民生活水平，恢复乡村的信仰与文明，重塑文化遗产。（2）耦合要素，有区位优势、村庄特色、自然生态。（3）耦合方法，促进区位优势与村庄特色耦合，政府的作用与村民自治耦合，自然生态与艺术改造的耦合，产业发展与生存环境改善的耦合，建筑师、艺术家、政府组织、协会、村民、企业的利益耦合，环境规划与建筑更新重建耦合。（4）方法特征，具有典型政策性耦合、资源性耦合、文化性耦合、组织性耦合、产业性耦合的特征。

对东北满族传统村落的启示：（1）政府的作用与村民自治耦合的启示。（2）产业性耦合的启示。（3）建筑师与艺术家的乡村建设融入的启示。

二、国内案例比较的启示

2019 年，金华地区与湖州地区的传统村落已经进入村落文化多样性耦合、环境生态建设的组织性耦合、产业业态发展的创新性耦合良性互促的优质协调阶段。

方法经验：（1）加强对传统村落文化资源价值的认同，对传统村落文化多样性持续保护与传统村落文化特色深度挖潜，推进村落文化活态传承与创新性开发。（2）推行文化控规下的艺术介入与文化乡建。（3）促进产业业态重构与持续创新，整合优势要素资源，加强文化与产业深度融合，推动传统村落文化与农业业态耦合重构，传统村落文化与旅游业态耦合重构，传统村落文化与乡村服务业业态耦合重构。（4）实践传统村落文化保护与产业重构的多样性耦合、组织性耦合、创新性耦合。（5）多元的产业新业态是传统村落文化保护与发展的经济基础，没有经济基础的支撑，传统村落文化的保护难以持续。

对东北满族传统村落的启示：（1）对传统村落文化多样性持续保护与传统村落文化特色深度挖潜，推进村落文化活态传承与创新性开发耦合的启示。（2）促进产业业态重构与持续创新，整合优势要素资源，加强文化与产业深度融合，推动传统村落文化与农业业态耦合重构，传统村落文化与旅游业态耦合重构，传统村落文化与乡村服务业业态耦合重构的启示。（3）多样性耦合、组织性耦合、创新性耦合的启示。（4）多元的产业新业态是传统村落文化保护与发展的经济基础，没有经济基础的支撑，传统村落文化的保护难以持续的启示。

第六节　本章小结

第四章的主要工作内容是对东北满族传统村落进行综合调查，整理并分析调查数据，并对调查进行耦合协调度测评。分析耦合协调度测评的结果，归纳东北满族传统村落文化保护与人居环境"更新"的耦合发展现状及其存在的不足，并整理归纳国内外优秀案例对东北满族传统村落文化保护与人居环境"更新"的启示。主要研究方法及其应用是典型抽样法获取研究样本；文献法与田野调查法相结合以收集数据；用定性定量结合的层次分析法分析数据；耦合测量法进行耦合度测评；关联分析法进行综合分析。

首先，对东北满族传统村落文化符号进行全面文献调查与整理。分别调查了东北满族传统村落文化背景；挖掘整理传统满族建筑形制与文化符号、传统满族服饰文化符号、工艺美术中的文化符号；挖掘整理满族民间音乐、民间舞蹈、戏曲、曲艺、游戏竞技；挖掘整理满族节日礼俗与民间文学；挖掘整理满族传统建筑术、满族传统满绣技艺、满族传统医术等。系统全面地认识满族传统文化。

其次，重点对东北满族传统村落的田野调查，采用文献整理与田野调查结合的方法，全面系统地收集东北满族传统村落的相关数据。依据代表性、可行性、差异性的原则，采用典型抽样的方法，分别从《中国传统村落名录》《中国少数民族特色村寨名录》中抽取 15 个研究样本（约占样本总量的 2/5），其中黑龙江省 5 个，分别是齐齐哈尔市富裕县友谊乡三家子村；齐齐哈尔市昂昂溪区水师营镇衙门满族村；哈尔滨市双城区希勤乡希勤满族村；哈尔滨市双城区幸福街道办事处久援满族村；哈尔滨市南岗区红旗满族乡东升村。吉林省 5 个，分别是通化市通化县东来乡鹿圈子村；白山市抚松县漫江镇锦江木屋村；临江市花山镇珍珠村松岭屯；吉林市龙潭区乌拉街满族镇韩屯村；四平市铁东区叶赫满族镇永合村。辽宁省 5 个，分别是抚顺市新宾满族自治县永陵镇赫图阿拉村；抚顺市新宾满族自治县上夹河镇腰站村；锦州市北镇市大市镇华山村；鞍山市岫岩满族自治县石庙子镇丁字峪村；沈阳市棋盘山开发区望滨街道闫家村。课题组对 15 个传统村落进行了充分的田野调查。调查内容包括：村落文化保护、人居环境、产业环境三方面，8 个一级指标内容，32 个二级指标数据。调查的方法：文献调查、结构式访谈、无结构访谈、问卷调查、网络调查。文献调查对象：政府统计数据、政府工作报告、新闻报道等；田野调查对象：村支两委成员、乡村精英、在地居民。调查方式：文献查阅；图像影像记录、现场测量、格式化专访、街头随访、沉浸式体验、村内发放问卷、数据归类统计。并对东北满族传统村落耦合度协调度进行测量，获得实证的测量数据。

再次，基于综合调查与耦合测评数据的综合分析是关键点。逐层深入分析东北满族传统村落文化保护与人居环境"更新"的宏观环境，东北满族传统村落文化保护现状，东北满族传统村落人居环境"更新"现状，东北满族传统村落产业环境"更新"现状，东北满族传统村落耦合现状。梳理东北满族传统村落文化保护与人居环境"更新"的耦合要素、耦合动力、耦合形式、耦合优势与不足。

最后，分析国内外优秀案例对东北满族传统村落文化保护与人居环境"更新"的启示。

第五章

传统村落文化保护与人居环境"更新"耦合机制与方法

第一节　基于东北满族传统村落综合调查的耦合机制与方法归纳

一、东北满族传统村落文化保护与人居环境"更新"的耦合过程

传统村落文化保护与人居环境"更新"是一个长期的复合的耦合过程。在这个耦合过程中，体现了政策、区域地理环境、历史文化演变、在地居民居住与生活方式、产业结构长期耦合作用的结果。

（一）东北满族传统村落文化保护与人居环境"更新"的政策耦合过程

政策耦合过程对东北满族传统村落文化保护与人居环境"更新"的耦合作用是决定性的。可以说，无论是传统村落文化保护还是人居环境"更新"，基本都是在政策的驱动下渐进完成的。

首先，耦合《传统村落评价认定指标体系（试行）》《中国少数民族特色村寨评价指标体系》《全国乡村治理示范村评价指标体系》《全国生态文化村遴选命名管理办法》《乡村旅游示范村等级划分与评价的评分细则》的相关评价标准及政策要求。本书研究的案例及样本多数选自《中国传统村落名录》与《中国少数民族特色村寨名录》，名录中的传统村落是东北满族传统村落的典型，其村落文化、环境、社会现状基本代表了东北地区满族传统村落的现状以及中国传统村落的状况。

其次，2017年10月18日在党的十九大报告中提出乡村振兴战略，明确提出产业兴旺、生态宜居、乡风文明、治理有效、生活富裕的发展要求，东北满族传统村落的文化保护与人居环境"更新"在不断地耦合乡村振兴战略的发展

要求，以及乡村振兴战略指导的后续落地相关政策，例如，2018 年中央一号文件《关于实施乡村振兴战略的意见》；2019 年中央一号文件《关于农业农村优先发展做好"三农"工作的若干意见》；2020 年中央一号文件《关于抓好"三农"领域重点工作确保如期实现全面小康的意见》；2021 年中央一号文件《中共中央国务院关于全面推进乡村振兴加快农业农村现代化的意见》等。东北满族传统村落是兼有文化、生产、生活、生态等功能的地域综合体，具有鲜明的文化、经济、社会、自然特征。在传统村落的乡村振兴战略落实中，文化传承是重要任务，产业兴旺是重点，生态宜居是关键，乡风文明与治理有效是保障，生活富裕是目标。传统村落是优秀传统文化的重要载体，同时是乡村振兴的核心内容，满足其振兴发展要求的关键是统筹历史文化、产业业态、自然生态等特色资源要素；推动产业深度融合；构建自然田园景观、公共基础设施环境、历史格局风貌整体协调的空间形态与环境；促进文物古迹、历史建筑、传统民居的持续保护与合理利用；推进居民生活习俗和传统民俗的活态传承。这个发展要求驱动传统村落文化、产业业态、环境生态、乡风文明、治理有效有机协同，内生出良性互促的协同耦合机制（见图 5-1）。

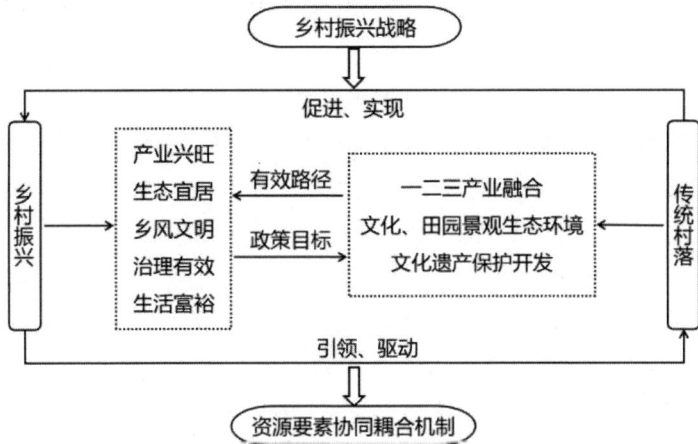

图 5-1 乡村振兴战略对传统村落的驱动模型

（二）东北满族传统村落文化保护与在地居民历史文化演变的耦合

东北满族文化已经经历了 2000 多年的历史演变，1635 年，皇太极改族名为满洲，最终形成了满族共同体。努尔哈赤起兵统一建州女真各部后，逐渐形成了满族文字与文化、八旗制度等，满族的文化形式逐渐成熟并独具特色，饱含着东北地域特征与满族生产生活方式，具体体现在建筑形制、传统满族服饰、传统满族工艺美术、满族民间音乐、满族民间舞蹈戏曲曲艺、满族游戏竞技、满族节日礼俗等文化符号形式与文化内涵方面。康熙七年（1668 年）清朝下令"辽东招民授官，永著停止"，对关东实行禁封政策。这期间，关内和关外的移民，以及文化交流骤然停止，东北地区的经济文化发展缓慢，满族文化特征与在地居民的生活方式长期单一并且特征鲜明。清朝中后期，由于鸦片战争和沙俄的不断侵蚀，清政府对边疆的控制日益削弱，于咸丰十年（1860 年）正式开禁放垦，这之后大量的关内汉族移民不断涌入，人口激增，生产方式从农猎、渔猎方式逐渐发展为以农业为主的生产方式，文化逐渐呈现多元化，关内移民一直持续到 20 世纪 70 年代，俗称为闯关东。近年来随着城市化的加快和东北农村增收困难的持续，农村人口逐渐走向城市，出现乡村空心化的倾向，同时由于具备满族特征的村落逐渐减少，结合国家对传统村落的保护政策与乡村振兴战略，东北满族传统村落文化保护与人居环境"更新"耦合有效解决其中矛盾，有效实现传统村落振兴成为东北乡村可持续发展的必然。

（三）东北满族传统村落人居环境"更新"与居住生活方式改变的耦合

在漫长的历史演变过程中，东北满族传统村落人居环境随着生产力的发展，耦合在地资源条件，逐渐发生变化，逐渐由较为原始的地窨子、马架子发展成为拉核墙、叉泥墙、土坯墙的泥草房，井干式木屋，石材砌筑草顶房、砖石混砌囤顶式民居、砖砌金包银式砖瓦房等，其中分布最广、数量最多的是泥草房。建筑的室内结构基本都是适应东北地区冬季漫长寒冷气候的"口袋房，万字炕"。可从 20 世纪 90 年代开始，随着生活水平的提高和建筑材料技术的进步，东北满族传统村落人居环境大为改观，逐渐发展成为受满族传统建筑影响的典型的东北当代民居。建筑结构一般为砖瓦结构，房型一般为三间，民居房屋多为独院住宅，室内采暖为火炕，也有火炕与地热或土暖气结合的综合采暖。传统的泥草房由于建筑质量与保护价值，几乎被拆除殆尽。乡村振兴战略实施以来，东北乡村满族传统村落垃圾规范处理率基本完善；生活生产污水处理基本完善；厕所革命正在完成；自来水普及率 100%；村中主干道路路面硬化率 100%；夜间照明等公共设施基本完善；村内景观绿化进一步完善；建筑环境协调性不断改善。

二、东北满族传统村落文化保护与人居环境"更新"的耦合机制

分析东北传统村落文化保护与人居环境"更新"的研究样本，发现其组织运行规律，归纳其耦合机制。

（一）东北满族传统村落耦合要素结构

依据东北传统村落的人地关系，满族传统村落的地域系统是包含"人、地、

文、产、居"在内的自然生态与人文社会的耦合系统。通过对研究样本数据的整理与归纳，对这个耦合系统进一步归纳表述：传统村落地域系统是由村落文化保护子系统、人居环境子系统、产业环境子系统相互作用共同构成，传统村落耦合要素结构是村落文化保护资源要素、人居环境资源要素、产业环境资源要素相互协同的耦合结构，这种耦合结构相互作用，形成耦合机制，推动村落不断地发展变化。

1. 村落文化保护子系统耦合要素结构

在这个系统中，村落文化保护子系统是体现村落特征及优势的重要耦合要素，并且与人、地、产、居共同建构独特的地域系统，影响经济社会的发展。地域文化的耦合结构分为三个重要方面：文化的多样性，文化的组织性，文化的创新性。（1）文化的多样性评价由村落历史、传统民居与历史建筑、物质与非物质文化遗产评价指标构成。村落历史的评价内容是历史久远度、丰富度、稀缺度；传统民居与历史建筑的评价内容是建筑形制及符号的丰富度、完整度、文化审美价值。物质与非物质文化遗产评价内容首先是国家及省市非遗数量，其次是村内留存的传统服饰文化及符号、传统文娱活动、民间音乐、舞蹈曲艺、游戏竞技等的遗产状况。（2）文化的组织性由村落文化挖掘与整理、修复村落文化肌理与生态、文化遗产申报与传承人培养等评价指标构成。村落文化挖掘与整理评价内容包括宗亲文化、民俗文化、文娱文化的整理与评价；修复村落文化肌理与生态评价内容包括村落空间历史肌理、村落民居建筑及院落肌理、村落道路及公共空间肌理、村落景观绿化肌理的评价；文化遗产申报与传承人培养评价内容包括文化遗产申报的组织、申报数量、传承人培养数量等。（3）文化的创新性评价由创新性保护、创新性活化、创新性传播三个评价指标构成。创新性保护评价内容包括文化保护的方式、文化保护的技术、文化保护的路径的评价；创新性活化评价内容包括文化产业化活化、文化文旅活化、文化服务活化的评价；创新性传播评价内容包括多维度多方式的传播路径评价。

传统村落文化保护的内涵广泛，包括：保护村落传统肌理与文化语境，保护村落家族宗亲文化；加强培根教育、增加文化认同感与荣誉感，留住乡愁，使文化回归心灵；通过文化寻根，挖掘村落人文历史，整理文化符号、文化礼俗，助推文化复建。重构文化要素，充实文化活化，激活物质与非物质文化遗产，修复文化生态，实现文化增值与文化富民；将文化资源充分耦合到产业重构与人居环境"更新"中，使其价值认同感越来越强烈，经济社会价值越来越凸显。

2. 人居环境子系统耦合要素结构

在这个系统中，人居环境子系统是传统村落重要的空间载体，与文化、产业相互耦合、共同作用，体现着文化保护的状况与产业发展的状态，耦合文化乡建、文化增值、文化富民。人居环境子系统耦合结构分为三个重要方面：地理区位，自然环境保护，人工环境更新。（1）地理区位的评价内容包括：交通便利性、与中心城市的距离等评价指标。（2）自然环境保护的评价内容包括：自然资源保护度，森林状况、小流域及河流状况、自然风貌格局状况评价指标；田园景观规划程度指标。（3）人工环境更新的评价内容包括：居民人口数量、满族人口比例等居民状况；村落按自然肌理、村内街道卫生、民居现状、地形地势、公共空间及村落景观等村落状况；垃圾规范状况；生活生产污水处理状况；厕所革命完成状况；自来水普及状况；道路硬化状况；公共设施完善程度；建筑环境协调程度等评价指标。结合村落规划与创新设计，以村民体验为中心，尊重历史肌理与满族文化语境，因地制宜突出特色的文化乡建，保护性更新与更新性保护相结合。

3. 产业环境子系统耦合要素结构

在这个系统中，产业环境子系统是传统村落重要的经济支柱，与村落文化、人居环境相互耦合、共同作用，支持村落文化保护与人居环境"更新"。产业推进文化保护、产业推动文化乡建、文化助力产业升级相互耦合。产业环境子系统耦合结构分为两个重要方面：产业多样性，产业组织与创新性。（1）产业多样性的评价内容包括：特色种植业、特色果业、特色农事体验等特色农业；乡村生态游、乡村农事体验游、乡村文化游、乡宿体验、采摘体验等乡村特色文化及旅游业；特色农产品、特色文化、特色文旅等地域特色产业品牌；网络共享经济；各类合作社跨界联盟创新等评价指标。（2）产业组织与创新性的评价内容包括：文化与农业耦合、文化与旅游业耦合、文化与乡村服务业耦合、政策耦合建设、产业创新人才、年人均可支配收入等评价指标。村落文化体验感，创新与文化服务业发展的耦合是产业组织与创新的评价的重要内容，研究如何以满族传统风俗与文化艺术语言推动传统村落的文化服务产业创新发展，创新形式多样的满族文化艺术节，提升文化旅游服务品质；打造特色文化服务产业品牌，提升文化体验感，构建文化服务名村。

4. 耦合要素评价指标赋权

将村落文化保护子系统、人居环境子系统、产业环境子系统分解的 32 个二级指标进行赋权，以乡村振兴战略主导性原则、《传统村落评价认定指标体系（试行）》《中国少数民族特色村寨评价指标体系》《全国乡村治理示范村评价指标体系》《全国生态文化村遴选命名管理办法》《乡村旅游示范村等级划分与评价的评分细则》的相关评价条款为基本准则，借鉴相关研究成果以客观赋权法（熵值法）为主，并参考专家的经验，依据客观性、科学性、现实性的原则，完成耦合评价指标赋权，并进行耦合协调度测评。

（二）满族传统村落要素结构耦合作用机制

首先，村落文化是协同耦合的基础，其作用肌理特征是多样性耦合，多样性耦合的关键是文化存量保护与开发的多样性。传统村落的文化一般以村落风貌格局、文物古迹、历史建筑、传统民居、村落历史、地域民俗、非物质文化遗产为载体，内涵丰富。村落文化映衬着村落环境，文化的丰富度决定着环境的品质，影响着环境空间多样性体验。文化是助推传统村落产业融合、发展乡村服务业的条件和依托，文化存量的丰富度与文化挖掘的广度与深度决定着文化的价值体验，这种价值体验催生了产业业态的多元化。但是文化的主体地位又是十分脆弱的，极易受到过度产业化开发的影响与环境"更新"的影响，所以要加强保护与合理规划，使文化、环境、业态三者相辅相成，维持和谐共生的正反馈协调关系。

其次，村落环境生态是协同耦合的载体，其作用肌理特征是组织性耦合，组织性耦合的关键是系统全面的环境生态保护与村落环境整治。村落的环境生态是文化环境、基础设施环境、自然生态环境共同构建的环境整体。文化环境包括村落风貌格局、文物古迹、历史建筑、传统民居规划组织的物质空间环境与乡风文明的社会文化软环境。基础设施环境是指村内道路、供水、垃圾处理、污水处理、河塘沟渠驳岸等设施。自然生态环境包括自然山水与田园景观生态。作为村落的物质空间，环境生态是村落文化的载体，展现与表述着传统村落的文化艺术魅力与价值，提升文化体验感，同时能够为产业发展提供环境空间保障。可是村落的环境生态极易受到村落文化与产业活动的影响，当文化活动、产业活动的资源开发总量和开发强度处于环境生态稳态限度内，则环境生态与文化、产业维持和谐共生的止反馈协调关系，二者协同促进自身和对方的持续发展。但当文化与产业活动过度频繁，超出环境生态的可承受阈值，会造成环境生态的退化，并反向抑制文化与产业的发展。

再次，产业是协同耦合的主体，传统村落发展融入新的理念、新的市场要求、新的商业业态、新的资源整合、新的村民诉求，不断地重构新的产业业态，使一二三产业融合发展。传统村落文化与农业业态耦合重构，将村落耕读历史文化融入现代农业，打造地域农产品新品牌；将传统历史文化艺术形式融入农业业态，打造文化观光农业；以传统文娱为媒介结合现代电商，打造特色农业商业。传统村落文化与旅游业业态耦合重构，打造地域风俗体验游、文化寻根游、网红推介游。传统村落文化与乡村服务业业态耦合重构，构造文化厚重的传统村落环境，丰富乡村传统文娱内涵，挖掘传统礼仪文化，打造文化服务新体验。产业耦合的肌理特征是创新性耦合，其耦合动力是创造力的激活。产业的融合、资源的整合、特色优势产业的壮大、产业新业态的创新培育，都需要充分的创造力。但是，这种创造力既要以传统文化为依托，又要以环境生态为保障。没有深厚的特色文化、优美的自然环境与丰富的生态资源，产业兴旺无从谈起。同时产业的创新发展又为文化挖掘与保护，村落环境的建设与生态保护提供经济支撑。

最后，耦合协调度是传统村落耦合机制的反馈，通过耦合协调度反馈村落文化、环境生态、产业业态间耦合协同相互作用的程度，并反馈保护力、创新力、组织力的耦合动力强度，同时反馈传统村落系统生态多样性与可持续发展协同的程度（见图5-2）。

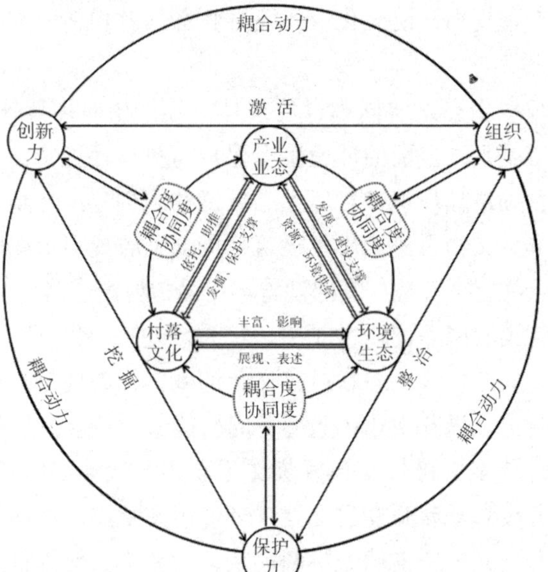

图5-2　传统村落资源要素协同耦合作用肌理模型

第二节　传统村落文化保护与人居环境"更新"
是基于"系统耦合"特征的复合生态作用

一、传统村落文化保护与人居环境"更新"的"系统耦合"特征

传统村落文化保护与人居环境"更新"具有典型的系统的整体性、结构与层次性、开放性与演变性、组织性与目的性的内在运行规律特征。系统的整体性运行规律阐释：传统村落文化保护与人居环境"更新"看似是矛盾的，而其实质是相互影响与相互作用构成整体，在保护中更新、在更新中保护。系统的结构与层次性规律特征阐释：传统村落文化保护与人居环境"更新"的耦合机制具有层次明确的结构形式，宏观层面是政策、文化影响力、生态作用结构；中观层面是传统村落文化保护与人居环境"更新"相互影响与相互作用结构；微观层面是传统村落文化保护与人居环境"更新"的综合体验。系统的开放性与演化性运行规律阐释：传统村落是一个开放的系统，无论是文化保护还是人居环境"更新"，都需要系统与环境进行信息与能量的传递与交换，在这个过程中系统不断地演化，演化为新的系统。系统的组织性与目的性规律特征阐释：传统村落文化保护与人居环境"更新"是系统的自组织与他组织共同作用的结果，自组织是传统村落文化保护与人居环境"更新"的内在规律组织，他组织是主观目的的人为组织，在自组织与他组织的共同作用下，系统呈现演化的目的性。依据系统学理论将传统村落作为一个系统研究，它呈现包含自然、社会、人自身在内的综合研究特征。依据人地关系的地域系统理论，传统村落是"人、地、文、产、居"的系统耦合。"人、地、文、产、居"相互作用内在肌理的人居环境隐秩序是传统村落文化保护与人居环境"更新"耦合机制的研究核心。梳理文化与人、文化与地、文化与产、文化与居的耦合关系，通过根性文化与村民文化认同的耦合、文化乡建与村落硬质环境"更新"的耦合、文化体验创新与文化服务业发展的耦合、文化活化与村民生活方式升级的耦合机制研究，修复满族文化生态，助推文化复建，实现人居环境"更新"与文化富民。关键行动是文化的挖掘与整理、乡土信仰的重塑、人才的培养、空间的整治、产业的优化、生态的保育、耦合链的组织等。系统的关键变量是政策变量、信息变量、资本变量、时空变量等。

二、传统村落文化保护与人居环境"更新"发挥基于文化—经济—环境的复合生态相互作用

传统村落是以人的行为为主导、环境为依托、资源流动为命脉、社会文化为经络的文化（物态文化、精神文化、体制文化）—经济（一二三产业经济）—环境（自然环境、社会环境）的复合生态系统。三个子系统之间的生态耦合关系和相互作用机制决定了复合生态系统的发展与演替方向。系统发展与演化的动力源于自然和社会两种作用力，自然力指蕴含在自然生态中的山川、河流、森林、大地中的能量；社会力指经济杠杆—资金、社会杠杆—权力、文化杠杆—精神。自然力和社会力的耦合导致传统村落复合生态系统特殊的运动规律，有序遵从着自然界的"道理"；人类活动的"事理"；人类行为的"情理"。以复合生态系统耦合机制，控制村落生态系统演化方式，辨识村落中各种局部与整体、眼前和长远、环境与发展、人与自然的矛盾冲突关系，寻找调和这些矛盾的技术手段、规划方法和管理工具，保护村落生态生产功能，维护村落生态生活功能，保证村落生态的修复功能。为社会提供丰富的农林牧渔等产品；为居民提供生活条件和栖息环境，包括物质生活环境与精神生活环境；修复乡村自然生态与文化生态。

第三节　传统村落文化保护与人居环境"更新"的耦合机制是村落内在隐秩序的再塑造

一、传统村落文化保护是传统文化与乡风文明的耦合

传统文化包括：物态文化、心态文化、治理文化等，这种耦合就形成了物态文化、心态文化、治理文化、乡风文明的相互影响。这种耦合行动需要乡村组织对文化的改造与引领，同样需要传统优秀乡村治理文化的继承——"德业相劝、过失相规、礼俗相交、患难相恤"①。这种耦合形成了乡村人与人之间和睦相处、共同进步和发展的基础，是提升村民的道德境界，培育文明乡风、良好家风、淳朴民风的保障。优秀传统道德观的文化认同，是传统村落保护与人居环境"更新"面对的重要课题，耦合文化自信，大力推进优秀传统文化的传承与发展，大力提倡传统村落建设中的道德建设，提升文明与德治的水平，是传统村落文化保护与人居软环境耦合的重要目标。将德治与自治结合培养在地

---

① 梁漱溟.乡村建设理论［M］.上海：上海人民出版社，2011：180.

居民的自主性，唤醒农民的自我意识，提高农民的自力，使其成为传统村落的自我保护、自我价值挖掘、自我功能活化的主体。

二、面对传统村落文化空巢化，再造传统村落文化与人居环境"更新"耦合的活态空间

客观实际、因地制宜、富于创造多样化耦合的保护方式。（一）就地整村露天博物馆式保护与活化相结合，就地活化就地产业化，村落修复与人居环境"更新"相结合，修复整村的复合生态，留住乡愁，留住在地居民的生活方式。（二）整理传统村落的文化资源、历史资料，就地建设古村镇小型博物馆，实现文化寻根，恢复根性文化信仰与村落文化自信，讲好村落文化故事。（三）文化保护与现代科技耦合，依靠智慧科技、新媒体等载体传播乡村文化与产业资源，确保经济来源，改善人们的生活条件，留住人才。（四）挖掘传统村落的价值耦合，历史见证价值、研究价值、欣赏价值、怀旧（情感）价值、艺术价值、旅游价值的耦合，保护的核心是价值的发掘与体现。（五）传统村落文化与产业化耦合，无论是物质文化遗产的原真性保护还是非物质文化遗产的原生态保护，只有与产业耦合才能实现活化与价值化。（六）传统村落保护要与法律、法规、制度耦合，有法可依、科学规划、科学管理、逐渐完善。

三、传统村落文化保护与人居环境"更新"的关键在于与产业的耦合

耦合的形式是一二三产业的耦合，其核心问题是传统村落文化保护的二三产业化与人居环境"更新"的产业空间化的耦合，改变种植农业的经济单一化，有效增加在地居民的收入。这是最终解决中国传统村落问题的根本办法。通过具备"合作社组织形态"的经济组织合作，以落实农民利益为基本目的，以农民为主体主动完成乡土重建，实现乡村经济发展。提高居民收入水平的主要路径是发掘传统村落综合资源，从而发展现代农业、农产品加工业、现代文化产业、文化旅游与现代乡村服务业、新型网络服务业。引进、培养并留住人才，实现文化保护、环境生态、产业升级、收入提升的系统耦合。

四、传统村落文化保护与人居环境"更新"是人居背景、人居活动、人居建设的耦合

人居环境由人居背景、人居活动、人居建设三元构成，现实的人居环境中，人居背景、人居活动、人居建设三者是互为依存、相互制约、三者联动的关系。对人居环境的三元子系统进行三元深化分解，人居背景分解为：自然环境背景、

产业经济背景、文化历史背景；人居活动分解为：体验、行为、心理；人居建设分解为：物质空间建设、精神空间建设、活动空间建设。这样人居环境建设耦合村落的自然、经济、人文资源要素，耦合村民的体验、行为、心理，耦合村民的物质空间、精神空间、活动空间，实现民生需求。确定本书中人居环境"更新"的落脚点。

第四节　推动传统村落文化保护与人居环境"更新"耦合的方法创新

一、基于相关案例研究的耦合方法创新

（一）美国相关案例的耦合方法创新

分析美国传统村落保护的动因、保护方式、运营形式，发现其组织运行规律，归纳其耦合机制：（1）传统村落保护耦合精英人物的理想价值追求与商业目标。（2）通过乡村历史文化与自然生态环境耦合，创建良好的空间环境，利用良好的空间环境耦合商业、旅游业、博物馆业，为人们提供良好的环境体验、文化体验、商业体验、知识体验。（3）耦合方法，空间耦合，文化保护与建筑环境空间规划重构耦合；要素耦合，促进优美的自然环境与传统文化资源、地方艺术与工业文化的耦合，物质空间、产业业态与商业耦合；利益耦合，精英人物、在地居民、协会组织、企业等共同参与者的利益耦合。（4）方法特征，具有典型组织性耦合与创新性耦合的特征。

（二）日本相关案例的耦合方法创新

分析日本传统村落保护的经验，发现其组织运行规律，归纳其耦合机制：（1）以"一村一品"的传统村落保护与产业发展理念，因地制宜地耦合村落资源要素，活跃乡村经济，发展乡村产业，打造特色乡村。（2）努力发掘耦合要素，包括自然资源与森林生态、温泉水源、历史文化、传统的日式古建筑、原始乡村农业等，促进自然森林生态、历史文化、传统的日式古建筑、温泉水源、原始乡村农业与环境更新耦合，与旅游业耦合，原始乡村农业与企业合作耦合。（3）"一村一品"的政策、环境规划、建筑更新重建耦合，建筑师、艺术家、政府组织、协会、村民、企业的利益耦合。（4）方法特征，具有典型政策性耦合、资源性耦合、文化性耦合、组织性耦合、创新性耦合、产业性耦合的特征。

（三）韩国相关案例的耦合方法创新

分析韩国传统村落保护的经验，发现其组织运行规律，归纳其耦合机制：（1）耦合动因，实施"新村运动"，推动政府的作用与村民自治耦合、产业发展与生存环境改善的耦合。（2）自然生态与艺术改造的耦合、环境规划与建筑更新重建耦合。（3）建筑师与艺术家、政府组织与协会、村民与精英、企业利益耦合。（4）方法特征，具有典型政策性耦合、资源性耦合、文化性耦合、组织性耦合、产业性耦合的特征。

（四）国内相关案例研究的耦合方法创新

2019 年，金华地区与湖州地区的传统村落已经进入村落文化多样性耦合、环境生态建设的组织性耦合、产业业态发展的创新性耦合良性互促的良好协调阶段。

耦合方法归纳。（1）加强对传统村落文化资源价值的认同，对传统村落文化多样性持续保护与传统村落文化特色深度挖潜，推进村落文化的活态传承与创新性开发。（2）推行文化控规下的艺术介入与文化乡建。（3）促进产业业态重构与持续创新，整合优势要素资源，加强文化与产业深度融合，推动传统村落文化与农业业态耦合重构，传统村落文化与旅游业态耦合重构，传统村落文化与乡村服务业业态耦合重构。（4）实践传统村落文化保护与产业重构的多样性耦合、组织性耦合、创新性耦合。（5）多元的产业新业态是传统村落文化保护与发展的经济基础，没有经济基础的支撑，传统村落文化的保护便难以持续。

二、基于有机更新理论深化的耦合方法创新

（一）秉承"持续新陈代谢、相似相续"的村落更新方法

为避免大规模拆建旧村落带来的村落文脉断裂问题，整体延续相似的村落肌理，村落建筑更新要依据房屋现状区别更新：（1）质量较好、具有文物价值的予以保留，并加以修缮。（2）已破败者拆除更新。（3）村落肌理特征明显、具有保护价值的，在原肌理不被破坏的前提下，完善规划功能格局，完善村落功能以适应时代的发展要求。（4）新建村落民居要在延续旧建筑文化建筑语言的基础上更新建筑的功能。采用合适尺度，妥善处理历史、现在、未来的关系，在不断提高传统村落人居环境质量的同时，使传统村落文化得以延续。

（二）有机秩序修护、现代功能植入

传统村落人居环境"更新"必须促进村落文化及村落空间有机秩序的修复，同时完善现代功能的植入，推动传统村落的持续振兴。因此，针对当前传统村

落人居环境"更新"的两个核心问题，应以有机秩序修护为首要，配以现代功能的植入。有机秩序修护意在延续乡村千百年的文脉，对逐渐退化和消逝的有机秩序进行必要的修复、保护和培育，实现有机秩序在村域空间格局、建筑群体肌理、空间单元形制、建筑单体形式四个层次的再平衡。修复有价值的村落空间格局；修复有价值的建筑群体肌理；保护修复有价值的建筑单元形制，尽可能实现建筑单体形式在造型、空间、构造、材料、色彩等方面的原真性。但是，这种有机秩序的修复并非单纯的追求简单复古，而是为了保留村落特色。

现代功能植入应该是对传统村落人居环境有机秩序的深度优化，将公共服务、基础设施、家庭生活空间设施等现代功能巧妙植入、融合，即让村民充分享有与城镇相当的现代文明便利与公共服务便利。植入并改善社区服务、医疗、养老、教育、商业等现代服务模式与业态形式；改善基础设施环境，包括道路硬化、自来水、通信、电力、生活生产污水处理、公共环境设施等；家庭生活空间设施方面包括建筑室内装修、厕所革命、院落景观、禽畜隔离养护等。

三、基于城乡资源配置优化的耦合方法创新

（一）耦合数字经济推动传统村落文化保护与人居环境"更新"

传统村落文化得到很好的保护，人居环境得到全面"更新"，都需要发达的经济基础的支撑，乡村数字经济的有效激活是多个维度的保护更新与经济发展互促。这需要传统村落的文化、自然生态、景观环境资源、特色产业、文旅体验等系统全面的数字经济化。通过 B2B、B2C、C2C、O2O 相结合的产品营销网络，将传统村落经济通过全面数字化拓展销售空间与销售渠道，利用互联网提高网络影响力，打造传统村落数字 IP。其中的关键是村落人才资源的配置，掌握数字经济技术手段一般需要具有一定文化及技术能力的年轻人。

（二）以生态宜居引导市民下乡，激活乡村沉默资产，促进城村融合

城镇化的快速发展，导致大量村落人口外流，形成突出的乡村人口老龄化问题。这和现行户籍制度与资源配置方式等因素，共同造成城镇化进程中的资源错配现象。人口迁移导致常住人口与资源配置不合理，是城镇化进程中资源错配的主要原因。资源错配主要是土地资源与住房空间资源的错配。土地与住房的不可流动性决定了土地和住房不能随人口迁移而调整和配置，突出表现在人口迁入城市和迁出乡村间的错配。提高传统村落人居环境的质量，实现传统村落人居环境现代化，关键在于在地居民的观念更新、人口流动的平衡。所以在生态宜居条件完善的传统村落或生态宜居条件可以完善的村落，可以引导市

民下乡，激活并优化配置各类资源，激活乡村沉默资产，通过租住或购买有效使用权等方式盘活乡村空置房产，以及发展生态体验农业，促进城村融合，推动传统村落可持续发展。

基于生活成本的支出差异，引导市民转变为生态新农人。目前城市生活的压力主要源于居住成本过高，宜居村落的居住成本相较城市普遍较低，且可以享受与城市不同的生活，自然的山水森林不仅可以陶冶身心，还蕴含丰富的天然物产，田园蔬圃、林翠鸟鸣、晚霞渔歌，是闲适生活的好去处。生态新农人可以引导文化下乡、知识下乡、生活方式下乡，引导乡村生活观念；可以激活撂荒农业，促进农事体验，促进文化与人居的深度融合。

四、基于要素激活的耦合方法创新

传统村落的要素激活是文化生态、环境生态、产业生态、空间布局等综合要素的激活。其耦合方法的创新体现在：传统村落文化要素激活的耦合方法创新等方面。

（一）传统村落文化要素激活的耦合方法创新

激活传统村落有价值的历史文化要素、民间故事、节日礼俗，耦合文化根性。激活传统村落建筑形制与传统建筑技术、传统服饰文化符号与服饰技艺、工艺美术文化符号与传统技艺，耦合文化乡建、耦合相关产业。激活民间音乐、民间舞蹈、戏曲、曲艺、民族游戏竞技，耦合乡村文旅。

梳理村落的历史脉络，培育村落文化生态。传统村落中的文化礼俗与村落记忆蕴含着优秀的传统价值观，沿袭着村落居民的传统生活方式，对村民的风俗教化起到一定的约束作用。助力凝练村落文化主题，引导村落文化环境与村落文化营建的发展方向，以村落文化主题性建设为切入点，继而营造适宜的村落文化环境，为传统村落保护创造软环境。

村落文化中蕴含着丰富的传统文化符号与传统技艺，村落文化，源于村落居民的生产生活方式，文化是村落居民的生产生活通过广泛而持久的影响产生的结果。这种结果具有物质性与非物质性遗产的价值，这种价值体现为其可使传统村落赋予传统文化新时尚。促进传统建筑文化符号、传统建筑技术、现代建筑技术耦合的文化乡建，能够重塑村落公共文化空间，增强街区公共空间的文化景观性，提升村落公共空间品质，构建院落文化空间，打造传统民居整体的文化语义；能够形成传统服饰文化符号与现代技术结合的时尚产业，形成传统工艺美术文化符号与现代技术结合的文化创意产业；能够以传统文化符号打造田园文化景观。

村落发展需利用传统文化的资源优势,使传统文化向产业化过渡,打造当地特色的文化产业形式,实现产业重构。村落文化产业的打造,是对传统村落文化的激活,以实现其活态传承,其中关键是如何激活?结论是文化激活需依托于文旅产业、助力文旅产业,文化激活是文化旅游创新发展的重要组成部分。可以丰富文旅体验,丰富民俗文化体验,提高旅游乐趣,提升村落旅游产品的文化内涵,丰富村落旅游类型,继而推动旅游产业升级,为文化产业的最终收益提供新的增长点,为村落文化与村落旅游提供良性互动作用。村落文化激活可增大旅游产业的文化附加值,扩大产业知名度。

(二)人居环境要素激活的耦合方法创新

人居环境要素激活是村落物质空间环境要素、精神空间环境要素、自然生态空间环境要素与村落经济要素的耦合。

1. 村落物质空间环境要素激活与村落经济耦合

村落物质空间环境要素从宏观、中观、微观的层次上划分,可以分为:村落整体肌理、村落街巷、民居院落与民居室内空间,村落物质空间环境要素激活就是将村落物质空间的整体环境的文化性、审美性、特质性、完备性激发出来,形成文化景观肌理与自然景观肌理的耦合,综合加强审美体验,形成人居环境与文旅产业的互促的正耦合格局。具体激活的方法为:(1)村落肌理的有机性修复,构建村落人文生态格局,规划村落格局、建筑形制、民风民俗、居民生活等要素,使村落呈现整体性、文脉性、地域性的肌理特质。(2)村落街巷空间及环境的营造,传统村落街巷空间可直观反映村落风貌,是村落文化性、特质性的直观体验空间。村落街巷空间及环境的营造包括:街巷景观环境及设施的完备性营造,街巷文化性、审美性、特质性的营造,传统街巷的保护,街巷业态的更新,街巷的文旅体验等。(3)民居院落文化性、审美性、特质性、完备性的营造。首先对传统民居建筑进行更新,在遵循村落居民诉求的基础上,最大力度地保持村落建筑的原真性和乡土性,复原村落人文生态景观主体;民居建筑更新应合理把控建筑与环境的尺度关系,使文化向形制转化并运用于民居建筑的更新与改造中,满足居民的生活需求与愿景;对村内文化形制较为完整,景观风貌保存较好的民居建筑应予以修缮保留,建筑功能完备;营造文化性、审美性、特质性、完备性的民居院落,耦合乡村特色民宿产业的空间体验要求。(4)传统民居建筑空间结构的更新。传统村落民居建筑因建设年代久远,其内部空间结构已无法达到现代人的生活标准,空间功能性较弱,民居建筑的内部空间结构更新受到建筑类型、性质、功能、现状的制约。民居建筑内部空间结构的更新方式可以利用功能置换原则，将起居空间改造为公共空间，如进行展示陈列、产业运营、休闲洽谈、餐饮娱乐等活动，促使空间功能相互渗透；对民居建筑原始的内部空间结构进行适度的改造与加固，同时合理规划民居建筑内部的空间结构布局，改变原有空间序列，对空间功能进行重组，使传统民居建筑内部空间结构得到切实的更新，从而达到适宜现代居民生活的目的。

2. 村落精神空间环境要素激活与村落经济耦合

村落的精神包括：文化的根性的内在精神、红色文化的内在精神、乡风文明的精神要求、持续发展的愿景希望。村落精神空间环境要素是村落精神的空间外化与空间体验。村落精神空间环境要素激发的路径为：（1）保护文化地标，更新地标周围人文生态景观，凝集文化根性，形成村落文化的文脉性，同时对文化地标周围的古树、古井、古桥、古建筑进行科学保护，增加村落文化的景观内涵。（2）挖掘红色文化，凝练历史记忆，营建红色文化记忆体验空间。（3）村民参与讨论并制定村规民约，维序乡风文明，营建自治、德治的精神空间，村落精神空间环境要素激活不仅能够丰富村落文旅体验，同时也为产业经济的发展提供秩序的保障。（4）重塑村落空间的场域精神，村落空间场域精神营造是将村落内文化内容通过空间表现形式进行转译，同时赋予村落内物质空间新的意义。空间营造过程中应构建文化展示空间、仪式活动空间、信仰需求空间，形成符合当地历史文脉的空间场域，将村落内原有的物质空间向精神场所转变，分别从个体精神需求、集体精神需求、社会精神需求三个需求层面进行空间文化场域精神的构建，最终实现村落内空间文化场域精神的消费。

3. 村落自然生态空间环境要素激活与村落经济耦合

传统村落自然生态空间环境是其重要的比较优势，自然生态空间环境包括森林生态、田园生态、流域生态的多样性与空间性。村落自然生态空间环境要素激活包括多样性激活与空间性激活。森林生态的多样性与空间性激活可以与木材加工业、森林林下产业、森林体验旅游产业等耦合，还可以利用森林的富氧生态环境、地下温泉等天然物产资源发展康养产业。田园生态多样性与空间性激活可以创建丰富的田园景观，以大地艺术的手法丰富田园景观的文化内涵，丰富文旅产业的大地艺术体验。流域生态的多样性与空间性激活可以使传统村落回归绿水青山，恢复沿岸自然生态景观，增加自然生态体验，形成流域生态廊道，增强村落的视觉美。全面激活村落自然生态空间环境要素，并与文旅旅游产业耦合，能够促使生态景观产业化、生态多样性天然产品产业化，延伸文旅旅游产业链。

（三）创新要素激活的耦合方法创新

创新要素激活包括：观念更新、体制革新、产业创新。传统村落创新要素激活的关键是观念更新；传统村落创新要素激活的重点是体制革新；传统村落创新要素激活的核心是产业创新。

1. 传统村落的观念更新

传统村落的观念更新包括：传统村落文化的认识与保护观念更新、人居环境认知观念更新、产业发展理念的更新。传统村落文化的认识与保护观念更新体现多角度的文化价值挖潜，多层次的文化形式活化，多空间的文化产业耦合。人居环境认知观念更新体现在对人居环境维度的界定，人居环境的打造风格与价值体现，人居环境产业化的路径上。产业发展理念的更新体现在对传统农业的创意农业与体验农业的改造，以农业为主向多种产业形式拓展的方式与实践。

2. 传统村落的体制革新

传统村落的体制革新体现为村落土地承包制度的革新、村民民宅处置方式的革新、村民自治体制的革新。改革开放以来，农村联产承包责任体制已经发展到今天的土地确权，个体化小规模的家庭农业生产模式已经不能满足村落经济社会发展的需求，在土地确权的基础上实施"土地流传"，以此增加农民收入，解放农村生产力，为农村规模化生产提供基础；还可以试点土地碎化流转，租赁给新农人发展体验农业与生态农业，形成新的农业业态。村民民宅处置方式的革新。由于人口流动，大量乡村建筑资产闲置，在传统村落人居环境较为完善的村落，试点民宅长期租赁，或购买使用权等方式，盘活乡村建筑资产。村民自治的乡村管理体制不断革新，不断凝聚村支两委的核心力，以村支两委及村民代表凝聚村民意志参与合作社经营，与市场竞争，增加村民的市场竞争力。

3. 传统村落创新要素激活的核心是产业创新

国家从 2017 年开始提出乡村发展的田园综合体模式，探索农村发展的新模式、新业态、新路径，逐渐建成以农业合作社为主要载体，让农民充分参与收益的集循环农业、创意农业、农事体验于一体的田园综合体。在田园综合体概念的基础上，结合传统村落的资源优势，本书提出"传统村落产业综合体"的产业革新理念，建立完整的产业结构与运营模式。传统村落产业综合体的基本理念是在传统村落保护与人居环境"更新"深层挖潜，进行系统认知基础上的产业实操。其目的是实现传统村落高质量可持续发展。其核心定位是推动产业升级，形成农业、文旅业、生态林业复合的产业链体系，将村落文化符号与智慧农业、创意农业耦合，形成复合的农事体验，助力文旅产业，以文旅产业促进农产品的品牌传播与品牌塑造，缩短销售链，提高农业收入，并且文、旅、农、林耦合打造互联网村落名片，建设文化特、生态优、环境美、产业兴、消费热、村民富的传统村落产业综合体。推动传统村落一二三产业耦合发展，适应农村产业现代化的发展要求，同时有效促进村落文化激活与村落人居环境的整体跃升。系统建构传统村落的生态体系、产业体系、生产体系、经营体系、服务体系、运行体系。传统村落产业综合体的运营平台，以村支两委为核心，以合作社为基础、以有限责任公司为载体、以在地居民为主体构建运营平台，构建 B2B、B2C、C2C、O2O 相结合的产品营销网络。形成系统的经济链，提高资源效率，实现农人到工人、农人到商人、农人到管理者的转化，完善从生产到服务的乡村产业链的运营能力，最大限度提高居民收益，实现可持续发展。

（四）艺术介入的人居环境耦合创新方法

1. 艺术介入耦合村落经济、文化、社区的发展

通过多种艺术表现形式促进乡村经济发展，依靠艺术和创意美化村落景观环境，丰富文化活动，提升文娱品质，共同提振文旅经济。制订艺术介入的经济发展计划，通过学术机构支持结合地方力量参与、创新艺术介入机制，驱动艺术的柔性介入和治理主体的多元参与，多方受益。艺术介入促进乡村文化的整合、丰富文化的形式、创新文化呈现。艺术介入激发创造力，打造传统村落艺术社区，以文化艺术活动改善社区品质，探索村落社区发展中的艺术实验，通过艺术介入提高村民的生活质量。从乡村的文化逻辑和文化需求出发，探索艺术介入型乡村耦合方法创新，发掘艺术介入乡村带给社会的持久的影响力。

2. 艺术介入乡村社区规划耦合村落整体品质的提升

艺术广泛介入村落社区规划建设中，推行艺术乡建活动，并与社区中的其他协会和活动一起存在，从而促进社区活力提升和资源的繁荣。艺术作为更广泛的社区规划工具，不仅强调艺术介入社区的宣传和参与，而且艺术作品的呈现会增强社区居民的审美体验，以艺术介入自下而上的内生培育，持续引导村民的文化审美修养提升及价值认同。在传统村落文化保护与人居环境"更新"的耦合过程中，将规划师的行为与艺术家等文人学者的行为结合起来，开展形式多样的乡村艺术活动，全面乡村环境提质。

（五）基于智慧乡村建设的耦合创新方法

2020 年 1 月农业农村部、中央网络安全和信息化委员会办公室印发《数字农业农村发展规划（2019–2025 年）》，要求以数字化引领驱动农业农村现代化，为实现乡村全面振兴提供有力支撑。建设数字乡村，发展农村数字经济，

同时利用数字实现乡村治理能力的提升。① 从国家战略可以明确，数字与智慧乡村建设已经步入快车道。基于智慧乡村建设探索传统村落文化保护与人居环境"更新"的耦合创新方法，可以从智慧乡村建设与传统村落文化保护耦合创新、智慧乡村建设与村落综合管理优化、智慧乡村建设与乡村产业耦合创新三方面探索。

1. 智慧乡村建设与传统村落文化保护耦合创新

传统村落文化保护的重要工作是文化普查，然后是保护监管。通过智慧乡村建设可以对普查在册的村落历史建筑、村落文物进行集中有效统一监管。应用遥感技术、远程监管、远程观察、远程诊断、环境自动监测与控制，节省保护成本，提高保护效率。

2. 智慧乡村建设与村落综合管理优化

传统村落人居环境"更新"的重要工作是村落环境的治理，通过智慧乡村建设创建"互联网+村落治理""互联网+村落生活"的系统，创新村落管理模式。通过网络监控手段，使污水综合治理和垃圾处理更加完善，可以监控街道状况，防范低俗不文明行为甚至可以预防盗窃的违法行为，提高村落综合管理效率。还可以通过互联网提升网络宣传，打造村落影响力。随着智慧乡村建设的深入，乡村智慧医疗、智慧教育、智慧养老等方面的耦合创新将不断呈现，不断优化村落综合管理能力与管理水平。

3. 智慧乡村建设与乡村产业耦合创新

（1）智慧乡村建设与体验农业耦合创新。运用"互联网+"创新农业生产经营模式，可以加强农业生产的智能化、农业作业精准化、农业管理的数字化、农业服务的网络化，增强农事综合体验。随着"智慧农业"的发展，将不断延长农业产业链、拓宽农村产业范围、提升农业附加值。应用遥感技术、远程诊断、环境自动监测与控制，节省成本，限制或减少化肥、农药的使用率，实现体验农业、生态农业、放心农业。实现"自媒体带货"的农村产业贸易发展新趋势，推动农村产业经济发展。（2）"互联网+休闲农业、乡村旅游"的耦合创新。"互联网+休闲农业、乡村旅游"，有效促进数字化的文旅产业发展。实现智慧乡村的村落文化推介、农业生态农事活动的网络体验、山水风光展示，提高旅游产品的影响力。促销特色农产品，实现农产品到旅游商品的转变，提高农产品附加值。同时加强乡村游的目标性与便利性，促进乡村旅游的升级。

---

① 聂司琦，黄映辉. 北京市智慧乡村建设现状与前景［J］. 农业展望，2021，17（4）：68-73.

第五节　传统村落文化保护与人居环境"更新" 耦合机制与方法模型

一、传统村落文化保护与人居环境"更新"耦合目标模型

解决传统村落文化传承保护与人居环境"更新"的矛盾，实现传统村落文化保护与人居环境"更新"有机协同，增强传统村落的文化活性，推动传统村落的可持续协调发展。实现文化乡建与文化富民，打造传统村落宜居空间，复建传统文化体验空间，实现文化乡建；推动传统文化活化与产业化，助推乡村文化服务业升级，改善村民生存环境，实现文化脱贫。实现传统村落文化保护与人居环境"更新"空间耦合、利益耦合、价值耦合、生态耦合的综合目标（见图5-3）。

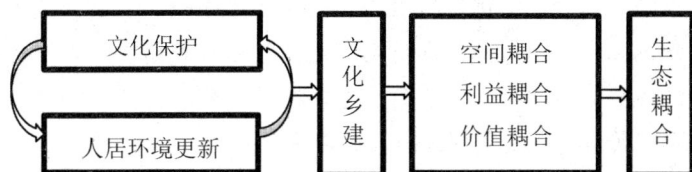

图 5-3　耦合目标模型

二、传统村落文化保护与人居环境"更新"耦合要素结构模型

（一）宏观耦合要素与结构模型

依据系统学主体与环境关系理论模型分析传统村落文化保护与人居环境"更新"的主体与环境关系，定义其宏观耦合要素与结构（见图5-4）。传统村落的宏观耦合要素体现为：政策与权法耦合要素、科技耦合要素、区位与交通耦合要素、自然生态耦合要素。传统村落的宏观耦合要素与结构体现为：政策、权法与村落主体的耦合；科学技术与村落主体的耦合；区位、交通与村落主体的耦合；自然生态环境与村落主体的耦合。政策耦合过程对传统村落文化保护与人居环境"更新"的耦合作用是决定性的。可以说，无论是传统村落保护还是人居环境"更新"，基本都是在政策的驱动下渐进完成的。政策、权法与村落主体的耦合包括传统村落保护政策与权法耦合；产业兴旺、生态宜居、乡风文明、治理有效、生活富裕的乡村振兴的战略耦合。科技与村落主体的耦合包括

数字网络乡村建设耦合；智慧乡村建设耦合。区位、交通与村落主体的耦合包括区位优势与交通耦合，城乡资产与资本耦合。自然生态与村落主体的耦合包括天然氧吧、温泉水源、山林湖泽、江河海域的耦合开发。

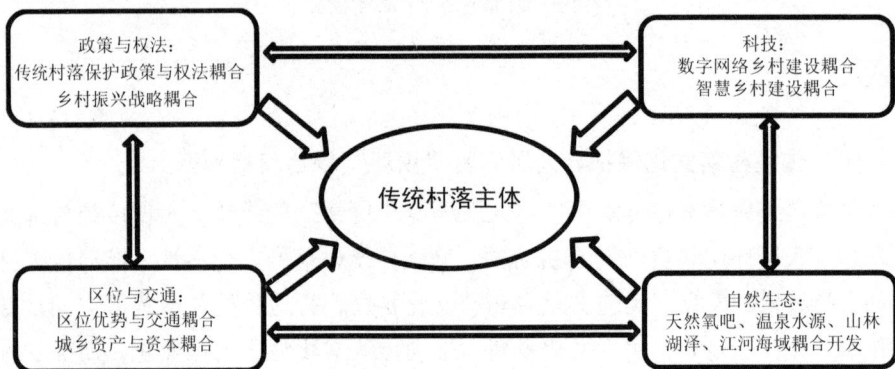

图 5-4　宏观耦合要素与结构模型

（二）中观耦合要素与结构模型

传统村落中观耦合要素包含村落主体的文化子系统、人居环境子系统、产业环境子系统，耦合结构是文化保护与文化活化多样性耦合；物质环境、精神环境、产业环境更新性耦合；一二三产业多样性耦合。三者的耦合关系和相互作用机制决定了传统村落文化保护与人居环境"更新"状态（见图5-5）。

首先，文化助推了传统村落产业多样性，是发展乡村服务业的条件和依托，文化存量的丰富度与文化挖掘的广度和深度决定着文化的价值体验，这种价值体验催生了产业业态重构的多元化。传统村落文化保护活化与产业重构相互作用，可以促进文化产业化发展、文化新业态孕育而生，丰富文旅产业的特色体验。传统村落第三产业的多样化要以传统文化为依托，同时多元的产业新业态是传统村落文化保护与发展的经济基础，没有经济基础的支撑，传统村落文化的保护难以持续。但是文化的主体地位又是十分脆弱的，极易受到过度产业化开发的影响。文化的丰富度决定着环境的品质，影响着物质环境、精神环境、产业环境多样性体验。

其次，村落环境生态是协同耦合的载体，村落的环境生态是物质环境、精神环境、产业环境共同构建的环境整体。作为村落的物质空间，环境生态是村落文化的载体，展现与表述着传统村落的文化艺术魅力与价值，体现着村落的人文精神，同时为产业发展提供了环境空间保障。可是村落的环境生态极易受到村落文化与产业活动的影响，当文化活动、产业活动的资源开发总量和开发强度处于环境生态稳态限度内，则环境生态与文化、产业维持和谐共生的正反馈协调关系，三者协同促进自身和对方的持续发展。但当文化与产业活动过度频繁，超出环境生态的可承受阈值，就会造成环境生态的退化，并反向抑制文化与产业的发展。

最后，产业是协同耦合的主体，在传统村落系统中，一二三产业的融合、文化产业化发展、文化新业态孕育而生、文旅产业特色优势的壮大，为文化保护与活化、村落的物质与精神环境的建设提供经济支撑。没有经济基础的支撑，传统村落文化的保护难以持续；没有经济基础的支撑，物质与精神环境建设无从谈起。同时产业环境也要以传统文化为依托，以环境生态为保障。

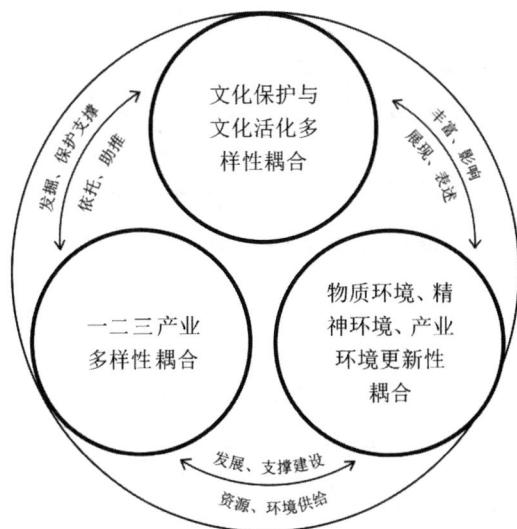

图5-5　中观耦合要素与结构模型

（三）微观耦合要素与结构模型

微观耦合要素与结构模型是指文化子系统、人居环境子系统、产业子系统内部的耦合要素之间的复杂的耦合结构关系。包括：村落历史、村落文化挖掘与整理、村落文化肌理与文化生态；传统民居与历史建筑、民居现状与建筑环境协调程度、公共空间硬件设施完善程度与街道景观；物质与非物质文化遗产、非物质文化遗产传承人培养；田园景观规划、体验农业；居民状况与居民诉求、产业创新人才；地域特色产业及品牌、乡村特色文化旅游业、网络共享经济与跨界产业联盟要素综合的耦合协同。这种复杂的耦合协同，使传统村落的文化保护与人居环境"更新"形成充分耦合的整体。促进传统村落"持续新陈代谢、相似相续"演替，既完成了传统村落的有机秩序修护又保证了传统村落的现代功能植入，实现其具体落地的持续活化与更新发展（见图5-6）。

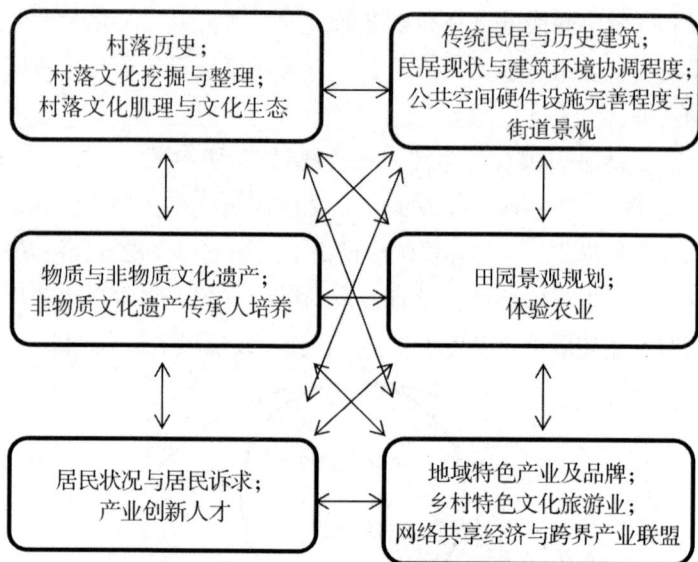

图 5-6　微观耦合要素与结构模型

三、要素结构与耦合动力结合的耦合机制系统模型

传统村落文化保护与人居环境"更新"的耦合机制清晰地呈现了耦合要素及结构，结合传统村落文化保护与人居环境"更新"的耦合动力，构建传统村落文化保护与人居环境"更新"耦合机制系统模型（见图5-7）。

（一）传统村落文化保护与人居环境"更新"的耦合机制呈现清晰的耦合要素及结构

这个耦合要素结构是宏观环境要素结构；中观村落主体要素结构；微观村落子系统内部要素结构，子系统内部要素结构是复杂耦合的客观耦合结构，是可感知的现实耦合。宏观环境要素结构体现：政策与权法、科技、区位与交通、自然生态相互作用的耦合要素结构。中观村落主体要素结构体现为：文化保护与文化活化的多样性；物质环境、精神环境、产业环境的更新性；一二三产业的多样性的系统创新耦合。微观可感知的现实耦合结构体现为：村落历史、村落文化挖掘与整理、村落文化肌理与文化生态；传统民居与历史建筑、民居现状与建筑环境协调程度、公共空间硬件设施完善程度与街道景观；物质与非物质文化遗产、非物质文化遗产传承人培养；田园景观规划、体验农业；居民状况与居民诉求、产业创新人才；地域特色产业及品牌、乡村特色文化旅游业、网络共享经济与跨界产业联盟要素综合的耦合协同。耦合的目的是解决传统村

238

落文化保护与人居环境"更新"的矛盾，实现村落文化保护与人居环境"更新"的空间耦合、利益耦合、价值耦合、生态耦合。其中的关键是耦合动力的来源与耦合动力的强度。

（二）传统村落文化保护与人居环境"更新"的耦合动力

传统村落文化保护与人居环境"更新"的耦合动力来源于：与文化耦合的人文精神耦合力；与人居环境耦合的规划设计、环境更新耦合力；与产业耦合的资金耦合力、利益效益耦合力。其中的核心耦合动力是创新性耦合、组织性耦合、多样性耦合、价值性耦合、资金耦合、自然力耦合。

1. 从村落环境与村落主体耦合关系分析耦合动力

从村落环境与村落主体耦合关系分析，耦合动力体现在：（1）政策与权法对村落主体耦合的政策指导力、组织行动力；政策与权法对科技耦合的创新推动力、科技转化力；政策与权法对区位优势与交通耦合的基础设施规划与建设、对城乡资产资本的指导力；政策与权法对自然生态耦合的自然生态保护力、自然生态多元开发力。（2）科技对村落主体耦合的多样性耦合力、管理优化力；科技对政策与权法耦合的实施便捷力、执行高效力；科技对区位优势与交通耦合的科技创新力、效率提升力；科技对自然生态耦合的深度开发力、创新体验力。（3）区位优势与城乡资本资产对村落主体耦合的多元影响力、发展便捷力；区位优势与城乡资本资产对政策与权法耦合的实践影响力、决策力；区位优势与城乡资本资产对自然生态耦合的价值提升力、传播力。（4）自然生态对村落主体耦合的多样性耦合力、自然耦合力；自然生态对政策与权法耦合的影响力；自然生态对数字乡村耦合的内涵丰富性耦合力；自然生态对区位优势与城乡资本资产耦合的自然生态吸引力。

2. 从村落文化子系统、人居环境子系统、产业环境子系统的耦合关系分析耦合动力

从村落文化子系统、人居环境子系统、产业环境子系统的耦合关系分析，耦合动力体现在：（1）村落文化子系统对人居环境子系统耦合的文化多样性耦合力、文化应用的创新力；村落文化子系统对产业环境子系统耦合的文化多样性与产业重构多样性耦合力、文化组织性与产业重构组织性耦合力、文化活化创新性与产业重构创新性耦合力。（2）人居环境子系统对村落文化子系统耦合的空间耦合力、文化审美力，形成文化景观肌理，综合提高村民审美体验感；人居环境子系统对产业环境子系统耦合的多业态创新力、多样性服务体验，形成人居环境与文旅产业的互促的正耦合格局。（3）产业环境子系统对村落文化子系统耦合的价值耦合力、资金耦合力；产业环境子系统对人居环境子系统耦

合的资金耦合力、空间耦合力，形成产业环境与人居环境耦合的"传统村落综合体"，推动传统村落一二三产业耦合发展。

3. 从微观村落子系统内部要素的耦合关系分析耦合动力

从微观村落子系统内部要素的耦合关系分析，微观要素耦合是可感知的现实耦合结构，其耦合动力呈现多样性耦合的特征：创新耦合的多样性、自组织与他组织耦合的多样性，从而形成生态耦合与系统耦合的格局。

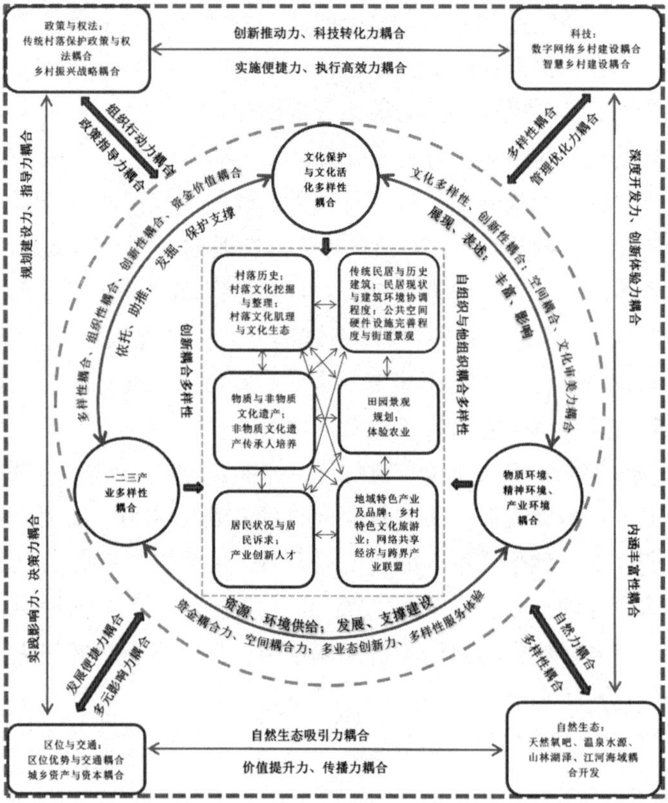

图5-7　传统村落文化保护与人居环境"更新"耦合机制系统模型

第六节　本章小结

一、基于东北满族传统村落综合调查的耦合机制与方法小结

（一）东北满族传统村落文化保护与人居环境"更新"的耦合过程。传统村落文化保护与人居环境"更新"是一个长期的复合的耦合过程。在这个耦合过程中，体现了政策、区域地理环境、历史文化演变、在地居民居住与生活方式、产业结构长期耦合作用的结果。（二）东北满族传统村落文化保护与人居环境"更新"的耦合机制。分析东北传统村落文化保护与人居环境"更新"的研究样本，发现其组织运行规律，归纳其耦合机制。首先，东北满族传统村落耦合要素结构。依据东北传统村落的人地关系，满族传统村落地域系统是包含"人、地、文、产、居"在内的自然生态与人文社会的耦合系统。通过对研究样本数据的整理与归纳，对这个耦合系统进一步归纳表述：传统村落地域系统是由村落文化子系统、人居环境子系统、产业环境子系统相互作用共同构成，传统村落耦合要素结构是村落文化资源要素、人居环境资源要素、产业环境资源要素相互协同的耦合结构，这种耦合结构相互作用，形成耦合机制，推动村落不断地发展变化。其次，满族传统村落要素结构耦合作用机制。村落文化是协同耦合的基础，其作用肌理特征是多样性耦合，多样性耦合的关键是文化存量保护与开发的多样性。村落人居环境是协同耦合的载体，其作用肌理特征是组织性耦合，组织性耦合的关键是系统全面的环境生态保护与村落环境整治。产业是协同耦合的主体，传统村落发展融入新的理念、新的市场要求、新的商业业态、新的资源整合、新的村民诉求，不断地重构新的产业业态，促进一二三产业融合发展。村落文化子系统、人居环境子系统、产业环境子系统相互作用形成村落文化持续保护与人居环境持续"更新"的耦合机制。最后，耦合协调度是传统村落耦合机制的反馈，通过耦合协调度反馈村落文化、环境生态、产业业态间耦合协同相互作用的程度，并反馈保护力、创新力、组织力的耦合动力强度，同时反馈传统村落系统复合生态多样性与可持续发展协同的程度。

二、传统村落文化保护与人居环境"更新"是基于"系统耦合"特征的复合生态作用小结

（一）传统村落文化保护与人居环境"更新"的"系统耦合"特征。传统村洛文化保护与人居环境"更新"具有典型的系统整体性、结构与层次性、开放性与演变性、组织性与目的性的内在运行规律特征。系统的整体性运行规律阐释：传统村落文化保护与人居环境"更新"这看似矛盾，其实质是相互影响与相互作用构成整体，在保护中更新、在更新中保护。系统的结构与层次性规律特征阐释：传统村落文化保护与人居环境"更新"的耦合机制具有层次明确的结构形式。系统的开放性与演化性运行规律阐释：传统村落是一个开放的系统，无论是文化保护还是人居环境"更新"，都需要系统与环境进行信息与能量的传递与交换，在这个过程中系统不断地演化，演化为新的系统。系统的组织性与目的性规律特征阐释：传统村落文化保护与人居环境"更新"是系统的自组织与他组织共同作用的结果，自组织是传统村落文化保护与人居环境"更新"的内在规律组织，他组织是主观目的的人为组织，在自组织与他组织的共同作用下，系统呈现演化的目的性。依据系统学理论将传统村落作为一个系统研究，它呈现包括自然、社会、人自身在内的综合研究特征。通过文化乡建与村落硬质环境更新的耦合、文化体验创新与文化服务业发展的耦合、文化活化与村民生活方式升级的耦合机制研究，修复满族文化生态，助推文化复建，实现人居环境"更新"与文化富民。（二）传统村落文化保护与人居环境"更新"发挥基于文化—经济—环境的复合生态相互作用。传统村落是以人的行为为主导、环境为依托、资源流动为命脉、社会文化为经络的文化（物态文化、精神文化、体制文化）—经济（一二三产业经济）—环境（自然环境、社会环境）的复合生态系统。三个子系统之间的生态耦合关系和相互作用机制决定了复合生态系统的发展与演替方向。系统发展与演化的动力源于自然和社会两种作用力。以复合生态系统耦合机制，控制村落生态系统演化方式，辨识村落中各种局部与整体、眼前和长远、环境与发展、人与自然的矛盾冲突关系，寻找调和这些矛盾的技术手段、规划方法和管理工具，保护村落生态生产功能、维护村落生态生活功能、保证村落生态的修复功能。

三、传统村落文化保护与人居环境"更新"的耦合机制是村落内在隐秩序再塑造的小结

（一）传统村落文化保护是传统文化与乡风文明的耦合，传统文化包括：物态文化、心态文化、治理文化等，这种耦合就形成了物态文化、心态文化、治理文化、乡风文明的相互影响。（二）面对传统村落文化空巢化，再造传统村落文化与人居环境"更新"的耦合活态空间。就地整村露天博物馆式保护与活化相结合；整理传统村落的文化资源、历史资料，就地建设古村镇小型博物馆；文化保护与现代科技耦合；挖掘传统村落的价值耦合，历史见证价值、研究价值、欣赏价值、怀旧（情感）价值、艺术价值、旅游价值的耦合；传统村落文化与产业化耦合；传统村落保护要与法律、法规、制度耦合。（三）传统村落文化保护与人居环境"更新"的关键在于与产业的耦合，其耦合的形式是一二三产业的耦合，其核心问题是传统村落文化保护的二三产业化与人居环境"更新"的产业空间化的耦合，改变种植农业经济的单一化，有效增加在地居民的收入。这是最终解决中国传统村落问题的根本办法。（四）传统村落文化保护与人居环境"更新"是人居背景、人居活动、人居建设的耦合，是自然环境背景、产业经济背景、文化历史背景的耦合；人的体验、行为、心理的耦合；物质空间建设、精神空间建设、活动空间建设的耦合。

四、推动传统村落文化保护与人居环境"更新"耦合的方法创新小结

（一）基于相关案例研究的耦合方法创新，经过对国内外研究案例的耦合创新方法归纳，目前国内外传统村落保护与人居环境"更新"的耦合创新方法包括：政策性耦合、文化性耦合、空间耦合、资源要素耦合、利益耦合、组织性耦合、创新性耦合、产业性耦合、多样性耦合的特征。（二）基于有机更新理论深化的耦合方法创新，秉承"持续新陈代谢、相似相续"的村落更新方法和有机秩序修护、现代功能植入的耦合创新方法。（三）基于城乡资源配置优化的耦合方法创新，耦合数字经济推动传统村落文化保护与人居环境"更新"；以生态宜居引导市民下乡，激活乡村沉默资产，促进城村融合。（四）基于要素激活的耦合方法创新，传统村落的要素激活是文化生态、环境生态、产业生态、空间布局等综合要素的激活，其耦合方法创新体现为：传统村落文化要素激活的耦合方法创新；人居环境与自然生态环境要素激活的耦合方法创新；创新要素激活与产业重构的耦合方法创新；艺术介入的人居环境耦合方法创新；基于智慧乡村建设的耦合方法创新。

五、传统村落文化保护与人居环境"更新"耦合机制与方法模型小结

（一）构建空间耦合、利益耦合、价值耦合、生态耦合的传统村落文化保护与人居环境"更新"耦合目标模型。（二）构建宏观层面的耦合要素与结构模型、中观层面的耦合要素与结构模型、微观层面的耦合要素与结构模型。（三）构建要素结构与耦合动力结合的耦合机制系统模型，其中传统村落文化保护与人居环境"更新"的耦合动力来源于：与文化耦合的人文精神耦合力；与人居环境耦合的规划设计、环境更新耦合力；与产业耦合的资金耦合力、利益效益耦合力。其中的核心耦合动力是创新性耦合、组织性耦合、多样性耦合、价值性耦合、资金耦合、自然力耦合。

第六章

基于耦合方法的东北满族传统村落文化保护与人居环境"更新"设计实践

——以赫图阿拉村为例

第一节　赫图阿拉村村落现状

一、赫图阿拉村区位概况

赫图阿拉村位于距新宾满族自治县永陵镇 2 千米处，东临白硅山，南靠羊鼻子山，西止嘉洽河，北抵苏子河，全村占地面积 400 公顷，其中林地面积 186.7 公顷，大约占村落总面积的 46.6%；风景名胜占地面积 160 公顷，占村落总面积的 40%。201、104 省道由此经过，是通往新宾满族自治县的必经之地。距离新宾县约 18.5 千米，距离抚顺市约 110 千米，距离沈阳市约 150 千米。① 本书对赫图阿拉传统村落提出"文化保护与人居环境'更新'"的系统设计策略，改造区域面积为 14.7 平方千米，其中核心改造区域面积为 1.7 平方千米。

二、村落环境现状

（一）自然环境现状

永陵镇赫图阿拉村地处长白山山系边缘，龙岗山南脉地带，群山环绕，自然环境优美，清澈的苏子河河水自东向西穿山而过，自然生态良好。田园景观呈现生态农业景观格局。

（二）建筑环境现状

从赫图阿拉城迁出的新建村落，其民居形式基本都是典型的"金包银"式，

---

① 魏薇. 乡村振兴战略下推动农业产业融合发展对策建议［J］. 农业经济，2020（4）：6-8.

风格统一，建筑质量很好。其建筑，除作为民宿经营的之外，室内大多遵循当代东北民居室内标准，一般为火炕、地热、暖气混合采暖，室内墙面一般为大白，设吊棚，地面为水泥地面或铺装地砖、地板，门窗一般为木门窗、铝合金门窗或塑钢门窗。原老城村旧村落的建筑现状较为复杂，建筑风格不够统一，建筑质量参差不齐，有以砖石结构建造的，有以砖木结构混合建造的，还有以砖土建造的（见图6-1）。除赫图阿拉城外，村中无历史建筑。

图6-1　赫图阿拉村建筑现状

（三）村落环境及公共设施建设

村落内设有垃圾定点收治点，清洁人员定时进行垃圾处理工作；村落内公共卫生情况相对较好，但仍有很大的提升空间。自来水普及率100%。从2011年开始，政府加大力度对赫图阿拉村进行整治规划，村落内新建秸秆气化站一座，完成村落内95%以上村民的新型燃料供给。新建污水处理设施，提高村落污水处理效率，污水处理率达到74%。对村落内308户厕所实行更新改造，修建室内卫生设施，2019年村落内厕所革命完成率达到85.34%。为方便村民生活，铺筑村路20千米，提高交通通行度，村落内道路实现100%硬化。村落内基础设施完成翻新，其中太阳能路灯安置100盏，夜间照明等公共设施基本完善。对苏子河村村内流域进行水渠硬化与河堤护砌的相关工作，其长度为1400米。但通过田野调查发现，皇寺新村与老城新村环境相对较好，基础设施较为完善，居民保护意识相对较强；北关屯、河北屯为赫图阿拉村原城外自然屯，设立年代较为久远，外加当地居民保护意识淡薄，环境问题尤为凸显。

三、村落文化资源的挖掘整理现状

依据田野调查统计，截至2022年3月，赫图阿拉村全村628户人家，人口2105人，满族人口占村落总人口的90%，满族文化成为村落文化的主体。① 村

---

① 陈琳，徐捧捧，李济任，等. 新型城镇化背景下满族文化旅游资源开发整合研究——以新宾满族自治县为例［J］. 旅游纵览（下半月），2015（20）：158-159，161.

落文化资源的挖掘整理包括：村落历史整理、满族艺术与工艺文化整理、满族建筑文化整理、满族习俗文化整理。

（一）村落历史整理

赫图阿拉村被誉为"中华满族第一村"，通过对传统村落的实地调查可知，赫图阿拉村的一部分是因旅游开发需要，从赫图阿拉城内迁出而形成的村落，还有一部分是原来老城外城的居民聚集而成。村落由四部分组成，皇寺新村与老城新村修建于 1999 年，北关屯、河北屯为赫图阿拉村原城外自然屯。如今赫图阿拉城成为国家 4A 级景区，坐落于村中平顶山上。赫图阿拉村的历史与赫图阿拉古城的历史一脉相承，至今已有 400 余年，赫图阿拉古城始建于明万历三十一年（1603 年），明万历四十四年（1616 年）努尔哈赤于此建立了大金政权，史称后金。宗教文化整理：萨满教作为满族的原始宗教，一直沿袭至今，赫图阿拉城内萨满教舞蹈依旧以表演形式存在。

（二）满族艺术与工艺文化整理

村落内满族艺术文化内容为萨满舞、满族舞蹈、满族传统戏剧三种，村落内的满族舞蹈形式为祭祀舞、民间舞、旗袍舞、男子舞，多以景区表演形式对外展现，满族传统戏剧八角鼓戏在村落内已鲜为人知，但依旧被部分老一辈居民所掌握。村落内满族艺术文化种类多样，但文化现状呈现边缘化，文化活化成为村落建设的当务之急。

满族工艺文化中的剪纸艺术早在明朝时期就已在民间流行，剪纸内容取材于村民的日常生活，对风景的刻画相对较少。满族剪纸艺术在赫图阿拉村的各个角落皆有体现，将满族剪纸艺术与村落民俗相结合，不断向外界推广优秀的满族剪纸作品。2010 年新宾满族剪纸被评为世界级文化遗产，其文化影响深远。[1]

（三）满族建筑文化整理

赫图阿拉村内建筑具有鲜明的满族特色，民居建筑中的"四大怪"最具代表性，满族民居建筑遵照"口袋房、万字炕、烟囱竖在地面上、窗户纸糊在外"的形式建造，传达了满族先人的智慧。赫图阿拉村内还存有许多清朝前期建筑形式，如硬山式青砖瓦房、三合院建筑、硬山式青砖瓦房四合院、五间硬山式建筑等。同时还有许多地下遗址，如铠甲制造厂、仓廒区等。赫图阿拉村是以满族民居建筑为主体，多种建筑形式共存的民族村落。

（四）满族习俗文化整理

赫图阿拉村满族习俗文化包括日常生活习俗文化、传统节庆及婚丧习俗文

---

① 贺靓. 辽宁省赫图阿拉村乡村景观综合评价研究［D］. 沈阳：沈阳农业大学，2017.

化，满族习俗文化在村落居民生活中均有体现。村落居民日常生活习俗文化为日常居住习俗，奉行"以西为尊，以右为大"。日常饮食习俗，有满族火锅、八碟八碗等。日常礼仪习俗，行礼、作揖等。传统节庆及婚丧习俗文化为满族传统节庆习俗，如添仓节、药香节等；满族婚俗，具有满族居民独特的婚礼流程；满族丧俗等。

图6-2　村落内文化分区示意图

四、村落产业现状

（一）农业现状

农业为赫图阿拉村主导产业，其中以种植水稻、玉米为主要作物。第一产业的影响因素较多，其收益成效会因气候条件、人为因素的影响而发生改变。通过田野调查得知，村落耕地面积253公顷，人均0.1公顷，土壤肥力较好，其中，每公顷水稻年收入维持在15680元左右，每公顷玉米年收入维持在8580元左右。努力发展休闲农业和观光农业，村里先后创建了御果种植专业合作社、启运湖生态园、黑木耳产业基地，1000多亩的药园产值逐年递增，效益十分可观。

（二）产品加工业及手工业现状

赫图阿拉村第二产业主要以农产品加工业与手工业为主，有水稻深加工等产业、工艺品包装加工业、手工制造业。通过调查赫图阿拉村2011—2019年第二产业的总收入份额得知，赫图阿拉村第二产业收入平均以每年128万元的份额增加，产业效益较好。

（三）旅游服务业现状

赫图阿拉城及满族风情园坐落于赫图阿拉村内，开发于1989年，景区内收入与当地居民间不发生直接关系，赫图阿拉村依托旅游服务业带动村落第三产业发展。发展乡村特色文化及旅游业，依托世界物质文化遗产清永陵和国家 4A 级旅游景区赫图阿拉城的优势，大力发展满族特色文旅产业，开发满族特色旅游产品，致力于打造一园、二节、四遗、五馆的乡村旅游。① 通过田野考察得知，赫图阿拉村拥有个人独资企业 8 家、个体工商户 52 家，其经营形式多以民宿、农家乐、采摘园为主。地域特色产业品牌：满族文化特色旅游、满族文化特色民宿、满族八大碗餐饮、满族旗袍。通过查阅抚顺统计年鉴，分析 2011—2019 年赫图阿拉村人均可支配收入，2019 年人均可支配收入与 2010 年相比已经翻一番。

（四）产业模式创新现状

网络共享经济发展较快，网络旅游订单逐年增加。跨界联盟产业快速发展，御果种植等专业合作社 13 家；村里成立了赫图阿拉满族民俗旅游产业发展有限公司，实行"公司+农户"共建民宿的模式。

综上所述，赫图阿拉村以传统农业为主要产业。依托区位条件，发展农产品加工业、手工业、包装加工业，取得了一定的经济效益，综合来看，村落内产业规模仍需壮大，其产业发展仍留有空间。村民以采摘园、农家乐等个体工商户形式参与乡村旅游服务业，但是其参与程度有限。

第二节　赫图阿拉村现状问题分析

一、村落环境问题分析

通过实地调查发现赫图阿拉村村落环境状况不均衡，皇寺新村与老城新村环境相对较好，基础设施较为完善，居民保护意识相对较强；北关屯、河北屯两个自然屯，设立年代较为久远，外加当地居民保护意识淡薄，环境问题尤为凸显。赫图阿拉村局部区域缺乏完善的环卫管理，垃圾定点收治不及时，堆放现象严重，占用村落道路空间。村落内民居建筑空置较为严重，部分建筑衰败严重。道路环境缺少绿化，贯通性不足，尽头路较多，缺少道路环网，道路系统不够完善（见图 6-3）。满族老街是当地最具代表性的小型满族建筑群，因多年缺乏管理，建筑景观残破。综合来看，赫图阿拉村环境问题突出，亟待规划

---

① 郭曼曼. 社区营造视角下赫图阿拉传统村落保护与更新策略研究［D］. 沈阳：沈阳建筑大学，2017.

与解决。

图6-3　村落内道路现状图

二、村落空间布局问题分析

通过对赫图阿拉村的田野考察，归纳其村落空间布局问题：皇寺新村与老城新村村落空间布局呆板，村落公共空间为车行道路，公共空间场域性特征较弱，缺乏文化性公共空间；满族文化街区特征不明显，步行街巷层次简单，缺乏空间布局的层次性；人口外流现象导致民居闲置；北关屯、河北屯为赫图阿拉村原城外自然屯，设立年代久远，村内道路系统贯通性较差，村落民居建筑缺乏统一规划，建筑布局较为混乱，建筑质量参差不齐，民居空置率较高；公共空间环境质量较差，村落绿化缺失。赫图阿拉村依托赫图阿拉城发展旅游服务业，但是村内缺乏旅游用地及用地规划，村落产业空间布局松散。

三、村落文化资源的挖掘整理现状问题分析

从赫图阿拉村文化资源的挖掘整理的情况来看，满族文化的主体地位突出，但是文化影响力逐渐弱化。关于村落的文献性历史资料完善，但是村落内的相关展示较少。传统满族宗教文娱化，现存满族艺术与工艺品类较多，有非物质文化遗产4项，但是非遗传承人培养缓慢。满族村落建筑文物较少，有重要保护价值的满族传统民居不多，村落中一部分是新建村落，建筑风格统一，另一部分是原赫图阿拉城外村落，建筑样式较为纷杂。满族习俗仍然保留，但是受现代生活方式影响较大。

四、村落产业问题分析

赫图阿拉村第一产业为传统农业,第二产业为农产品加工业、工艺品包装加工业、手工业,第三产业为旅游服务业。传统农业受自然因素及人为因素影响较大,产业生产效率低下,居民收入来源不稳定。手工制造业未形成相应的产业规模,其产业发展持续性较弱,后续动力不足。村落内旅游服务业发展水平逐年增高,但是旅游体验需进一步创新。村落内年轻劳动力大多外出务工,村落居民知识水平有限,思想观念较为陈旧。

图6-4　产业布局及现状分析图

第三节　赫图阿拉村保护与更新理念与原则

一、赫图阿拉村保护与更新规划设计理念

（一）赫图阿拉村文化保护与活化理念

挖掘当地优秀的传统文化,营造适宜的村落文化环境,进而打造村落文化产业。挖掘当地优秀的传统文化内涵,挖掘村落历史文化、传统民居文化、民俗与艺术文化、非物质文化,提高文化的价值认同,充实文化活化、传统村落文化动能。营造适宜的村落文化环境,营造文化物质环境、文化体验环境、文化精神环境。打造村落文化产业,打造满族文旅产业、民俗体验与乡村服务产业、农事体验与田园综合产业（见图6-5）。

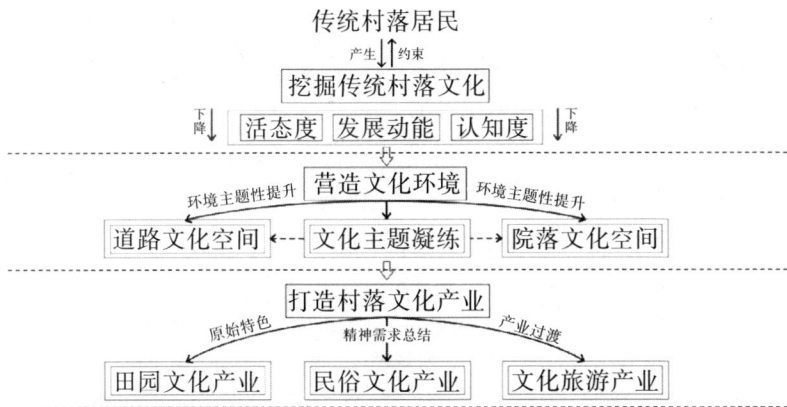

图 6-5　赫图阿拉村文化保护与活化理念结构图

（二）赫图阿拉村人居环境"更新"理念

赫图阿拉村人居环境"更新"应着重于在保护传统民居的文化形制与传统村落空间肌理格局的基础上，更新民居建筑的内部空间结构，植入现代生活方式，打造适合村落居民舒适生活的起居环境；保护村落内重要的文化地标，更新地标周围文化环境，构建人文生态景观；对村落内传统街巷进行保护与改造，营建街巷沿途绿化带，继而更新街巷业态，促进产业与生态空间之间形成耦合关系（见图 6-6）。

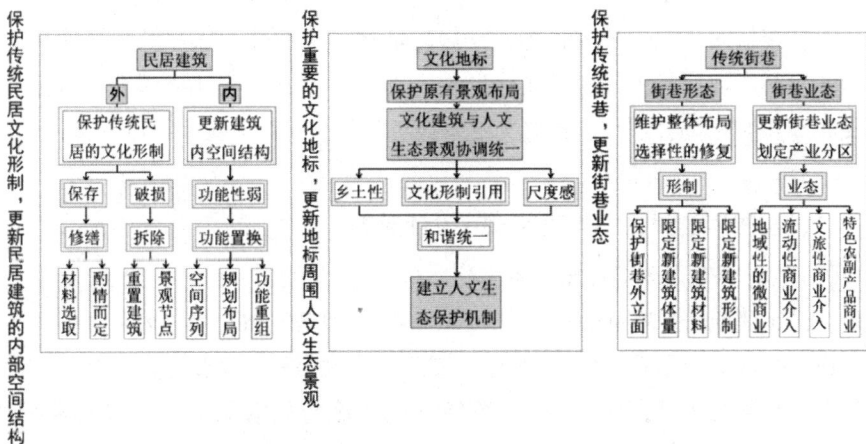

图 6-6　赫图阿拉村人居环境"更新"理念结构图

（三）赫图阿拉复合生态产业规划理念

依托村落文化的多样性、村落自然生态的多样性，构建复合的村落产业生态；多形态组织、多功能融合，打造文化旅游产业、生态旅游产业、发展复合的乡村服务业；多形式、多功能拓展乡村产业形式，发展特色农业、生态农业、观光农业、体验农业；发展民俗文化业、特色满族娱乐业、特色手工业，丰富村落文化体验；文化与产业结合打造地域特色产业品牌，延伸产业链，拓宽产业市场与加强产业管理；科学地进行产业规划，产业兴村（见图6-7）。

多形态组织，多功能融合形成复合产业生态

文化与生态融合的旅游产业；多元要素复合的村落旅游产业模式；多元化融合乡村产业

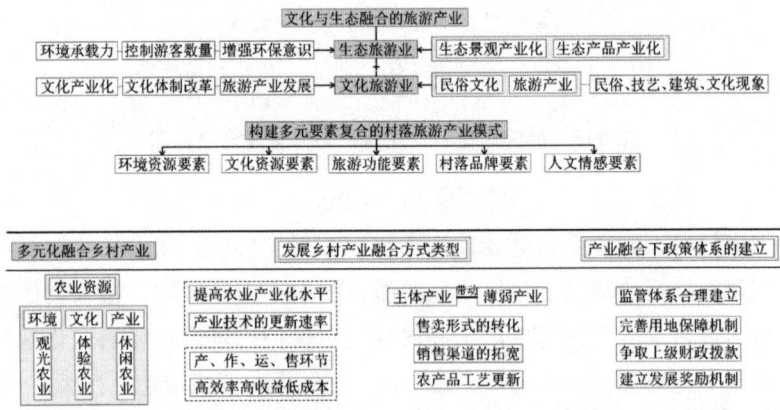

图 6-7　赫图阿拉复合生态产业规划理念结构图

（四）村落文化保护、人居环境、产业环境耦合规划的理念

以传统村落文化保护为目标，人居环境建设为载体，以一二三产业协同为动力，对赫图阿拉村进行村落文化保护、人居环境、产业环境耦合性规划。营建文化与产业化耦合空间，打造文旅体验与服务空间，更新人居环境起居空间。

二、赫图阿拉村保护与更新规划设计原则

（一）村落规划改造尊重历史文化肌理，相似相续与现代功能植入，建筑更新延续满族建筑符号特征原则；（二）村落街区设施完备、村落公共空间层次丰富与道路街区贯通原则；（三）村落自然生态景观与村落文化生态景观保护与更新耦合的规划设计原则；（四）满族特色文旅与旅游服务业先导规划原则；（五）制定分级、分期、分类的村落改造细则，增强村落改造的可操作性。

第四节　赫图阿拉村文化保护与人居环境
"更新"的空间环境布局规划

一、村落空间整体布局规划

北关屯原始村落整体布局规划：保持村落肌理原始格局，总体保持满族民居建筑风格、留住乡愁与历史文化印记。尊重自然生态格局与自然景观肌理。将部分破败建筑拆除植入现代功能。宏观尺度、中观尺度、微观尺度分层规划，村落整体与地理环境协同、村落街区空间与旅游体验协同、宅间院落与生活协同。满族文化场所精神规划，前清故里的场所精神、主题文化性场所精神、文化地标的场所精神、景观民族化场所精神的营建。

二、村落文化空间布局

村落文化规划与布局，分别对村落内主体文化建筑区、次级文化建筑区、文化建筑预留区进行区位布置；对村落内满族传统民居进行普查，将有保护价值的民居建筑登记造册予以保护，并适度活化；村落文化活动轴线为东西走向，与文化建筑场域构成叠合关系；划定村落文化活动示范区以及文化活动衍生区，促使村落文化全域性发展。文化空间由文化广场、文化街区、文化节点等具体空间形态构建而成。

三、村落产业空间布局

村落产业空间布局划分为康养旅游产业、餐饮服务业、粮食加工业、民俗展演产业、互联网品牌农业、手工制造业；突出村落文化、环境、产业共融下的村落旅游产业模式构建，多元化融合乡村产业，提高村落经济效益。

四、交通空间布局

村落交通空间布局遵照村落原有的路网进行规划改造，村落道路交通规划按照三级道路进行规划，村内一级道路为新规划的村落环路，通过环路与市政公路连接，村内二级道路为村落主要街区干道，村内三级道路为宅间街巷；环路为双向两车道，村内主干道分为步行街区与人车混行双车道两种类型，三级路为单车道；对村落主干道进行修复，排弯取直，解决占道问题，在路边规划绿化带与排水边沟；村内二级道路注重景观设计与场所精神的融合，村内三级道路注重民居建筑的协同；村落内新增设的街巷应把握村落整体街巷尺度，对村落内影响居民出行的沙土路面进行规划硬化；对村落内的尽头路加以延长贯通，形成路网闭环。在村落内规划骑行观光旅游路线，路线依村落主干道划定，连接村落景观节点，使游客综合领略山水风光、田园美景、满族风情。

五、公共服务设施与乡村服务业空间布局规划

村内公共服务设施规划包括：休闲运动设施、文化景观设施、街区照明设施、垃圾卫生设施、村内导视设施等；村落内公共服务设施以匀度布局为主要原则，为村落提供全域性服务，满足村落内便民需求与文化旅游的游客服务要求；完善公共服务设施的功能体系，提高公共服务设施的使用效率，保障公共服务设施的日常维护与清洁；乡村服务业，主要规划布局与乡村旅游配套的特色餐饮服务、民宿服务、文化体验服务等。

六、居住空间布局

村落居住空间布局是基于原有建筑内部空间结构与外部文化形制的保护与修缮，其保护方法包括对满族建筑符号的修复、满族民居文化形制设计整理与空间融合；着重规划民居的院落空间格局，协调了院落形式与院落布局；村落内新建满族民俗体验馆，划定村落建筑改造区、传统民居建筑保留区，改造民居建筑内部空间结构，满足居民的生活要求与文化保护要求。

七、公共活动空间景观规划

村落公共活动空间一般布局于道路交会节点处或者主题性文化空间或文化地标空间；公共空间是村落重要的文化载体，是居民休闲娱乐、举行各种活动的场所，同时也是游客的驻足体验空间；合理安置景观节点，提质村落环境，整体营造满族传统村落的空间特质；巧妙介入现代景观设施，构建层次丰富的景观形式，促使传统文化形制要素与现代设计理念有机耦合，从而推动赫图阿拉村整体的发展，呈现保护与更新的耦合。

第五节　赫图阿拉村产业布局规划

保护与更新复合生态系统下赫图阿拉村产业布局规划，要因地制宜地对村落产业进行合理的规划与指导，明确村落产业导向，规划发展特色农业，规划新宾林下参、新宾辽细辛和香菇等特色农业，合理优化产业空间布局，合理划分村落产业分区，形成赫图阿拉村特色产业格局，切实做好一乡一品的发展。依托赫图阿拉村农业与赫图阿拉城等旅游资源，大力发展村域内文化旅游产业，凸显村域自然资源特色，优化营商环境，产业发展借势与借力相结合，促使村落融入永陵镇旅游经济圈与新宾县旅游经济带，夯实村落多产业融合发展，促进其与现代产业项目相融合，提高村落居民就业率，吸引人才回流，吸引外出务工人员返乡，提高村落内整体经济效益。

一、"农园+产业+传统村落"产业规划

"农园+产业+传统村落"规划模式，依托赫图阿拉古城辐射传统村落的作用，加强产业综合能力，以河北自然屯、北关自然屯为农物种植示范区，开发体验农业、香菇种植基地、水果采摘园、有机蔬菜产业园等。规划与赫图阿拉传统村落文旅产业配套的体验农业产业项目，增强村落经济的整体耦合性，提振村落经济。

二、"古城+旅游+传统村落"产业规划

"古城+旅游+传统村落"规划模式，依托村落内赫图阿拉古城中汗宫大衙门、正白旗衙门、关帝庙、塔克世故居、罕王井等历史文化资源，挖掘村域内满族文明的历史遗迹，立足传统村落的生态资源，夯实普觉寺、中华满族风情园、满族文化长廊、皇家寺庙等全国重点文化旅游景点的修缮保护。重点打造罕王登基、众妃献舞等一批特色鲜明的文化旅游形式。借力满族秧歌、满族剪纸、满族服饰、满族曲艺等多元文化资源，打造特色满族文化旅游体验。围绕村落振兴、植根村落的文化载体，打造传统村落综合旅游产业品牌。

三、"新兴产业+特色服务业+传统村落"产业规划

"新兴产业+特色服务业+传统村落"规划模式，在传统村落内引入现代新

兴产业, 如电子商务、网销平台、物流等产业, 丰富个体商户的产业经营形式。围绕新宾大米、中药材、满族手工艺制品等产业打造传统村落特色产业培育基地, 完善满族民居建筑、满族老街、赫城湖周边基础设施建设, 规划满族特色服务业, 规划"中药康养产业+森林生态康养"等新业态, 形成一二三产业融合的产业结构。

第六节　本章小结

本章以赫图阿拉村为例进行设计实践, 验证传统村落文化保护与人居环境"更新"耦合机制与方法的可操作性, 及其信度效度实证。首先, 对赫图阿拉村进行田野调查, 并对赫图阿拉村的现状进行分析, 并归纳现状问题。然后, 依据现状问题结合传统村落文化保护与人居环境"更新"耦合机制, 提出赫图阿拉村保护与更新的理念与原则。最后, 对赫图阿拉村进行文化保护与人居环境"更新"的空间规划以及产业布局规划。

一、赫图阿拉村的现状分析与问题归纳

（一）赫图阿拉村的现状分析

分析赫图阿拉村的区位概况, 包括: 自然地理区位、交通区位; 分析村落环境现状, 包括: 自然环境现状、建筑环境现状、村落环境及公共设施建设; 分析村落文化保护与文化资源的挖掘整理现状, 包括: 传统民居现状、村落历史整理、满族艺术与工艺文化整理、满族建筑文化整理、满族习俗文化整理; 分析村落产业现状, 包括: 农业现状、产品加工业及手工业现状、旅游服务业现状、产业模式创新现状。通过现状分析, 对赫图阿拉村进行系统全面的了解与掌握, 为问题归纳提供依据。

（二）赫图阿拉村现状问题归纳

赫图阿拉村现状问题归纳包括: 村落环境问题分析与归纳; 村落空间布局问题分析与归纳; 村落文化资源的挖掘整理现状问题分析与归纳; 村落产业问题分析与归纳。通过问题归纳, 为规划设计提供问题靶点与解决问题的依据。

二、赫图阿拉村保护与更新规划设计理念与原则

依据现状问题结合传统村落文化保护与人居环境"更新"耦合机制, 提出

赫图阿拉村保护与更新的理念与原则。

（一）规划设计理念

文化保护与人居环境"更新"及产业环境创新耦合的文化活化理念；传统民居的文化形制、传统村落空间肌理耦合现代生活方式的人居环境"更新"理念；依托村落文化的多样性、村落自然生态的多样性，构建产业多样性的复合生态产业规划理念；村落文化保护、人居环境、产业环境耦合村落空间规划的理念。

（二）规划设计原则

村落规划改造尊重历史文化肌理，将相似相续与现代功能植入，建筑更新延续满族建筑符号特征原则；村落街区设施完备、村落公共空间层次丰富与道路街区贯通原则；村落自然生态景观与村落文化生态景观保护与更新耦合的规划设计原则；满族特色文旅与旅游服务业先导规划原则；制定分级、分期、分类的村落改造细则，增强村落改造的可操作性。

三、对赫图阿拉村进行文化保护与人居环境"更新"空间规划，以及产业布局规划

（一）文化保护与人居环境"更新"空间布局规划

在村落空间整体布局规划方面，开展村落格局生态化的营建、村落空间形态的营建、满族文化场所精神的营建。在村落文化空间布局方面，对村落内主体文化建筑区、次级文化建筑区、文化建筑预留区进行区位规划。在村落产业空间布局方面，构建一二三产业耦合的空间结构、着重布局文旅产业空间耦合。在交通空间布局方面，村落道路交通按照三级道路进行规划，完善村落环路。在公共服务设施与乡村服务业空间布局规划方面，对休闲运动设施、文化景观设施、街区照明设施、垃圾卫生设施、村内导视设施等开展系统性规划。在居住空间布局规划方面，对满族建筑符号的修复、满族民居文化要素形制设计进行整理与空间融合，着重规划民居的院落空间格局，协调了院落形式与院落布局。在公共活动空间景观规划方面，构建层次丰富的景观形式，促使传统文化形制要素与现代设计理念有机耦合。

（二）赫图阿拉村产业布局规划

"农园+产业+传统村落"产业规划；"古城+旅游+传统村落"产业规划；"新兴产业+特色服务业+传统村落"产业规划。打造一二三产业耦合的产业格局。

参考文献

一、中文文献

（一）专著

［1］胡彬彬，李向军，王晓波．中国传统村落保护调查报告（2017）［M］．北京：社会科学文献出版社，2017.

［2］钱学森．创建系统学［M］．上海：上海交通大学出版社，2007.

［3］魏宏森，曾国屏．系统论：系统科学哲学［M］．北京：世界图书出版公司，2009.

［4］梁漱溟．乡村建设理论［M］．上海：上海人民出版社，2006.

［5］梁漱溟．乡村建设理论［M］．上海：上海人民出版社，2011.

［6］梁漱溟．梁漱溟全集：第二卷［M］．济南：山东人民出版社，1990.

［7］费孝通．费孝通文集：第二卷［M］．北京：群言出版社，1999.

［8］冯骥才．不能拒绝的神圣使命：冯骥才演讲集（2001—2016）［M］．郑州：大象出版社，2017.

［9］吴良镛．人居环境科学导论［M］．北京：中国建筑工业出版社，2001.

［10］刘滨谊．人居环境研究方法论与应用［M］．北京：中国建筑工业出版社，2016.

［11］吴良镛．北京旧城与菊儿胡同［M］．北京：中国建筑工业出版社，1994.

［12］C. 亚历山大，M. 西尔佛斯坦，S. 安吉尔，等．俄勒冈实验［M］．赵冰，刘小虎，译．北京：知识产权出版社，2002.

［13］钱振澜．韶山实验：乡村人居环境有机更新的方法与实践［M］．南京：东南大学出版社，2017.

［14］韩沫，王铁军．北方满族民居历史环境景观［M］．北京：中国建筑

工业出版社，2015.

[15] 王守卫，邓延发 . 中国玉都岫岩老宅院 [M] . 哈尔滨：黑龙江美术出版社，2010.

[16] 曹保明 . 守望康熙 300 年 [M] . 长春：吉林美术出版社，2017.

（二）期刊

[1] 刘彦随 . 新时代乡村振兴地理学研究 [J] . 地理研究，2019，38（3）.

[2] 李志龙 . 乡村振兴—乡村旅游系统耦合机制与协调发展研究——以湖南凤凰县为例 [J] . 地理研究，2019，38（3）.

[3] 黄磊，吴传清，文传浩 . 三峡库区环境—经济—社会复合生态系统耦合协调发展研究 [J] . 西部论坛，2017，27（4）.

[4] 马世骏，王如松 . 社会—经济—自然复合生态系统 [J] . 生态学报，1984（1）.

[5] 王如松，欧阳志云 . 生态整合——人类可持续发展的科学方法 [J] . 科学通报，1996（S1）.

[6] 欧阳志云 . 开创复合生态系统生态学，奠基生态文明建设——纪念著名生态学家王如松院士诞辰七十周年 [J] . 生态学报，2017，37（17）.

[7] 郑向群，陈明 . 我国美丽乡村建设的理论框架与模式设计 [J] . 农业资源与环境学报，2015，32（2）.

[8] 谢依娜，刘云根，赵乐静 . 中国美丽乡村建设的复合生态系统理念探析 [J] . 西南林业大学学报（社会科学），2017，1（6）.

[9] 耿达 . 五四文化论争视域中的梁漱溟之《东西文化及其哲学》 [J] . 华中人文论丛，2014，5（2）.

[10] 耿达 . 近代中国"乡村改造"的两条路向 [J] . 华南农业大学学报（社会科学版），2016，15（2）.

[11] 冯骥才 . 关于传统村落保护需要国家作为的提案 [J] . 村落遗产（内部），2014（3）.

[12] 刘端，张军，时朋飞，等 . 基于耦合模型的美丽街区旅游化发展模式和路径探讨——以武汉昙华林历史文化街区为例 [J] . 资源开发与市场，2018，34（4）.

[13] 高楠，马耀峰，李天顺，等 . 基于耦合模型的旅游产业与城市化协调发展研究——以西安市为例 [J] . 旅游学刊，2013，28（1）.

[14] 向云波,张勇,袁开国,等.湘江流域县域发展水平的综合评价及特征分析 [J].经济地理,2011,31 (7).

[15] 廖重斌.环境与经济协调发展的定量评判及其分类体系——以珠江三角洲城市群为例 [J].热带地理,1999 (2).

[16] 刘军胜,马耀峰.基于发生学与系统论的旅游流与目的地供需耦合成长演化与驱动机制研究——以西安市为例 [J].地理研究,2017,36 (8).

[17] 周刚志,曾容.论我国传统村落保护立法:理据、现状与体例 [J].邵阳学院学报 (社会科学版),2021,20 (2).

[18] 汤移平.基于遗产价值认知的传统村落保护规划研究——以钓源村为例 [J].农业考古,2021 (3).

[19] 李建凤.对城市化进程中传统村落变迁研究的文献梳理 [J].农村经济与科技,2018,29 (12).

[20] 张晓琴.乡村文化生态的历史变迁及现代治理转型 [J].河海大学学报 (哲学社会科学版),2016,18 (6).

[21] 李技文.大别山区传统村落保护的现状与对策建构研究——以豫南地区信阳市为例 [J].原生态民族文化学刊,2017,9 (3).

[22] 韩鹏云.中国乡村文化的衰变与应对 [J].湖南农业大学学报 (社会科学版),2015,16 (1).

[23] 贾云飞.乡村文化遗产保护的三大困境 [J].人民论坛,2017 (8).

[24] 孙喜英.时代境遇变迁中乡土文化的规约与走向 [J].河南师范大学学报 (哲学社会科学版),2017,44 (5).

[25] 梁园芳,吴欢,马文琼.地域文化背景下的关中渭北台塬传统村落的空间特色及保护方法探析——以韩城清水村为例 [J].城市发展研究,2019,26 (S1).

[26] 鲁可荣,胡凤娇.传统村落的综合多元性价值解析及其活态传承 [J].福建论坛 (人文社会科学版),2016 (12).

[27] 潘英海.关于文化主体性与传统村落的可持续发展 [J].旅游学刊,2017,32 (2).

[28] 刘馨秋,王思明.农业遗产视角下传统村落的类型划分及发展思路探索——基于江苏 28 个传统村落的调查 [J].中国农业大学学报 (社会科学版),2019,36 (2).

[29] 张富利.乡村精英流动与非物质文化遗产保护 [J].重庆社会科学,2016 (8).

［30］李明军，向轼．论乡村振兴中的文化重构［J］．广西民族研究，2018（5）．

［31］赵建军，胡春立．美丽中国视野下的乡村文化重塑［J］．中国特色社会主义研究，2016（6）．

［32］樊友猛，谢彦君．记忆、展示与凝视：乡村文化遗产保护与旅游发展协同研究［J］．旅游科学，2015，29（1）．

［33］庞慧敏，王馨誉．网络时代乡村文化传播的重建与策略［J］．传媒，2018（24）．

［34］张梦洁，黎昕．美丽乡村建设中的文化保护与传承路径探究［J］．内蒙古农业大学学报（社会科学版），2015，17（6）．

［35］吕云寿，张为娟．德国土地整治的特点及对中国的启示［J］．世界农业，2015（6）．

［36］龙晓柏，龚建文．英美乡村演变特征、政策及对我国乡村振兴的启示［J］．江西社会科学，2018，38（4）．

［37］王国恩，杨康，毛志强．展现乡村价值的社区营造——日本魅力乡村建设的经验［J］．城市发展研究，2016，23（1）．

［38］王兆鑫．《乡村振兴促进法》：开启农民环境权法治保障新篇章［J］．农业开发与装备，2021（10）．

［39］沈费伟，刘祖云．发达国家乡村治理的典型模式与经验借鉴［J］．农业经济问题，2016，37（9）．

［40］曲卫东，斯宾得勒．德国村庄更新规划对中国的借鉴［J］．中国土地经济，2012，26（3）．

［41］周维宏．现代日本乡村治理及其借鉴［J］．国家治理，2014（4）．

［42］金俊，金度延，赵民．1970—2000年代韩国新村运动的内涵与运作方式变迁研究［J］．国际城市规划，2016，31（6）．

［43］曾晓丽．美丽乡村视域下农村人居环境建设历程与现状分析［J］．未来城市发展，2018，42（1）．

［44］刘泉，陈宇．我国农村人居环境建设的标准体系研究［J］．城市发展研究，2018，25（11）．

［45］黄经南，陈舒怡，王存颂，等．从"光辉城市"到"美丽乡村"——荷兰 Bijlmermeer 住区兴衰对我国新农村规划的启示［J］．国际城市规划，2017，32（1）．

［46］张尚武，李京生，郭继青，等．乡村规划与乡村治理［J］．城市规

划，2014，38（11）．

[47] 徐辰，陈维肖，杨槿．乡村规划中的生态观念、行为取向与政策转型——以宿迁市L镇为例 [J]．生态经济，2018，34（11）．

[48] 孟莹，戴慎志，文晓斐．当前我国乡村规划实践面临的问题与对策 [J]．规划师，2015，31（2）．

[49] 郑风田，杨慧莲．村庄异质性与差异化乡村振兴需求 [J]．新疆师范大学学报（哲学社会科学版），2019，40（1）．

[50] 石坚，文剑钢．"多方参与"的乡村规划建设模式探析——以"北京绿十字"乡村建设实践为例 [J]．现代城市研究，2016（10）．

[51] 曾灿，李伯华，龚文静，等．聚落"双修"视角下传统村落人居环境转型发展研究——以江永县兰溪村为例 [J]．华中师范大学学报（自然科学版），2021，55（2）．

[52] 闫建，姜申未，熊想想．基于产业发展与土地整治联动的乡村空间重构研究——以重庆市石坪村为例 [J]．重庆理工大学学报（社会科学），2019，33（9）．

[53] 谭若芷．艺术推动乡村建设的可能性探讨 [J]．艺术与设计（理论），2018，2（8）．

[54] 孙晓霞．对当代中国乡村艺术活动的理论反思 [J]．文艺理论与批评，2013（6）．

[55] 张尚武．乡村规划：特点与难点 [J]．城市规划，2014（2）．

[56] 刘妹曼．艺术介入乡村建设的回首、反思与展望——基于"青田范式"的人类学考察 [J]．民族艺林，2017（4）．

[57] 陈可石，高佳．台湾艺术介入社区营造的乡村复兴模式研究——以台南市土沟村为例 [J]．城市发展研究，2016，23（2）．

[58] 陈锐，钱慧，王红扬．治理结构视角的艺术介入型乡村复兴机制——基于日本濑户内海艺术祭的实证观察 [J]．规划师，2016，32（8）．

[59] 刘青．传统村落文化振兴与乡村旅游发展耦合机制研究——以桂林市灵川县青狮潭镇江头村为例 [J]．山西农经，2021（16）．

[60] 马啸东，马长发．乡村振兴与乡村旅游发展系统耦合机制的研究 [J]．农业技术与装备，2021（3）．

[61] 刘智．旅游产业与农村可持续生计耦合的空间格局及驱动机制——以张家界为例 [J]．经济地理，2020，40（2）．

[62] 高楠，张新成，王琳艳，等．中国乡村旅游与农村经济耦合协调关系

的实证研究 [J]. 陕西师范大学学报 (自然科学版), 2018, 46 (6).

[63] 路小静, 时朋飞. 美丽乡村建设与乡村旅游发展的耦合研究——以江西婺源为例 [J]. 福建论坛 (人文社会科学版), 2018 (2).

[64] 徐尚德. 美丽乡村建设与农村产业融合发展的耦合机制研究 [J]. 农业经济, 2021 (8).

[65] 卢梅, 童兴娣. 现代农业与服务业的耦合机制探究 [J]. 农业经济, 2020 (8).

[66] 廖灿. "自媒体带货"、农产品贸易与乡村产业耦合发展机制研究 [J]. 农村·农业·农民 (B 版), 2021 (7).

[67] 魏丹, 张目杰, 梅林. 新乡贤参与乡村产业振兴的理论逻辑及耦合机制 [J]. 南昌大学学报 (人文社会科学版), 2021, 52 (3).

[68] 海莉娟. 综合性农民合作社及与乡村振兴战略的耦合机制研究 [J]. 贵州社会科学, 2019 (12).

[69] 靳永翥, 冷忠燕. 行政耦合、新型关系网络及其于乡村治理的作用机制研究 [J]. 云南大学学报 (社会科学版), 2019, 18 (6).

[70] 黄晶, 薛东前, 马蓓蓓, 等. 黄土高原乡村地域人—地—业协调发展时空格局与驱动机制 [J]. 人文地理, 2021, 36 (3).

[71] 宋思佳, 蔡辉, 郝小雨. 基于耦合理论的乡村公共空间演变及机制优化研究——以阎良区咀子村为例 [J]. 城市建筑, 2021, 18 (5).

[72] 霍治民, 黄志欣, 张智昊. 东北地区少数民族民居的传承与保护研究——以满族民居为例 [J]. 居舍, 2019 (27).

[73] 滕宏伟. 满族民居与文化生态之间的相互关系研究——以东北地区为例 [J]. 文化月刊, 2020 (1).

[74] 张诗扬. 东北满族萨满祭祀的文化形态与仪式演变 [J]. 南京艺术学院学报 (音乐与表演), 2021 (3).

[75] 王立. 东北地区八旗满族家谱抢救价值研究 [J]. 满族研究, 2020 (4).

[76] 孙波, 王志博, 王才勇, 等. 冬奥背景下我国东北地区满族传统冰雪项目的挖掘与整理 [J]. 哈尔滨体育学院学报, 2021, 39 (5).

[77] 李欢. 从八角鼓到新城戏: 东北满族戏剧艺术多元一体格局的形成 [J]. 黑龙江民族丛刊, 2020 (2).

[78] 韩沫, 朱漩. 非物质文化遗产满族剪纸艺术的数字化保护与传播 [J]. 艺术大观, 2020 (18).

[79] 邱振博，许冠华．艺术人类学视角的东北口传艺术研究——以满族说部为例 [J]．现代交际，2021 (6)．

[80] 卢振杰．辽沈地区满族饮食文化特色分析 [J]．食品安全导刊，2020 (30)．

[81] 孙正基．乡村振兴：灵魂之火的复燃与传承——浙江与日本乡村文化的对比分析 [J]．中国集体经济，2019 (24)．

[82] 李文静，翟国方，周姝天，等．乡村振兴背景下日本边缘村落规划及启示 [J]．世界农业，2019 (6)．

[83] 顾小玲．农村生态建筑与自然环境的保护与利用——以日本岐阜县白川乡合掌村的景观开发为例 [J]．建筑与文化，2013 (3)．

[84] 邱春林．国外乡村振兴经验及其对中国乡村振兴战略实施的启示——以亚洲的韩国、日本为例 [J]．天津行政学院学报，2019，21 (1)．

[85] 徐雪．日本乡村振兴运动的经验及其借鉴 [J]．湖南农业大学学报（社会科学版），2018，19 (5)．

[86] 陈占江．乡村振兴的生态之维：逻辑与路径——基于浙江经验的观察与思考 [J]．中央民族大学学报（哲学社会科学版），2018，45 (6)．

[87] 刘耀彬，李仁东，宋学峰．中国城市化与生态环境耦合度分析 [J]．自然资源学报，2005 (1)．

[88] 王铁军．东北满族传统村镇聚落历史演变研究 [J]．文艺争鸣，2015 (7)．

[89] 吕静，张恒怡．东北地区乡村聚落时空分布形态变化研究——以近400年来各民族迁移路线为依据 [J]．重庆建筑，2017，16 (1)．

[90] 韦宝畏，许文芳．东北传统民居的地域文化背景探析 [J]．吉林建筑工程学院学报，2014，31 (2)．

[91] 董雅，丁晗．东北满族民居的演变及成因 [J]．中华文化论坛，2017 (5)．

[92] 商万里，蒋美仕，陈永亮．满族生态伦理刍议 [J]．伦理学研究，2015 (1)．

[93] 李正军，刘昕，韩静．沈阳地区满族乡村文化挖掘活化的对策与路径 [J]．遗产与保护研究．2019，4 (5)．

[94] 邢博琳．浅谈满族音乐的体裁与音乐特点 [J]．戏剧之家，2019 (18)．

[95] 李静．满族民间舞蹈音乐艺术特征研究 [J]．艺术评鉴，2019

（15）.

[96] 李南，侯广庆，张镜宇，等 . 古代冰雪运动述考——以清代冰嬉运动为例 [J] . 哈尔滨体育学院学报，2018，36（2）.

[97] 付海鹰，杨霄 . 满族珍珠球在我国传承与发展对策研究 [J] . 计算机产品与流通，2018（9）.

[98] 刘中平，鞠延明 . 传统岁俗节日中的满族特色 [J] . 满族研究，2009（4）.

[99] 陈亚平，杨彬 . 满族医药学发展的对策研究 [J] . 黑龙江民族丛刊，2018（1）.

[100] 高荷红，石君广 . 黑龙江省三家子村满语传承人调查研究 [J] . 满语研究，2013（1）.

[101] 吉林省新农村办 . 曾为呦呦鹿鸣处 今朝魅力展新姿——通化县东来乡鹿圈子村 [J] . 吉林农业，2017（21）.

[102] 张林，曹友竹 . 吉林乌拉满族历史文化资源保护利用的思考 [J] . 北华大学学报，2015，16（4）.

[103] 李忠斌，郑甘甜 . 少数民族特色村寨评价指标体系研究 [J] . 广西民族研究，2013（3）.

[104] 魏薇 . 乡村振兴战略下推动农业产业融合发展对策建议 [J] . 农业经济，2020（4）.

[105] 陈琳，徐捧捧，李济任，等 . 新型城镇化背景下满族文化旅游资源开发整合研究——以新宾满族自治县为例 [J] . 旅游纵览（下半月），2015（20）.

（三）论文

[1] 方可 . 探索北京旧城居住区有机更新的适宜途径 [D] . 北京：清华大学，2000.

[2] 丁晗 . 满族传统民居的保护现状与演变进程研究 [D] . 天津：天津大学，2017.

[3] 刘玉君 . 辽南地区满族传统民居建筑特色研究 [D] . 鞍山：辽宁科技大学，2020.

[4] 张雪 . 生土建筑的可持续发展研究 [D] . 长春：东北师范大学，2017.

[5] 崔书凝 . 锦州满族民间刺绣图案研究 [D] . 锦州：渤海大学，2020.

[6] 黄川壑 . 美国传统聚落与乡土建筑保护的理论与实践 [D] . 北京：北

京林业大学，2017.

　　［7］李菲菲．新时代乡村治理法治化研究［D］．济南：山东大学，2019.

　　［8］王艳．东北满族传统民居建造技术的文化区划研究［D］．哈尔滨：哈尔滨工业大学，2017.

　　［9］张佳茜．东北地区传统聚落演进中的人文、地貌、气候因素研究［D］．西安：西安建筑科技大学，2016.

　　［10］贺靓．辽宁省赫图阿拉村乡村景观综合评价研究［D］．沈阳：沈阳农业大学，2017.

　　［11］郭曼曼．社区营造视角下赫图阿拉传统村落保护与更新策略研究［D］．沈阳：沈阳建筑大学，2017.

　　（四）报纸文章

　　［1］1亿人落户城镇不能把好村庄遗弃了——专访全国政协委员、中国文联副主席冯骥才：城镇化要留住美丽乡愁［N］．华西都市报，2014-03-07（a05）．

　　［2］冯骥才．传统村落保护的两种新方式［N］．人民日报，2015-06-19（24）．

　　［3］康福柱．"合作化第一村"走出振兴新路子［N］．哈尔滨日报，2020-07-06（1）．

　　［4］荀丽丽．借鉴乡村社区营造　综合治理农村环境［N］．中国社会科学报，2016-02-26（6）．

　　［5］翟英顺．挖掘满族民俗资源 打造叶赫文化品牌［N］．四平日报，2018-11-30（5）．

　　［6］周明，崔振波．新宾县赫图阿拉村大力发展满族特色文旅产业带动村民致富——端好旅游金饭碗　鼓起增出钱袋子［N］．辽宁日报，2020-10-19（1）．

　　（五）电子资料

　　［1］习近平．决胜全面建成小康社会　夺取新时代中国特色社会主义伟大胜利——在中国共产党第十九次全国代表大会上的报告［EB/OL］．人民网，2017-10-18.

　　［2］习近平．高举中国特色社会主义伟大旗帜　为全面建设社会主义现代化国家而团结奋斗——在中国共产党第二十次全国代表大会上的报告［EB/

OL〕. 人民网，2022-10-16.

〔3〕孙红丽. 冯骥才委员谈农村房屋空置：是历史发展的必然〔EB/OL〕. 人民网，2015-03-14.

〔4〕冯骥才：守望民间文化做行动的知识分子〔EB/OL〕. 人民网，2006-03-07.

〔5〕中共中央 国务院关于实施乡村振兴战略的意见〔EB/OL〕. 中央政府门户网站，2018-01-02.

〔6〕中共中央 国务院关于坚持农业农村优先发展做好"三农"工作的若干意见〔EB/OL〕. 中央政府门户网站，2019-01-02.

〔7〕中共中央 国务院关于抓好"三农"领域重点工作确保如期实现全面小康的意见〔EB/OL〕. 中央政府门户网站，2020-01-02.

〔8〕中共中央 国务院关于全面推进乡村振兴加快农业农村现代化的意见〔EB/OL〕. 中央政府门户网站，2021-01-04.

〔9〕住房城乡建设部 文化部 国家文物局 财政部关于开展传统村落调查的通知建村〔2012〕58号〔EB/OL〕. 中华人民共和国住房和城乡建设部门户网站，2012-04-16.

〔10〕住房城乡建设部等部门关于印发《传统村落评价认定指标体系（试行）》的通知建村〔2012〕125号〔EB/OL〕. 中华人民共和国住房和城乡建设部门户网站，2012-08-22.

〔11〕住房城乡建设部 文化部 财政部关于加强传统村落保护发展工作的指导意见建村〔2012〕184号〔EB/OL〕. 中华人民共和国住房和城乡建设部门户网站，2012-12-12.

〔12〕住房城乡建设部关于印发传统村落保护发展规划编制基本要求（试行）的通知建村〔2013〕130号〔EB/OL〕. 中华人民共和国住房和城乡建设部门户网站，2013-09-18.

〔13〕住房城乡建设部 文化部 国家文物局 财政部关于切实加强传统村落保护的指导意见建村〔2014〕61号〔EB/OL〕. 中华人民共和国住房和城乡建设部门户网站，2014-04-25.

〔14〕住房和城乡建设部办公厅关于加强贫困地区传统村落保护工作的通知建办村〔2019〕61号〔EB/OL〕. 中华人民共和国住房和城乡建设部门户网站，2019-09-12.

〔15〕住房和城乡建设部办公厅关于实施中国传统村落挂牌保护工作的通知建办村函〔2020〕227号〔EB/OL〕. 中华人民共和国住房和城乡建设部门户网站，

2020-05-11.

[16] 住房城乡建设部办公厅关于做好 2017 年全国农村人居环境调查工作的通知建办村函〔2017〕695 号〔EB/OL〕. 中华人民共和国住房和城乡建设部门户网站，2017-10-11.

[17] 住房城乡建设部关于进一步加强村庄建设规划工作的通知建村〔2018〕89 号〔EB/OL〕. 中华人民共和国住房和城乡建设部门户网站，2018-09-18.

[18] 住房和城乡建设部关于建立健全农村生活垃圾收集、转运和处置体系的指导意见建村规〔2019〕8 号〔EB/OL〕. 中华人民共和国住房和城乡建设部门户网站，2019-10-19.

[19] 住房和城乡建设部 农业农村部 国家乡村振兴局关于加快农房和村庄建设现代化的指导意见建村〔2021〕47 号〔EB/OL〕. 中华人民共和国住房和城乡建设部门户网站，2021-06-08.

[20] 住房和城乡建设部关于开展 2021 年乡村建设评价工作的通知建村〔2021〕60 号〔EB/OL〕. 中华人民共和国住房和城乡建设部门户网站，2021-07-23.

[21] 陈佳. 艺术介入乡村，主体是村民还是艺术家〔EB/OL〕. 人民政协网，2016-11-15.

[22] 齐齐哈尔市统计局. 2021 年齐齐哈尔经济统计年鉴〔EB/OL〕. 齐齐哈尔市人民政府网，2021-12-03.

[23] 哈尔滨市统计局，国家统计局哈尔滨调查队. 哈尔滨统计年鉴 2020〔EB/OL〕. 哈尔滨市人民政府官网，2021-03-30.

[24] 2021 年通化市政府工作报告〔EB/OL〕. 通化市人民政府官网，2022-01-18.

[25] 白山市 2022 年政府工作报告〔EB/OL〕. 白山市人民政府网，2023-05-06.

[26] 临江市 2021 年政府工作报告〔EB/OL〕. 凡人图书馆网，2021-03-19.

[27] 乡村旅游吉林行 吉林市龙潭区乌拉街满族镇韩屯村〔EB/OL〕. 吉林市文化广播电视和旅游局网站，2020-07-22.

[28] 政府工作报告〔EB/OL〕. 四平市人民政府网，2020-01-15.

[29] 2021 年新宾满族自治县政府工作报告〔EB/OL〕. 新宾满族自治县人民政府网，2021-01-18.

［30］2020年锦州市政府工作报告［EB/OL］.锦州市人民政府网，2020-03-02.

［31］2020年岫岩满族自治县政府工作报告［EB/OL］.岫岩满族自治县人民政府网，2020-03-12.

［32］沈阳市2022年政府工作报告［EB/OL］.沈阳市人民政府网，2022-01-13.

［33］住房城乡建设部 文化部 国家文物局 财政部关于开展传统村落调查的通知建村［2012］58号［EB/OL］.中华人民共和国住房和城乡建设部门户网站，2012-08-22.

［34］全国生态文化村遴选命名管理办法［EB/OL］.中国生态文化协会，2019-07-02.

［35］孙相适.爱新觉罗·阿塔考辩［EB/OL］.玄菟明月网，2013-10-28.

二、英文文献

（一）专著

［1］VALERIE I. The penguin dictionary of physics［M］. Beijing：Penguin Books，1991.

［2］GRAHAM S, MARVIN S. Splintering urbanism：Networked infrastructures，technological motilities and the urban condition［M］. London：Routledge，2001.

［3］CULLINGWORTH B J, NADIN V, HART T, et al. Town and country planning in the UK［M］. London：Routledge，2014.

（二）期刊

［1］GROSSKURTH J, ROTMANS J. The scene model：Getting a grip on sustainable development in policy making［J］. Environment，Development and Sustainability，2005，7（1）.

［2］TRABER M. The challenge of rural civil society：Response to the paper by Lloyd m. Sachikonye［J］. Innovation：The European Journal of Social Science Research，1995，8（4）.

［3］MCHENRY J A. Rural empowerment through the arts：The role of the arts in civic and social participation in the Mid-West region of Western Australia［J］. Journal of Rural Studies，2011，27（3）.

［4］CRAWSHAW J, GKARTZIOS M. Getting to know the island：Artistic experiments in rural community development［J］. Journal of Rural Studies，2016（43）.

［5］DUXBURY N, CAMPBELL H. Developing and revitalizing rural communities through arts and culture ［J］. Small Cities Imprint, 2011, 3 (1) .

［6］KAY A . Art community development: The role the arts have in regenerating communities ［J］. Community Development Journal, 2000, 35 (4) .

［7］GRODACH C. Art spaces in community and economic development: Connections to neighborhoods, artists, and the cultural economy ［J］. Journal of Planning Education and Research, 2011, 31 (1) .

［8］MITCHELL P, FISHER R. From passenger to driver: creativity and culture in rural communities ［J］. Tourism Culture & Communication, 2010, 10 (3) .

［9］CROSSLEY P K. Manzhou yuanliu kao and the formalization of the manchu heritage ［J］. The Journal of Asian Studies, 1987, 46 (4) .

（三）论文
［1］VELASCO C E. Cultivating the arts in rural communities of the san joaquin valley ［D］. Los Angeles: University of Southern California, 2017.

后　记

　　本书在文化乡建与文化扶贫方面抓提效，为文化乡建提供了理论支撑与方法路径。推动了满族传统文化活化与产业化，助推乡村文化服务业升级，改善村民生存环境，实现文化脱贫。通过内在耦合机制的研究，解决保护与更新的矛盾悖论，创新传统村落文化保护与人居环境"更新"耦合的方法学理论，普惠乡村。希望本书的理论在传统村落文化持续保护与人居环境持续"更新"进程中，在乡村振兴国家战略的持续推进中，能有点滴的助力。

　　课题研究历时 3 年，系统研究了国外相关案例 14 个，综合调查国内案例 16个，其中对浙江金华地区、湖州地区、江苏苏州地区的 15 个传统村落进行田野调查，由于篇幅所限，苏州地区的 5 个传统村落数据没有统计，对东北 15 个满族传统村落进行田野综合调查。在 3 年的时间里，课题田野综合调查还不够深入，样本量不够充分，对课题结论的全面性有一定的影响。

　　由于经费有限，对国外的田野综合调查无力开展，国外案例研究基本上是二手文献的数据整理，其数据的可信度具有不确定性。

　　课题研究的设计实证部分，对赫图阿拉村进行规划设计实践，由于规划设计周期较长，分级、分期、分类的村落改造细则实施缓慢，对课题研究的理论实证反馈至本书发稿仍然没有完成，对理论方法的可信度、效度信息反馈数据尚待整理。

　　对课题研究虽然极尽努力，但是限于笔者及课题组的研究能力与理论水平的局限，难免出现错误与疏漏，希望专家及广大读者批评指正。

　　本书得到教育部哲学社会科学研究规划基金的资助，作为研究者，笔者很是感激！在课题田野调查过程中感谢样本村的村支两委领导的支持与帮助，在课题研究的过程中感谢我的研究生武超群同学、刘昕同学、陈慧娇同学，感谢他们在田野调查、资料整理、设计实践工作中付出的辛苦！

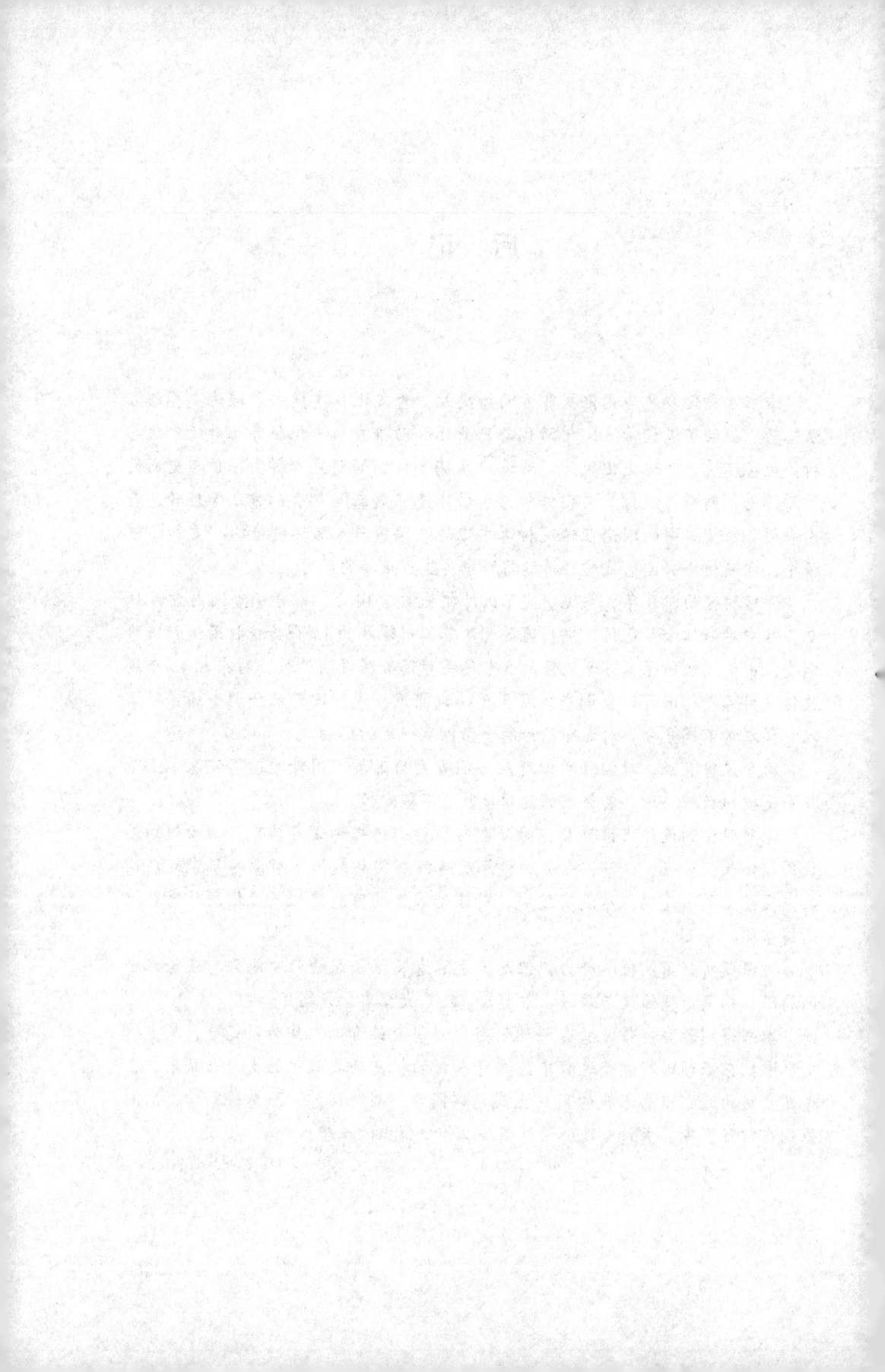